U0578560

考古现场保护概论

《考古现场保护概论》编写组　编

文物出版社

图书在版编目（CIP）数据

考古现场保护概论/《考古现场保护概论》编写组
编 . —北京：文物出版社，2019. 10
 ISBN 978 - 7 - 5010 - 6437 - 3

Ⅰ . ①考… Ⅱ . ①考… Ⅲ . ①考古发掘 - 文物保护
Ⅳ . ①K86

中国版本图书馆 CIP 数据核字（2019）第 256144 号

考古现场保护概论

编 者：《考古现场保护概论》编写组

责任编辑：张晓曦
封面设计：程星涛
责任印制：张道奇

出版发行：文物出版社
社 址：北京市东直门内北小街 2 号楼
邮 编：100007
网 址：http://www.wenwu.com
邮 箱：web@ wenwu.com
经 销：新华书店
印 刷：北京京都六环印刷厂
开 本：710mm × 1000mm 1/16
印 张：19.5
版 次：2019 年 10 月第 1 版
印 次：2019 年 10 月第 1 次印刷
书 号：ISBN 978 - 7 - 5010 - 6437 - 3
定 价：160.00 元

本书版权独家所有，非经授权，不得复制翻印

目 录

第1章　考古现场保护的考古学基础

1　概述

1.1　研究对象与任务

考古学研究的对象是古代人类活动所遗留下来的实物遗存或相关物证，由于时代的变迁使能够为考古学所垂青的那些年代久远的遗存，大多被掩埋在地下或消失于世人的视线之外。研究对象的这种特质限定了考古学研究的出发点只能是发现，由此在考古学中形成了专门发现、获取地下埋藏遗存并将其所蕴涵的信息整理为科学史料的学科——田野考古学。

反映古代人类活动的实物遗存历经风霜雪雨、尘封水浸，大多早已消失在今人的视野之外。这些遍布于各地的人类文化遗产，有的深埋于地下，有的则被水淹没，有的捐弃于山野，有的遗忘在荒漠。要使它们为今人所知，为研究人类历史服务，就必须利用科学的方法去发现、观察、揭露、记录、搜集它们，同时还必须对得到的资料进行科学整理，并把它们发表公布，成为可以供更多人利用的史料。田野考古学就是为达到这一目标而产生，而且也可以说是实现这一目标的唯一途径。

1.2　内容与工作方式

田野考古学，顾名思义是要到野外去做考古工作，但并不是说只有在田野进行的考古工作才算是田野考古学。只是由于在田野考古学诞生之初，人口密集、建筑物覆盖充分的城镇已很少有埋藏地下的实物史料能够被人们所发现，考古学者的工作主要是走出城镇到野外去考察和获取实物资料，所以习惯上把这种工作称为"田野考古"。所谓"田野考古"并不是对考古工作范围的设定，而是指一种工作与研究的方法和方式，所以在今天城市中所进行的配合基本建设的考古工作也都属于田野考古的范畴。过去有些人机械地将田野考古就理解为在野外进行的考古工作，而把在室内从事的野外所获资料的分析、整理、研究以及编制报告称作研究工作，而同田野工作分割开来。事实上缺乏田野考古的训练，就很难分析判断发掘资料的得与失，甄别真伪，从而写出真正符合实际的报告。所以室内的整理研究工作应当属于田野考古的一个重要内容，野外工作与室内研究密不可分，两者只能是相辅相成的关系。

田野考古工作分作野外和室内两大部分。其中野外工作的方式主要有调查、勘探、发掘和提取。

调查、勘探和发掘是田野考古学中田野阶段最主要的工作。其中考古调查是在基本不破坏原有遗存的情况下，对遗存进行考察、记录，有选择地收集暴露出来的遗物，并确定需要保护的遗存。同时调查往往又是发掘工作的前提，无论是为从事科研工作还是配合基本建设的发掘，基本都是在调查的基础上进行的。勘探是在调查的基础上为进一步了解和确定地下遗存的情况而进行的取样分析，所以严格地说也可以视作考古调查的一部分。随着现代科学技术不断被应用于田野考古，调查和勘探的手段也不断地发展，如航空考古实际上也是一种对地下遗存的调查方式，而遥感、物探等技术则是对传统考古钻探的一种补充。

发掘是通过挖掘来揭露埋藏的遗存，包括辨析层位、清理遗迹、收集遗物、采集相关标本、记录各种现象等。

提取是在发掘中会经常应用到的一种工作方式，是指对于发掘过程中发现或揭露出来的重要遗存采取按照埋藏状态整体或分割提取，使之能够转移到室内进行细致清理、分析和采取加固保护等措施。

在实际工作中，往往一次工作兼有几种工作方式，如调查中常配以勘探，正式发掘前往往也要进行勘探，而发掘时也会对周边进行调查。实际上在调查中为了更准确地了解地下遗存的埋藏情况，往往还可以利用遗址堆积已形成的剖面来观察、分析，如人工挖成的水沟、田亩之间的分界沟已经形成断崖的暴露面等，这种方式实际上和钻探的效果相似，往往可以在不动土（破坏遗存）的情况下达到事半功倍的效果。

室内整理研究和编制报告在一定意义上说应当是比野外工作更重要的一个环节，如果没有这项工作或工作的不好，则会造成地下文物资源彻底的破坏与浪费，所以有很多重要的发现，由于整理工作没有跟上，发掘报告始终未面世，几十年过去仍难以成为广大研究者利用的史料。室内整理主要有如下内容：核对发掘资料，拼对、清理、复原遗物，分析统计各种标本，判断遗存的年代以及性质，了解遗迹、遗物的制作工艺或技术，探讨遗迹之间的关系、社会组织关系以及人与自然的关系等，最后是编写发掘报告，真实准确客观地将发掘资料发表公布，以成为可以为所有人利用的资料，而也只有发掘资料的完全发表，才标志着一次田野考古工作的全部完成。

1.3　田野考古与文物保护

对于埋藏在地下的古代遗存而言，田野考古是最有效地发现与认识它们的科学手段。通过田野调查、发掘，人们才可能发现和了解古代遗存的价值、年代和性质等等，从而更有效地做好保护的工作，所以田野考古是做好地下文化遗存保护工作的前提。但同时也必须认识到田野考古发掘所具双重性的特点，既具有再现性和保护性，又具有破坏性和毁灭性。

通过考古发掘可以揭露遗存，使其再现，把遗存进行科学记录、收集，又起到保护遗存的作用，配合建设工程的发掘或抢救性的清理，保护的作用更加突出。由于考古发掘属于一种不可逆的工作行为，发掘过程不可避免地伴生着对遗存不同程度的破坏、毁灭。有的是发掘者意识到的，但无法避免，如遗存的相对位置被破坏，发掘下一层的堆积必然要把压在其上的堆积去除。有些破坏是发掘者当时并未意识到的，发掘中要求收集全遗物、记录全遗迹现象都是相对的。有些现象现在认为无意义，将来可能就是有价值的。如早期的考古多仅仅关注遗物的出土，而对于有关环境、生态等标本则很少留意。还有一些是限于当时科学与技术的发展水平发掘者根本不可能认识到的，如在 ^{14}C 测年技术发明以前，谁也不会注意收集遗存中的炭标本。所以今天我们的发掘也不敢说把所有承载古代信息的标本都收集、记录完备了，可以预见现代科学的发达，一定还会产生更多的方法和技术从地下遗存中获取更多的信息。因此对于田野考古发掘的这种双重性和不可逆性就要求发掘时必须谨慎小心，尽最大限度发挥其再现性和保护性，而尽可能地将破坏性和毁灭性降到最小。

埋藏在地下的遗存是一种文化资源，那么开发这种资源的工作——田野考古就应当同任何开发和利用资源的行业一样，必须追求效益，尤其是所面对的是不可再生的资源时，就更需要讲究投入与产出的比例。当然对于田野考古而言，所要求的效益并不能用经济指标来衡量。考古工作的效益应当在于它的社会意义，而对于考古发掘而言，则在于如何达到消耗最少的资源，获取最多的信息。对于考古工作者而言不在于你发现了什么，而在于你是如何去发现。例如大家都知道有许多重要的发现是通过农民或基本建设甚至盗墓者的行为才为世人所知，这些发现无疑都十分重要，足以在社会上引起巨大的反响，对历史研究产生突破，但我们不能说这些发现者的水平高、贡献大。因为地下遗存是客观存在的，这次发现虽然是偶然的，但对于发现而言总是必然的，同时在这些偶然的发现中难免还会有大量宝贵的历史信息被破坏或损耗。

　　长期以来在我国的田野考古工作中，基本采取的是一种比较粗放的经营方式，追求大面积的揭露，追求轰动效应，已经潜移默化地成为许多管理者，甚至包括考古学者在内的一种理念。从根源上分析这也是长期以来受我国资源认识误导的结果，从而导致了发掘不注重质量，不注意对遗存的再现和保护，缺乏在田野考古第一线落实文物保护的观念，以至于许多重要的迹象得不到细致的清理、记录，许多宝贵的遗物在发掘中就受到了损害，所以有专家呼吁不要让考古发掘成为一种用国家的经费进行的主动破坏。

2　地层学

　　在田野考古工作中，发掘是最重要的环节，然而发掘工作是不是做得好并不单纯是一个技术问题，而首先是一个方法论的问题。而这个方法论的核心，就是对于地层学的研究。考古工作者不但要熟知层位学的基本原理，还要根据遗址的具体情况来灵活运用，同时要在广泛实践的基础上不断总结经验，不断地改进发掘方法，使田野考古工作水平逐步得到提高。

　　考古学划分地层的理论和方法，最初是受到地质学的启发而逐步发展起来的。尽管如此，考古学研究的地层，同地质学研究的地层并不相同。因为前者是人类活动造成的，而后者是自然营力形成的。自然力量除在地上发生堆积和浸蚀作用外，地球内部的活动对于地层也造成很大影响，因此会出现断层、折皱、向斜、背斜、不整合等现象。考古学的地层通常没有这类现象。人类的活动都必须以当时地面为基础。除一般的堆积外，还因为修建动土而形成各种复杂的打破关系。田野考古的地层学研究，就是探讨由于人类活动所造成的叠压和被叠压、打破与被打破等特殊矛盾，研究这些矛盾的各种表现形式，这同地质学中的地层学大不相同。

为了说明地层学中的特殊矛盾，首先要了解什么是文化层，以及文化层形成的一般规律。

究竟什么是文化层呢？广义地说，凡属经过人类活动所造成的地层堆积，都可以叫作文化层。比如经过人工挖掘过，翻耕过，回填、夯筑或用其他方式加工过的土，都应当算作文化堆积，也就是俗称的熟土、活土；日常生活中抛弃的垃圾和其他废弃物质的堆积，建筑物毁坏以后形成的堆积等，都应当称为文化堆积；而由熟土、文化堆积所形成的地层就叫作文化层。当然，在文化层的形成过程中，也免不了夹杂一部分自然力的作用，如日晒雨淋，刮风扬尘，植物的生长与腐烂，以及野生动物的活动等等，但是起决定作用的是人类活动。没有人类活动的单纯自然形成的土壤堆积，就是考古学上的生土，由生土构成的地层就是自然层。

有时候，文化层和自然层发生多次交叠现象。一个时期在某个地方住人，形成文化层；后来当地居民消失，在一定的时期内产生自然沉积的间歇层；以后上面又住人，又形成文化层，如此往复多次，导致文化层与间歇层交替。旧石器时代的遗址，这种情况较常见，著名的北京猿人产地周口店第一地点，可以划分十三层之多。实际上只有第四、八、九层为文化层，第十层底部有点灰烬，其他都是自然堆积。新石器时代的遗址也有类似的现象，比如河南登封双庙沟，就是由文化层与间歇层交替叠压，往复达四次之多。再如湖南石门皂市，在早商文化层下叠压着没有人类活动迹象的生土，但在偶然的钻探中在更深的地层中发现了陶片，才发现所谓的生土层下还存在着新石器时代的堆积层（图 1 – 1）。

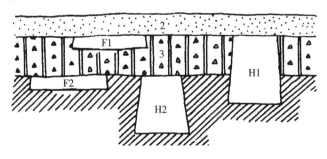

图 1 – 1　文化层叠压示意图

　　假如两个或两个以上的文化层发生了重叠现象，不论中间是否夹杂自然间歇层，都应叫作叠压关系。很明显，在叠压关系中，只能是晚期堆积叠压在早期堆积之上。这是一个重要的原则，根据这一原则，就能够利用叠压关系确定一系列地层及其相关遗迹遗物的相对年代。

　　假如人们在已成废墟的遗址上重建居民点，在那里盖房子、挖窖、打井、筑围墙、开挖排水沟等等，就会对原有的文化层形成扰动，有时还要破坏原有的遗迹，从而发生打破关系。很明显，在打破关系中，只能是晚期的遗迹打破原有的文化层，或者打破此前的遗迹，这是又一个重要的原则。根据这一原则，就能像利用叠压关系一样，利用打破关系来确定一系列地层和遗迹的相对年代。

　　在实际工作中，常常是叠压关系和打破关系交织在一起，形成很复杂的地层关系。例如河南洛阳王湾，每个探方挖下去都会碰到十几个地层和很多灰坑、房屋、墓葬的叠压与打破。因而可以进行很细致的分期。最下层的仰韶文化可以分为五期。它上面的龙山时代遗存可分为三期，再往上依次是西周、春秋、战国、西晋和北朝的堆积，除西晋外，其余四个时代的堆积本身又还可以分期，像这样复杂的地层关系，无疑是从新石器时代直到北朝时期历时几千年的一个年表，对于建立我国中原地区的考古学的年代序列提供了最好的科学证据。

　　需要说明的是，考古学中的层位关系，仅仅表明有关的堆积或遗迹形成的时间顺序，说明哪个早些，哪个其次，哪个晚些。至于究竟早多少年，晚多少年，单靠层位关系是无法解决的。甲层叠压乙层，或者某甲打破某乙，甲乙之间也许只隔几年甚至几天，也许相隔几十年、几百年以至几千年，但是甲比乙晚这一点是可以确定的。

　　同样的道理，每一个文化层或遗迹本身的年代长短，单靠地层也是不能确定的。通常同一文化时期会形成许多地层。1974 年发掘湖北黄陂盘龙城遗址时曾经划分为六层。其中第四层又分为四个小层。1956～1957 年发掘的河南陕县庙底沟遗址，有非常复杂的打破关系。其中有一组灰坑依次连续发生了七次打破关系，然而对包含遗物类型学的研究表明它们相互间并没有明显的变化。

　　在工作中有些人往往把包含不同时代遗物的地层称为扰乱层，这是一种不科学认识。事实上，凡属多层堆积叠压的遗址，较晚的地层中总是或多或少地混杂一些较早地层中的遗物。因为人们既然在原有的废墟上重建家屋，总要动土，这就免不了要破坏早期的文化堆积，而形成新的文化层。此时动过的土，哪怕原先全是下一层的文化土，里面包含的遗物也几乎全是早期的，还是应当算作晚期文化层的一部分，而不宜算为扰乱层，更不应当作早期文化层。

有些山坡边上的遗址，或是丘岗上遗址的边缘，因为塌坡或水流的浸蚀，容易形成一种次生堆积。有时这种堆积也可分层，但是由于是上部的较晚的地层首先垮塌，下部后垮塌的早期堆积反而覆盖在较晚堆积的上面。在田野考古中，这种堆积现象被称作"倒装（置）地层"，发掘时应当留心，不要误作原生地层处理。

3　布方与发掘

3.1　探方与探沟

在田野考古的早期阶段，究竟用什么方法来揭露遗址，并没有形成统一的模式。比较普遍的办法，是开挖几条探沟或几个探坑。如果碰上了遗迹就顺藤摸瓜，把整个遗迹发掘出来；如果探沟正好打在遗迹的空隙里，就免不了要发生遗漏，有些发掘工作虽然是全面揭露，但没有严格的坐标，并往往采取轮番发掘的方法，发掘一片跟着就回填一片，如此往复进行，又不留隔梁和关键柱，不便于统一核对地层，也不便于对大型遗迹进行整体观察和测绘、照相等记录，从而也往往容易失去进一步研究的科学基础。

我国在新中国成立前的发掘，同样有一些不大科学的地方。那时不论遗址大小，也不论是试掘还是大规模发掘，绝大多数都用探沟。甚至像安阳殷墟那样大型的宫殿群遗址，也还是采取隔一定距离（一般为 1m）开一条探沟的方法，始终没有进行全面揭露。那时的探沟大小也没有一定之规，一般都比较狭窄，有的只有 1m 宽。个别地点的发掘虽然划分了方格网，但是很小，仅为 2m 见方，既不留隔梁，又不画剖面。

我们现在所采用的以探方为主，探沟为辅的制度，是从 20 世纪 50 年代以来逐步建立起来的，也可以说基本是从苏联学来的。这一制度是严格地按坐标划分遗址，既便于全面控制地层，又便于从整体观察遗址，分析遗迹和遗物纵和横的联系。

所谓探方，就是把遗址划分为若干正方形的空间，从而便于在空间上有序地对遗址进行发掘。探方的大小应当视遗址的性质或堆积的性状而定。在这方面，也曾经走过一段摸索的路程。1955 年发掘湖北京山屈家岭遗址时，用的是 2m 见方的小方：1955～1957 年陕西西安半坡的发掘，主要用的是 5m 见方的探方；1956～1957 年河南陕县庙底沟的发掘，采用了 4m 见方的探方；1958～1959 年陕西华县柳子镇的发掘，用的是 10m 见方的大方；1962 年安阳纱厂的发掘，用的是 5m×4m 的探方；1975 年江陵纪南城 30 号台基的发掘，是在 10m 见方的大方中再分为甲乙丙丁四个小方。现在看来，根据我国绝大多数遗址的情况和多年的实践经验，以 5m 见方和 10m 见方较为适宜。太大了不宜控制地层，太小了会把可能遇到的建筑遗迹分割得过分破碎，不便观察各方面的联系，而且也不便于施工。具体到一个遗址究竟采用多大的探方，要依它本身的情况和对遗址的了解程度而定。如果地层较厚，较复杂，或者遗迹的规模较小，如新石器时代的村落遗址，最好采用 5m 见方的探方。如果地层比较单纯，遗迹的规模较大，如唐长安大明宫的发掘、元大都的发掘，以及陕西周原凤雏西周宫室基址的发掘，都是用 10m 见方的大方，效果较好。此外，如果是发掘旧石器时代遗址或洞穴遗址，探方的规模可以小一些，这样有利于更细致地观察和控制堆积的清理，也便于全面地记录和测绘遗物之间的关系。

为了便于控制地层，探方之间要留隔梁，此外在大面积的发掘时探方的隔梁往往又是工作人员通行和运土的通道。以往有一种办法，是把每一探方的四周都留 0.5m 或 20cm 宽，与邻方的合起来就有 1m 或 40cm 宽。这样做在量坐标和测绘遗迹图等方面都较麻烦，现在一般已不采用。通常的做法是在每一探方的东边和北边，留宽度为 1m 的隔梁，太窄了易崩塌，也不便于通行，太宽了占面积太大，影响对遗迹和地层的观察。当然，为了出土方便，例如为了便用小推车在隔梁上行走，少数隔梁还可适当放宽，但以不超过 2m 为好。

当绝大多数探方均已做到底，或做到了重要遗迹不宜再往下挖时，即可打掉隔梁，但是还要留下纵横隔梁相交处的关键柱。关键柱的作用，是为了最后一次核对地层，检查完毕，并把剖面图绘完后，即可打掉。个别地点为了以后供人观察地层堆积，少数关键柱也可长期留下（图 1 - 2）。例如半坡遗址已建成遗址博物馆，中间还留有少量的关键柱。

探方的方向，以正磁北为宜，这样有利于遗迹的测绘。在特殊情况下，也可根据地形和遗迹的走向确定方向。

探方的编号有两种方法，一种是坐标法，一种是序数法。坐标法通常把零点定在发掘区的西南角，因此只有一个象限；有的遗址较大，也可以把零点设定在遗址的中心，而将整个遗址划分为四个象限（图 1 -

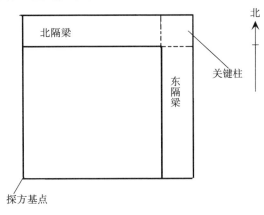

图 1 - 2　探方示意图

3）。具体将零点设在什么位置，要根据遗址的规模、布局以及地形地貌，经过慎重的考虑来确定，零点的设定一定要有长远和整体的想法，否则容易对以后的工作造成麻烦。坐标法编号方法的好处是探方号本身就可以反映出它所在的位置，也就是说只要设定了零点，遗址中的每一个地点都被编在探方中，每一个点都有自己的探方号，发掘中任何遗迹、遗物的发现都可以方便、准确地标示在总图上。序数法就是普通的排序，按照从 1 号起的顺序依次向后编排，这种方法在试掘或规模较小的发掘中应用起来比较方便，不便之处在于如果以后再进行发掘，探方编号就很难同已往的工作相联系，并且探方

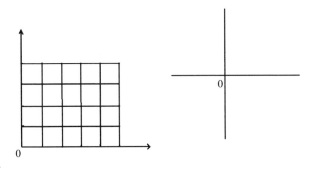

图 1 - 3　探方编号方法示意图

的编号也不能反映出在遗址中的方位。序数法编号在目前工作中仍是比较常见的一种方法，但在使用时一定要有统一的排序原则，否则就更容易造成混乱。

探沟是应用较早的一种发掘方式，由于它一般比较窄所以最容易掌控地层变化，探沟的使用在当前也十分普遍。一般探沟的应用有两种情形，一是遗址本身的特点不适合十分规整地布设探方，如遗址地貌起伏较大，堆积呈跳跃式分布，地表现代覆盖物太多等因素；二是工作要求，如在一些区位做一些解剖性质的发掘等等。探沟的宽度一般以2m为宜，太窄则不便于操作，太宽就无异于探方。探沟的长度没有定制，应依发掘的实际需要来确定，一般以5~10m比较合适，如超过了10m，则最好在中间留出隔梁，以便于保留横剖面。

探方法中还有一种棋盘格法，这种方法一般应用于配合基建或主动发掘时为减少实际发掘面积的情况下。具体做法是把发掘区全部规划出探方，而发掘时采取对角发掘的原则，即发掘探方呈对角线发布，就如同国际象棋的棋盘黑白相间，发掘的探方只是其中一种颜色。这实际是一种数学的概率论，即从理论上按照这种方法发掘，发掘面积与想要了解遗址的面积之间的比率，在这种方法下操作是最大值的。这种方法也就无须留隔梁，当发现迹象超出所发掘探方时，再发掘遗迹延伸到的探方。

3.2 发掘操作的基本原则

国家文物局颁布的《田野考古工作规程》是田野考古工作的规范，其所制定的有关考古发掘的要求是一切考古发掘工作应当遵循的基本原则。

依据土质、土色、包含物及参照其他相关现象区分堆积单位。当探方等发掘区域揭去表土后，应及时将平面和四壁铲平刮清，以便观察土质、土色变化，了解是否能够区分堆积单位。堆积本身是立体的，所以分辨土质、土色变化应结合平剖面确认不同堆积的界线。一定要把剖面和剖面、剖面和平面结合起来观察，才会有立体的感觉，才会明了遗迹或地层的关系或走向。

区分堆积单位，主要是根据土质土色以及包含物的变化。问题在于，同一堆积单位的土质土色并不是绝对不变化的，所以并不能发现土质、土色变化就划分为不同的堆积单位，而要综合观察、判断堆积的性质、分布、形状以及形成原因等因素来确定。例如在坑穴等遗迹单位的堆积中，经常存在坑壁的生土或其他堆积因垮塌而成片（团）夹在坑中的灰土堆积间，尽管在土质、土色上两种堆积区分的十分明显，但显然它们都应属于同一遗迹的堆积。

完整把握遗迹单位的边界形态。任何一个遗迹或堆积单位都会存在着与其他遗迹或堆积单位相区分的界限，也就是所谓的边界。如果在平面上看出有两种或两种以上的土，界线明确，那么它们可能是不同的地层堆积，也可能是一种遗迹现象，还可能是在同一遗迹或堆积中局部的变化。

假如是属于第一种情况，它们的分界往往不很规则，而且一般会延伸到探方边上，并在剖面上反映出来。如果刚刚露头，可以在紧靠探方壁的地方稍稍下掘几厘米，这时在剖面上就会清楚地出现一个有倾斜度的交界线，根据走向不难断定叠压关系。

假如是属于第二种情况，它们的分界线通常比较整齐，也比较明晰。这时不必急于从剖面上了解情况，而是要在平面上进行追踪，将边界线封闭起来，遗迹的形状就清楚了。如果遗迹很大，要同邻近的探方联系起来进行观察，才会看得清楚。

假如是属于第三种情况，平面上往往会出现一个不甚规则的封闭曲线。但一个不甚规则的封闭曲线并不一定就是无意义的局部的土质土色变化。这时可在交界线上进行试验性的解剖，如果曲线的土很快向里收缩，那多半就是属于第三种情况。如果交界线倾斜度不大的向下延伸，仅仅稍稍向里收缩，那多半是一个不规则形的灰坑。而如果曲线内的土反而很快地向外扩大，那就可能是刚刚露头的下一个层次的地层堆积了。

分析上述情况，是为了及时地判断地层和遗迹形成的先后关系，做到心中有数，以便有条不紊地逐层下掘，不至因为做过了头或做反了关系而造成混乱。如果不及时铲平地面，划清土层分界线，并且将平面和剖面结合起来，或者将这一探方和那一探方的情况联系起来进行分析，做出必要的判断，而是一个劲地向下挖，尽管在隔梁的剖面上画出了清楚的地层和遗迹分界线，也已为时过晚。那时遗迹被做坏了，遗物被混在一起了，按照叠压关系和打破关系确定相对年代的依据也就不存在了。所以，认真的考古工作者总是不断地、及时地铲平地面和剖面，观察地层的变化，做到随时对探方内的堆积变化心中有数。

依照堆积形成的相反顺序逐一按堆积单位发掘。发掘中要坚持自上而下有序发掘清理的原则，工作的顺序应当同堆积形成的顺序正好相反，这样才可能避免将不同时期形成的堆积物相混淆，也利于对遗迹形状的把握和堆积形成过程的了解。就一个探方而言，只有把上一层次的堆积清理干净之后，才可进入对下一个层次堆积的发掘。对于地层堆积要依其本身的深浅分布进行清理，而不要按照同一水平深度下挖。就整个发掘区而言，则要力求使探方的进度取得一致，以便观察同一时期的地形，研究那时各个遗迹之间的相互联系。整个工地要协同动作，而不要各行其是，不要在大多数探方挖到第一、二层时，个别探方孤军深入，一下子就挖到第五、六层。

发掘任何遗址，既经开方动土，就要把工作做完，不要半途而废。不要看这个探方不丰富，就半途抛弃又去挖另一个探方。一个遗址是一个整体，总有一些遗迹遗物比较集中的地方，也总有一些院子、场地等遗迹遗物稀少的地方，都要通过发掘把它们弄清楚。一定要树立全局的观点，要耐心地做平凡的有时甚至是很单调的工作。又要善于做关系纷繁复杂，需要十分细致小心的工作，整个发掘工作才能取得圆满的结果。

当逐层地发掘下去时，如果没有十分重要的遗迹现象，应当一直挖到生土为止。倘若出现了重要遗迹，即使它的下面还有更早的文化层，也应加以保护，不要再往下挖了。

按最小堆积单位收集遗物。层位学研究能够判断存在叠压或打破关系的堆积之间的相对年代关系，但却难以解决堆积的绝对年代问题。对于缺乏文字纪年的考古材料而言，绝对年代的判断，主要是根据堆积所包含的文化遗物来确定。因此，为避免发掘对象在清理过程中包含物发生与其他堆积单位的出土物相混，而造成对年代判断的失误或干扰的情况，在发掘中应按照所能够分辨、确认的最小堆积单位收集遗物。

4　遗迹的发掘与清理

考古学中的遗迹一般系指人类活动遗留下来的各种建筑以及其他不可移动的遗存。其中既有人类有意识构建的，如房屋、窖穴、寺庙、壕沟等建筑，也有随着人们的活动而产生的非建筑遗存，如路面、广场等，以及对自然物进行利用和改造的遗存如洞穴等。

通常可以将遗迹按照功能划分为生活遗迹、经济生产遗迹、商贸交通遗迹以及宗教等精神领域的遗迹等几大类别。

4.1　生活遗迹

所谓生活遗迹是指古代居民因生活活动而形成的遗迹，如房屋、窖穴、水井、炊事场所、废弃物坑乃至厕所等一切与生活有关的遗迹。当然这种分类只是一种比较简单的归纳，关于建筑的功能显然不会如字面上这样整齐划一，如在居住的房屋中也可以从事生产，饮用的水井自然也要供应生产用水，所以对于遗迹功能的分类要避免绝对化。

在田野考古实践中最常见到的就是房屋和所谓的灰坑，这也是作为一个聚落遗址所不可或缺的构成要素。

4.1.1　居住（房屋）遗迹

通常考古发现的房屋建筑从使用的性质上划分可以大致分为一般民众使用的民居或公共建筑和上层统治者居住的宫殿等两大类。每一类中又可以按照建筑的结构或形状分为若干小类。

对于属于一般民众居住的房屋建筑的发掘与研究，往往比较集中在史前或所谓的先秦时期，进入文献记载相对发达的历史时期，考古学对于一般民居关注的程度则远远不够。早期的居住建筑根据构建的方式主要有地穴式的、半地穴式的、洞穴（窑洞）式、干栏式和地面式等多种。而建筑的形式则还可以分为土筑、石砌、木构、木骨泥墙或其他多种形式相结合的建筑结构。

实际上在考古发掘中所见到的房屋遗存，都是已经倒塌废弃的建筑，而且由于后代的破坏以及自然的侵蚀，留存下来的大多数只是房屋的基础或很少的建筑结构。因此必须通过细致的工作才能够了解房屋的建筑程序、工艺技术和结构、形制等。

在清理房屋建筑的时候，要十分注意层位关系，一方面要注意同其他地层或遗迹的叠压与打破关系，一方面又要注意它本身的层位关系。根据房子同其他地层或遗迹的关系，可以确定它的相对年代（图 1-4）。这一点是大家容易理解的，也必定会注意到的。至于房子本身的层位关系，可以解决它的建筑工序，修补、增建、使用和废弃的年限问题，却是容易被忽视的。

对于任何一个居住建筑而言，从层位学的角度分析，它应当反映出以下几个时间概念：

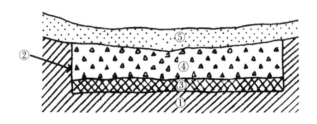

图 1 -4 兰州青岗岔遗址 F1 剖面图

第一是被建筑所叠压或破坏的那部分堆积，可以表明建筑产生前的历史状况和建筑形成年代的上限；即便建筑是构筑在生土之上，也可以得出在该建筑形成前当地还没有人类活动迹象的印象。

第二是建筑形成的年代，所反映的是建筑物建造的确切年代；例如在建筑基础发现的工具痕迹等就是建筑形成过程中的遗存，表现着建筑的真实年代。此外在早期房屋的基础中往往有用人（一般是儿童）或兽来奠基的情况，而这些人或兽的埋藏也代表着房屋建筑的确切年代。

第三是建筑的使用年代，如发掘中清理的居住面、灶坑等都属于房屋使用中的遗存。由于从理论上说房屋使用可以是一个相当长的过程，比如建造了数百年的房屋今天仍有人在使用，所以要注意它同建筑形成年代的区别。

第四是建筑废弃的年代，这通常是在一个比较短的过程中发生的事件，所以年代判断有时可以十分精确；比如房屋在遭遇火灾或地震等突发事件时，房屋内会留下当时人们的生活用品，甚至是居住者本身，这些突发事件下的遗存往往可以帮助我们比较准确地判断房屋废弃的时间，另外对于了解当时人们的生活情况也十分有益。

第五是建筑废弃后的年代，通过建筑废弃后形成的堆积可以了解又一个阶段的情景，而且当因建筑本身由于缺乏判断年代的遗物而难以断代时，废弃后遗存的年代可以用来确定建筑年代最迟的下限。

在发掘居住建筑之前，发掘者应当对古代建筑的结构等要有所了解，特别是对早期建筑一般所具备的一些要素要心中有数，比如房屋必须要有门，有进出的门道，一般作为生活单位会有炊事的火灶，要有支撑屋顶的柱子等。

盖房子时总是要动土的，半地穴式的房子，挖出来的土往往填在房屋四周；平地起建的房屋，会平整地面以及使用纯土或红烧土等筑成房基；较大型的建筑，往往用夯土筑成较高的台基，这是房屋最底下的一层文化堆积。在台基上，有时要挖墙基，挖柱子洞，甚至挖窖穴和水井等，形成打破关系，但这种打破关系仅仅是表明建筑工序的先后，相距的时间是应该很短的。

房子使用期间，有时会增加间次、扩大规模，如郑州大河村仰韶文化晚期的 F4，原先只有两间，以后又增建两间，连在一起。对于间数较多的房屋，应当注意有没有这种情况。

所以，一座房子从建造、使用到毁弃，往往会有一个比较长的过程，在堆积的表现方式上就有可能分几个层次。而当把一个聚落作为单位来考察时，就会出现在众多建筑物中，有些比较坚固，使用时间很长，而有些则可能坚固程度不够，使用时间较短。当坚固的房子还在使用时，又会有新的房屋建筑起来，甚至后建的房屋还毁坏在先建房屋之前。这种参差不齐的情况，使得聚落遗址的堆积非常复杂。所以考古工作中必须注意划分房屋本身的堆积层次，以按照土质土色所能辨别的最小单位来作业，而不是以整个房屋作为一个共存单位。

在通常情况下，清理房屋的基础是比较容易的，因为房屋的基础部分往往比较坚固且潜入当时的地表之下，所以容易得到保存，而清理房屋倒塌的堆积则要困难得多，由于房屋倒塌堆积基本都覆盖在当时的地表以上，而通常房屋的废弃也伴随着整个聚落的废弃，所以当后代再有各种活动时一般都要对脚下的堆积形成破坏，因此房屋倒塌堆积也很难原样保留下来。对房屋倒塌堆积的清理十分重要，做得好可以从中取得很多难得的资料和数据，可以复原房屋乃至生活的情境；而如果做得不好，就很可能当作一堆乱土被清除掉，最后只留下一个房基的轮廓。

要清理房屋倒塌的堆积，最好是分步骤来做。先搞清楚房顶结构，再了解墙壁和门窗，最后是室内设施和器物。清理房顶的堆积时，先要剔除浮土，看看屋面是怎样做的，有没有装饰，有没有天窗设施，有没有瓦，瓦的排列方向如何等等，弄清楚后及时照相、绘图并做好文字记录。有的构件要编号，并在图上一一注明，然后才能起取。有些草泥顶的房屋被火毁后，房顶部分被烧成了红烧土，变得相当坚硬，把这层屋顶翻开来，往往能够看到清楚的苇束和木椽痕迹，可据此复原房顶的构架和建筑工序。在清理这种屋顶时，最好在旁边划出一块同样大小的空地，然后把屋顶红烧土一块一块地翻转过来，按原来的相对位置排列，椽架结构就有可能一目了然。清理墙壁倒塌的遗迹，首先要注意倒塌的方向，看看墙顶到墙基有多少距离，是否可能复原墙壁的高度。再就要研究墙体结构，如是木骨泥墙，看看有无竹筋或苇子痕迹；如是夯土，还要看看夯层厚度和夯窝形状，还要注意墙壁的厚度和收分；如是土坯或砖石砌成的墙，则要了解每块的大小和砌法，以及墙面的加工与装饰，有无壁画修饰等等。在有些墙壁倒塌的遗迹中还可以了解门窗的位置和结构，把这些情况弄清楚并做必要的记录以后才能清除。最后研究室内的设施，如土床、土台子、火塘或地窖等等，同时也应特别注意，看看地面有些什么陈设，各种东西摆在什么地方等等。有些器物如陶罐、瓮、瓶之类，在屋顶塌下来时会被砸碎，破片会飞离原来的位置，但底部一般不会离开多远。所以要了解原来放置的确切位置，应该以底部的位置为准。

通常在早期遗址的发掘中，我们所能见到房屋墙壁的形式主要有以下几种：

在观察屋内地面的特点和做法时，注意有无红烧土块或黏土垫层，居住面的泥土及加工情况，层次、厚度、颜色、各层之间黏结的情况，居住面内的夹灰层等。此外还应留心屋内柱洞的排列情况，柱洞是否烧烤过，有无柱础石等。灶和火塘在屋内的位置、灶口使用磨损的情况。有无门槛，门外有无台阶、门道或红烧土路面、房屋外围有无用红烧土铺成的散水或空场地。

发掘时应注意以下各部分之间构造叠压或接驳的情况：例如墙基与垫层、外墙与隔墙、隔墙与火膛、火塘与垫层、火塘与居住面之间的关系。并把这些关系，在平面、剖面图上表达清楚，以便弄清工程做法和程序。

注意在垫层内、墙基内或墙基下所埋的奠基物，例如陶器、石器、兽牙、捏制呈人头形或兽头的红烧土等。注意当时人放在居住面上的生产工具和生活用具。注意搜集炭化木柱标本，以^{14}C测定年代。并把特别重要的红烧土块运回室内，作进一步的整理研究，弄清结构，并绘图与照相，为复原房屋提供可靠的依据。

居住遗存的发掘，当通过土质土色的变化在平面上确定清楚建筑的范围和形状后，在条件允许的情况下，发掘中要注意尽快找到建筑的居住活动面。由于一般房屋建筑为了适于居住，往往都会对居住面进行刻意的加工或处理，所以居住面一般都比较平整和坚硬，易于同其他堆积相区分和剥离，所以当清理者确定了一定范围居住面的情况下，则可以其为基点不断追踪清理，直至把整个居住面发掘出来。

发掘中要注意分清居住期间的遗留物和废弃以后堆积的遗存。注意居住面上器物的分布、放置部位和保存状况，搞清楚灶址和烧火的遗迹。记录位置、形状、大小、构造及特征。弄清门口方位和门道形状（台阶或斜坡），记清高度、宽窄、斜度和践踏成的路土层等。发掘结束以后，详细作好文字、绘图和照相等工作。

居住遗迹清理中，窑洞是特别需要注意的一类。窑洞指在土崖上按照平行方向掏挖出来的居住空间，一般多见于土层比较厚、土质相对好的地区。由于窑洞是平行挖入土中，所以在窑洞的门前往往需要有一个平面或类似天井一样的空间。窑洞与地穴都是构筑在土中的房屋，但两者同土层的关系不同，窑洞是平行的伸入土中，而地穴则是垂直的潜到地下，相比较而言，窑洞显然比地穴进步的多。

窑洞式建筑在发掘中往往最初不易判断，因为它是由立面伸入土中，所以在平面上很难找到规整的形状，尤其是当窑顶塌陷后，形状就更难判断。发掘时必须密切注意剖面变化。

窑洞式建筑的发掘，由于窑洞多是打在生土之中，所以在发掘工作中在生土之下又有遗迹露头，就要注意在附近寻找遗迹的口部，因为任何遗迹都要有一个开口，而这个开口的部位，一定不会是生土堆积。

"干栏"式居住建筑遗存也是田野考古发掘中难度较大的对象。干栏也有写作"干阑"者。"干栏"式居住建筑遗存，是我国长江流域以南广大地区古代比较流行的居住建筑类型之一，直至现在这种"干栏"式的居住建筑，在我国少数民族中间尚十分流行，如湘鄂西部的土家族、云南的傣族等还普遍建造这种居房，俗称为"吊脚楼"或竹楼。它的特点是以木架结构为主的双层建筑，上面住人，下面豢养牲口，堆放杂物等。它的优点是有防止地面潮湿，起通风干燥的作用，也可避免虫害的侵袭，既安全又舒适。这类建筑在考古实践中保存较好的多是遗址位于水位较高的湖沼地区被掩埋在淤泥之中，而形成河湖相的泥炭堆积。在我国已发掘揭露的干栏式建筑比较著名的有浙江余姚河姆渡遗址和湖北蕲春的西周建筑遗址，以及近年在云南发掘的海门口遗址等，欧洲在考古学诞生的较早阶段就揭露了一批所谓的湖居遗址，也都是干栏式的建筑。

发掘这类建筑时应注意：如地下水位高，遗迹被浸泡在水里时应先排干积水，待通风稍干以后再进行发掘。按照一般发掘堆积层的方法，揭去上面的淤土，使建筑物大致情形显露出来，发掘中注意保持露头的木桩、木柱及建筑构件，维持原状不要移动，下掘时保留一定的剖面，控制地层堆积，逐渐大面积地揭露出建筑遗存。要注意木骨架周围建筑附件的保存和分布状况，分清原状堆积和塌落构件，观察各构件的放置方式、部位及关系，以及构件结合的痕迹，弄清楚梁架结构的技术和方法。清理迹象时，随时做好绘图和照相等记录工作。尽可能详细地测绘它们之间交垒穿错的堆积关系，采用分层绘图和纵横剖面相联系的办法，形成网状式的记录材料。在拆除木构件之前要做好将各种木构件编号、测量，以便按编号顺序起取。除实测图外，还可绘示意图，详细解剖图等。继续下掘的层次，可按具体情况来定厚度，应适应建筑塌毁后的自然堆积层次来进行操作。对不妨碍发掘工作的构件，应尽量原地保存，这样在清理结束以后，便于了解整个建筑遗存的结构和特点。要注意棚板的遗存，放置的位置和倒塌情况，板块的长短、大小、厚薄、加工痕迹和保存状况。要注意上下层支柱的保存状况及折断部分，以了解各层的高度和支柱插入地基的深度以及加固的方法，对于桩基所打破的堆积中的遗物和反映自然环境的标本要注意收集，通过它们可以帮助确定房屋建筑年代的上限，以及了解当时的自然生态环境等。

4.1.2　宫殿建筑遗存

上层统治者使用的宫殿等建筑是有别于一般民众居住房屋的一种特殊建筑。在我国明确的宫殿式建筑应从二里头文化时期出现，虽然也有研究者认为类似大地湾 F901 那种大房子可能也具有宫殿的性质，但无论从建筑的结构还是功能等方面分析，进入历史时期的宫室建筑与新石器时代的那种具有一定公用功能的大房子还是存在着很大的区别（图 1-5）。

夏商周三代的都城，皆发现有大型的宫殿建筑基址，如陕西岐山凤雏的周原宫殿建筑基址、河南安阳小屯的商代晚期的殷墟宫殿建筑基址、河南郑州商城的宫殿建筑基址、河南偃师商城的早商宫殿建筑基址、河南偃师二里头遗址等等。一般这类宫殿建筑的范围都较大，从几千平方米至上万余平方

图 1-5　二里头遗址 2 号宫殿复原图

米，这些宫殿基址皆以夯土为基，有一套完整的布局和建筑体系。

在发掘大型宫殿基址时首先要有大局观，必须在宏观上对工作对象有所认识，了解当时大型宫殿建筑的基本布局和规模以及建筑程序、技术等，应避免被局部土质土色的变化所迷惑，而应在对整个建筑的基本状况分析清楚后，再来处理局部的变化。

从工作程序来说，第一步应先根据钻探情况把夯土宫殿基址的规模和范围基本搞清楚。注意有时因为配合工程建设或其他原因，往往事先已规定好了需要发掘的区域，但作为发掘前提的钻探工作却不应受这种区域、范围的限制，而必须把一个完整的遗迹全部搞清楚，否则就容易造成"盲人摸象"的失误。第二步是根据勘探的结果制定发掘的计划和布置发掘区位。也可以在大面积的正式发掘揭露前，先布置一些探沟作小规模的试掘揭露，以便进一步摸清基本情况。在勘探和试掘的基础上再来做大面积的发掘，将有利于工作的顺利开展和工作效率的提高（图 1-6）。

正式发掘时，通常多采用全面揭露的办法来进行。由于这类遗址

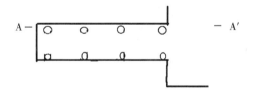

图 1-6　探沟试掘平、剖面示意图

范围大，文化堆积也比较简单，因此可以采用开 10m × 10m 的大探方来发掘。有关宫殿基址上面的建筑遗存，一般都因为受到后期严重的破坏而不复存在。所以考古工作中的所见只是保存着经过夯打的宫殿建筑基址，以及残余的房基、柱础和围墙的基槽等等。因此，识别夯土，分辨夯土先后的打破关系，是发掘大型宫殿基址的最基本也是最重要的技术。

发掘开始以后，先清理叠压在上面的后期堆积层，注意要统一各探方的发掘深度和速度，按照统一的发掘速率或工作面来工作，避免各探方的发掘深度参差不齐。当挖到宫殿堆积层时，要先细心清理后期打破夯土基址的遗迹，如灰坑和墓葬等，当把晚于建筑本身的堆积都清理结束后才可以进行宫殿基址的发掘。在清理夯土基址本身的堆积时，一定要细心收集和观察出土的红烧土块和抹泥、抹灰的残块等，同时也不要疏忽遗漏每一件遗物和遗迹现象，一般对揭露出来的遗物先不要取走，而要保持原位，特别是对于那些有可能同建筑有关的石质遗物或构件等更不能轻易移位，如果是影响到向下的发掘工作而不得不拿走时，也一定要做好绘图、照相、记录的工作。这是因为虽然发掘工作尽量掌握在按照相对水平的深度下掘，但遗迹本身在经历了千百年的埋藏、沉积后，它的原始平面或所属的活动面可能已不在一个水平面上，所以发掘中所见到的深度不一的构件或遗物也有可能在当时是在同一平面或活动面之上的。如果发掘者在思想中没有这种观念，往往会将一些看似孤立的迹象处理掉，而当一个个孤立的迹象有可能联系起来，形成一个比较完整的遗迹时，则由于工作的失误而难以补救了。

如果对古代建筑的知识有所了解，发掘者就有可能收到事半功倍的效果。如任何一个规整的建筑，它的开间或进深都会按照比较统一的规模来处理，所以在工作中当已了解了一个区域的规模、尺寸后，就可以按照这个规律去寻找其他迹象。例如偃师二里头遗址的宫殿建筑，房基的柱洞（柱础）排列很有规律，间距都相同，口径也大体上一致，因此只要找到一个柱洞以后，就可以顺藤摸瓜，很快找出多个

图 1-7　排水管道

柱洞。寻找墙基的情况，大体上也采用往前追寻的办法。这样可以加快工作速度，节省人力物力而准确无误地开展发掘工作。

要特别注意细心清理主体殿堂的细部结构。如墙壁的做法，面阔几间，进深多少，门向及部位，台阶的设置，以及周围廊庑建筑、围墙、庭院、侧门、大门（及左右塾房）、门外的路土等。还要注意埋在夯土基址下面各个不同部位的奠基坑。另外大型建筑的周围往往都有防止对房屋基础和底部墙壁造成损坏的散水设施，以及为将房屋周围的存水排泄出去的管道设施等。还要注意宫殿附近的配套设施如水井、洗浴和卫生设施等（图 1-7）。

4.1.3　其他生活遗存

除了前面所讲的居住遗存外，与当时人们生活有关的遗存还有灰坑、水井以及独立于房屋之外的灶坑等遗迹。

灰坑是在遗址发掘中最常见到的遗迹，因坑穴内的堆积经常是灰土而得名。灰坑形状大小不一，成因也较复杂，有的是当时储藏物品的窖穴，有的可能是祭祀坑；还有一些原来可能是窑、井或地穴、半地穴式的房子，废弃以后被当作了垃圾坑；有的则是当时的取土坑，或自然的低洼坑，被用来填置垃圾等。

发掘灰坑，要先弄清灰坑的层位关系和分布范围，确定它的形状是否规整。被用作填充废弃物的灰坑如果坑口没有遭到后代的破坏，常常由于堆积物漫溢出坑口而使得坑口的平面形状显得十分不规则，而灰坑坑口的真实形状也只能按照去除漫出堆积后的形状来确定。另一方面，当坑在尚未填满堆积时，暴露在外的坑壁在自然力的作用下会产生崩塌等现象，也会使坑口的形状变得不规则起来（图 1-8）。所以在实践中往往一些遗迹在刚发掘时很难找出规则的边或壁，而当发掘下去一部分后，就能比较清楚地找到规则的坑壁，所以找坑边的工作一般要在灰坑发掘到一定深度后再进行，这样有助于更准确地确定边、壁。挖掘灰坑坑内堆积时一般是先挖一半，而如果是规模较大的灰坑则可以先挖 1/4。这种分步骤的发掘方法，优点是可以保留观察、控制的剖面，掌握坑内堆积的变化情况，便于把坑内堆积与坑外堆积进行详细比较，从而有助于确定坑壁和坑底。灰坑很小时，也可采用全部挖法，即在坑线范围内普遍向下挖至底。无论采用哪一种挖法，都要分层清理。特别是深井等大型灰坑，往往是很长时间才填满

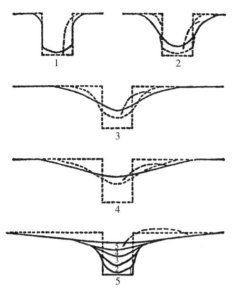

图 1 - 8　灰坑坑口变化示意图

的，分层清理是很必要的。另外如果是垃圾坑，还可以根据堆积的方向了解当时垃圾倾倒的方向。灰坑底部的使用堆积对判定用途有重要意义，必须格外加以注意。如成排鱼骨，说明是储存鱼的窖；碳化粟的堆积层，说明是装粮食的；井底常有淤泥层，如果有人常在坑内活动还会在坑底留下比较坚硬平整的踩踏层。

发掘中剥离附在坑壁或坑底上的土，使坑壁、坑底显露出来的行为叫作"找边"和"找底"，其实不仅是灰坑，田野考古发掘中对任何遗迹的清理几乎都会应用到找边和找底的技术。找边的方法是，挖掘时距离坑壁先留出一定厚度的土，所剩留土的厚度因土的硬度或黏性而有所差别，一般如比较松软时则可厚一些。反之则薄一些，待挖到一定深度时，用手铲垂直向坑壁捣去，撬动手铲，使坑壁附着的堆积土自然松脱。成片的自然脱落面，就是原来的坑壁。大型灰坑用平刃铁锹找边更为迅速，自然脱落面大，效果更好。找底亦是这样。

找边、找底都要注意壁和底是否有遗迹的细节：挖坑或加工的工具痕、涂泥、护壁板、台阶、脚窝、柱洞、小龛、火烤面、灰烬、粮食籽粒等等。这对研究坑穴的修筑和加工的工具与方式以及坑的功能等都有重要作用。

有些灰坑的壁和底很难辨认出来，也很难准确地按照原貌剥离出来。这是因为灰坑内的堆积与周围的堆积土质土色十分接近，坑壁又没有经过特别的加工。有的是它打破了几个堆积，在某些部分壁面清楚，在某些部分壁面不清楚。反之，它被一个土质土色与其相近的遗迹打破时，也会出现打破处的模糊不清。此外窑穴在使用和废弃过程中，也会发生损坏（如崩塌、积水冲刷）。由于界线模糊的情况很复杂，所以要尽量先确定好灰坑的范围，再往下挖。遇到部分壁面不清楚时，先考虑是否有其他遗迹打破它的可能。在排除这种可能后，可以在清楚部分找边，然后循边找出不清楚的坑壁面。

在考古发掘实际工作中，确实会遇到两个有打破关系的灰坑或其他遗迹很难确认究竟是谁打破了谁的先后关系，这有可能是两者的形成时间相距不远，也有可能是两者坑内的堆积十分接近。在这种情况下，我们可以将两个单位的相交部分（接触）单独清理，出土的遗物也需单独存放，而将两者距离较远的堆积以及出土物当作两者各自的内涵，这样可以避免将两单位的年代搞混，造成研究中的困惑。

一个灰坑内堆积的土并不完全相同，大灰坑内填土更加复杂，判断灰坑是否到底，即新出现的堆积土是坑内堆积还是坑底下的另一层堆积，主要有三条标准：坑壁不往下延伸，终止处是坑底；新土层延伸到坑外，则灰坑到底；底面出现新遗迹现象，如弧状坑口线、两灰坑打破形成"交角线"、房址的墙等，则灰坑已到坑底。

口小底大的灰坑称为"袋形坑"。袋形坑在开口层面上虽没有与相邻遗迹发生打破关系，但在近底部却能发生打破关系。如果在灰坑的下部一侧，发现向坑心突鼓的堆积时，要检查是否有袋形灰坑打破它。

发掘完的灰坑，可以作为一个"大探孔"加以利用，即把坑周壁和底用手铲或铁锨刮铲出新面。这样既可以帮助观察未掘堆积的层次关系，又为防止灰坑内的包含物或堆积物未去净而混入早期堆积提供了保障。

相对意义上水井就是深坑，所以水井的发掘原则上同灰坑相似，但需要特别注意的是井口、井壁的处理，此外还要注意，无论井壁用什么材料围护，到底部出水的位置如果没有采取特别防护措施往往会由于取水时引起的涟漪对井底形成冲刷，而使井底部的井壁不断扩张，以至形成袋形。发掘中清理到这一部分要注意找边时会向外扩展，超出上部井壁的范围。同时由于这一部分井壁是在水流的冲击下自然形成的，所以往往也不会十分规整，清理时要有所认识。

发掘水井时在井底往往会发现比较完整的陶瓷器，而这类陶瓷器又多带有器耳，这些就是水井使用时人们用来汲水的器皿。这些器物对于判断水井的使用年代十分重要。在发掘时如果发现了这类陶器一般也就说明已经接近井底了，但有时在汲水器物之下仍未清理到井底，或者是相隔一定深度时又有汲水器皿发现，这表明水井在使用中会形成一定程度的壅塞，但由于并没有完全干涸而仍有水渗出，所以尽管壅塞的泥土将掉落的汲水器皿都掩埋了，但随着水位的抬升，人们仍从井中汲水，以至又一次的壅塞。如果在发掘中发现这种现象，则不同深度的汲水器皿就应当反映着不同的年代，可以利用这种年代关系分析水井使用年代的跨度，也可以作为一种层位关系去探讨遗址的分期等问题。

4.2　经济（生产）活动遗存

古代人们从事经济活动会留下各种遗存，这类遗存有些与生活活动的遗存区别不大，有些则独具特点，所以在田野考古中，一般都将这类遗存单独作为一类进行工作及研究。经济活动的遗存有些是同生活类遗存一道分布在聚落中，有些则形成独立的区域或遗址，所以在发掘工作中也会有不同的处理方式。目前我们在田野考古发掘时比较常见的经济活动遗存主要有仓储、作坊，制陶、瓷，采石，采矿，冶铸遗址以及农田等遗存。

4.2.1　作坊遗址

所谓"作坊"，是指人类手工业生产的场所，它所加工的产品五花八门，品种各不相同，所以作坊的形式也多种多样，并无定制。

早在石器时代就出现了专门制作石器的加工场所，因此这也可以视作一种作坊。目前专门加工石器的场所以旧石器时代晚期或新、旧石器时代过渡阶段的发现比较多见。石器制作是早期社会手工业生产的一个重要部门，在金属被应用之前，石器几乎应用于人类社会生产的所有领域。因此在石器时代遗址的附近多有制石场。如三峡库区的丰都烟墩包、湖北荆州的鸡公山、山西怀仁的鹅毛口、广东南海的西樵山等都有规模相当大的制石场，在西藏昌都卡诺遗址和湖北宜昌红花套新石器时代遗址内也有小型的制石场所。

石器加工场的发掘要选择典型堆积按遗址发掘的方法进行，一般应找出当时的活动面并按照这个面的深度进行清理。揭露到石器分布面时要统一深度，保留堆积的原始状况，而不要轻易移动遗物，当一个面全部揭露后，进行绘图、照相并作好文字记录才可以继续发掘。要注意观察和记录制石场的成品、半成品和废品堆积，注意不同地点和不同层次的堆积，探究延续时间和前后变化状况。了解石料的来源、形状、大小、深浅、石料的品种及采掘方式。留心对遗物如工具、用具和生活用品的采集。对于特殊的迹象要分析观察，看是否是当时人们生产活动的场所，例如制作石器时用双脚蹬踏成的脚窝和因坐姿形成的平面等。在早期的石器加工场，当时的人们往往是就近选取石材，如从江河的冲滩上选取冲积来的砾石，搬运到高处的台地上进行打制加工，加工成器后带走使用或用于交换，所以在石器加工场所见到的是大量由石材上打落、剥离的石片，如果注意细心对分布在同一区域，质地、色泽都相同或接近的石片进行拼合，则有可能将这些由同一块石材上剥离的石片缀合复原成一个中空的石核或石块，而其中所缺少的部分，恰恰就是加工好被带走的石器，利用这种手段研究者就可以了解已不存在石器的形状，并复原其制作过程和工艺。更为理想的一种情况是：当所加工的石器在几近完成的最后关头却残断成了废品，而加工者也只好将它弃置在加工场所，这种情况下就可以通过缀合而将整个石材复原，从而更准确、形象地再现这件石器的加工程序。

到了金属应用发达的历史时期，石材的加工主要是建筑材料和装饰雕刻等，所以这一阶段加工石头的场所也同石器时代的加工场所有较大的区别。如陕西境内唐代陵墓大型石刻，石材多采自附近的富平县，在采石场将石料加工成粗坯后再运到陵园去进一步雕刻加工。因此，采石场至今仍留有一些半成品或废品以及碎石屑。对这类采石场要留心观察现场的多种遗迹，以了解当时采石的全部过程。

4.2.2　冶金铸造遗址

金属加工业是商周时期最重要的工业，"国之大事，在祀与戎"，而祭祀的礼器与战斗的兵器在当时基本都是用铜来铸造的，所以在商周时期的大型城址中都发现有冶铜铸造的作坊遗址，如河南郑州商城、安阳殷墟以及侯马晋都新田等。而随着铁器应用的普及，铁器加工场所的规模更超过了早期的铜器加工作坊，在河南巩县铁生沟、郑州古荥镇以及南阳等地发现的冶铁及加工遗址都体现了规模加大，拥有一套作业系统和配套设施，包括了从冶炼、制范到铸成成品等一系列环节。此外与商周时期不同，秦汉以来的大型金属加工场所不再分布在都城或重要的城邑中，而是距离原料产地较近，独立自成体系。

冶铸遗址一般分为设置在矿源地和非矿源地两类，如果是在矿源地则与采矿、选矿、冶炼等环节相关联，而如属后者则是利用冶炼好的原料专门从事铸造。

　　在矿源地的冶铸场所，往往会有选矿或粉碎的场所、炼炉、熔炉和铸造场所等。在非矿源地的冶铸场所一般应包括制范场所、烘范窑、熔炉和铸造场所等要素。同时无论是哪种类型的冶铸遗址也都会有一些配套的建筑或工作人员的生活设施。

　　通过勘查发现这类遗址后，应先了解遗址的范围和布局，确认其同其他遗迹的联系，再决定发掘的步骤，要求尽量保持遗址的完整性。

　　根据已有的发现分析，在商周阶段的铜器作坊遗址，一般都会见到比较坚硬的红烧土块、坩埚残骸、炼渣、炭灰以及陶范等迹象，因此我们在田野工作中如果发现类似的迹象比较集中地出现，就要考虑是否遇到了冶铸作坊遗址。在商代有一种厚壁的陶器经常被用作坩埚，就是通常所说的"将军盔"。如果发现了这种陶器，特别是在壁上带有烧烤或铜液渣的痕迹，那么就意味着这里很可能就是同金属冶铸有关的遗存。另外当时也常将大口厚壁的陶器在抹泥加厚后代替坩埚来使用，这些都可以帮助我们来分析与确认发掘对象的性质。

　　冶铸遗址中最重要的遗存就是冶炼金属的炉子，由于要把金属熔化需要很高的温度，所以炉子的建造要使用耐火材料。早期由于使用的耐火材料尚不完善，往往就是涂抹较厚的泥，所以炉子的寿命很短，或要经常修补。随着耐火砖的应用，熔炼金属炉子的寿命也得以延长，变得规模扩大、结构更加完善，由此针对不同时代的冶铸设施，发掘时也要有所区别。

　　关于炼炉的发掘。炼炉是将矿石熔化、提炼为冶铸原料的设施。炼炉从构造上可分为熔池、炉膛、炉门和烟囱等几个部分，当然随着技术水平的提高，炼炉的构造也更加复杂，但前面提到的各个部分却是不可缺少的内容。发掘炼炉时，应先搞清炼炉的构造，从上向下依次揭露，了解熔池周壁的结构、熔池内熔渣及矿石堆积状况，燃料和矿石的结合状态；炉膛的位置、形状、大小、用料和筑砌法，炉门的部位、形状、大小和筑砌法，燃料种类及灰烬，烟囱的数目及部位、形状、长短、筑法和保存情况，各部分使用耐火材料的规格和特点，以及周壁的煅烧程度等。

　　关于熔炉的清理。熔炉是将提炼完成后的金属锭再熔化为液体以供铸造器物的设施。熔炉一般要比炼炉的规模小一些，结构也没有炼炉那么复杂。熔炉分内燃和外燃两类，内燃是将燃料与金属料一起放在炉内，待金属熔化后直接浇注到铸范中，外燃则是在炉外燃烧加温把炉内的金属熔化。熔炉和铸造坑往往是连在一起的，这样由炉中取出的金属液就可以就近浇注在铸范中。外燃式熔炉中熔化的金属液要放到坩埚中去浇注，所以在发掘中往往会发现坩埚的痕迹。熔炉的发掘要注意它的结构、炉内的堆积物；以及铸造坑的形状、大小、深浅和堆积物，观察铸范的堆积，分辨铸范是埋设在地下还是安放在地表，另外也要注意铸具的种类、规格、分布状况，弄清其堆积组合和分布规律。

冶铸作坊遗址内房屋建筑的发掘，从方法上说应当与居住建筑发掘的方法相同。但要注意建筑的形制和布局，观察作坊中的工具以及设备的分布情况，分析房屋的使用功能，看看是否适合居住，从而搞清楚是工作场所还是生活设施，或者两者兼而有之。通过这些可以进一步探讨当时手工业的组织、管理的状况等问题。

烘范窑也是冶铸作坊遗址中经常能见到的一种遗迹，由于铸造中使用的铸范主要是用泥制作，而泥范在经过烘烤后可以增加强度和光洁度，从而延长使用寿命并提高铸件质量，同时还可以避免产生冲沙的现象。另外如果在合范后，外部裹泥加固再经烘烤，乘热浇注，能使金属液比较流畅地注满范腔，而避免形成冷隔的情形。烘范窑的形式一般和同时期的陶窑或砖瓦窑区别不大，发掘中参照这类窑的清理方法即可，清理中应注意窑内的遗留物，如是保留着一些合范的迹象，则表明窑的功能主要在于铸造前将铸范加温，而如多是单范或范的部件则证明窑是用来烘干泥范的，当然在较早的阶段烘范窑的分工未必会有如此细化（图 1 - 9）。

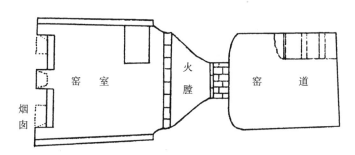

图 1 - 9 河南温县汉代烘范窑平面图

在冶铸遗址的发掘中往往会清理出大量红烧土块，在这种情况下，一般先不要急于移动，把周围现象都搞清楚之后，确认其是遗迹的一部分还是已经散乱的残骸，如果是前者就要细心清理，把残余部分的全貌揭露后，记录、绘图、照相。而如果是后者也要注意收集标本，并尽量缀合复原，搞清楚原貌。

4.2.3　陶瓷窑址

严格地说陶瓷窑址也应属于制陶或制瓷作坊的一部分。由于陶瓷窑址的发掘在我国田野考古工作中占有十分重要的位置，发掘中有一些特殊的方法或要求，所以往往都是将这类遗迹单独作为一类来处理。

陶瓷窑是研究古代工艺技术和陶瓷发展史的重要资料，而瓷器更是我国古代劳动人民独到的发明。我国陶瓷窑址数量众多，分布广泛。从发展途径看，陶器先于瓷器，而当瓷器十分发达后，陶器则退居次要的位置，尤其是大规模的商业化生产以后，陶器已很少受到关注，成为一种民间产业。由于早期的陶窑与历史时期发达的瓷窑无论从规模、结构还是生产工艺上都存在着较大差别，所以在考古发掘中也有不同的观察角度和处理方法。

从新石器时代到殷周时期，是陶瓷器生产的早期阶段，虽然在社会发展阶段中两者存在着质的区别，但作为日常生活应用最普遍的容器——陶器的生产却没有根本的变化。这时期制作的基本是陶器，虽然也出现了施釉的所谓"原始瓷器"，但在烧制的窑上并没有看到什么变化。所以这一时期所见都属于制作陶器的陶窑，而当时陶窑的窑室都比较小，通常仅 $1m^2$ 左右，窑的结构也比较简单。这一阶段的陶窑按照烧制工艺划分基本都属于升焰窑。所谓升焰窑是火焰由窑室的下部进入，由窑顶或后端的排烟口排出余烟。考古所见的升焰陶窑有横穴窑和竖穴窑两类，此外还有一些介于两者之间的形态。横穴窑的火膛与窑室呈平行（横向）关系，火膛与窑室通过横向或坡状的火道相连（图 1 - 10）。竖穴窑的火膛与窑室呈垂直（纵向）关系，火膛位于窑室的下方，两者之间有竖向火道相通，或者没有火道，火焰直

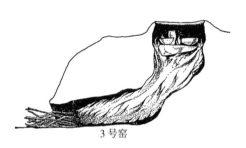

3号窑

图 1 - 10　半坡横穴窑

接进入窑室。从对于热能利用的角度而言，竖穴窑显然要比横穴窑进步。由考古发现实际情况看，也确实反映了这种进步的趋势。即早期多横穴窑，稍晚出现了竖穴窑，逐渐竖穴窑成为主流。

　　一般来说早期的陶窑无论横穴竖穴基本都是构建在土中，主要由火口（窑门）、火道、火膛、窑室和烟道等构成，另外在一些窑前还有专门烧窑的操作间（烧土坑），这些因素就基本构成了早期陶窑的全部。由于早期陶窑往往会建筑在通风的坡壁上，所以我们可以利用这种特点去寻找、确认。当发现了陶窑的迹象后，要先通过平剖面的铲刮搞清楚窑址范围，了解其同周围遗存的关系，如果存在晚期遗迹破坏的现象，则要把晚期的遗迹清理干净。清理陶窑本身时应先找出火口，如果陶窑分布在坡状堆积上，那么火口一定位于坡下的一方，确认火口后要观察外部是否存在操作时留下的遗迹。之后按照火口的方向了解其他遗迹，尤其要注意观察窑室的倒塌痕迹，通过倒塌窑壁碎片的分布有可能了解窑壁的高度和窑顶的形制，要注意观察、分辨窑壁是从土中掏成的还是在土基上砌成的。关于倒塌堆积的清理可参照房屋的发掘。在处理好倒塌堆积和其他迹象后，才可以对窑体进行清理，最好是采取纵向的二分法，先发掘一半，保留完整的剖面以便观察和控制。发掘应从火口做起，要注意区别原生堆积和倒塌堆积，避免将火口上的土梁、窑柱、窑算以及火道的隔梁等与倒塌的红烧土块一起清理掉。陶窑的烟道一般应在窑室的后或上方，而如果窑建在坡面上，烟道则一定在高的一方。发掘中还要弄清窑室的形状、大小和做法，确认火道、火孔的数目、形状和所在部位，对火膛和火道作纵剖面了解，观察内部结构及煅烧程度，火膛容积较大时，应将堆积分层发掘，对于火膛内的堆积要注意收集，以分析当时使用燃料的种类。在窑室中经常会发现烧制中形成的废品，这些废品对于研究当时的装窑、支烧等程序都有所提示。另外如果窑址成组分布（如甘肃白道沟坪的情况），发掘中还要注意共同活动场所的遗存，以了解当时生产过程中组织、分工以及协作等情况。

　　陶窑的发展大约到战国时期才出现了一些重要的变化，其中最重要的就是半倒焰窑的发明（图 1 - 11）。这一时期的陶窑，火膛都设在窑床的前面，烟囱由窑顶移到窑后，窑门、火膛、窑床和烟囱由前向后按直线排列，即从投柴、燃烧、引火到出烟都在一条直线上。火膛设在窑床前面，使火焰立刻

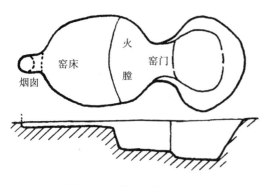

图 1 - 11　战国时期的半倒焰窑

就能接触到坯件，热能利用率高。而将烟囱由窑顶移到窑后，促使火焰由升焰变成半倒焰。这是利用热气上升的原理，使火膛中燃烧的火焰先蹿到窑顶，再利用烟囱的抽力把火焰吸下来，以增加坯体热交换的机会和使窑室内各部位的温度更加均匀，从而提高烧成温度和产品的质量。同时这一时期陶窑的窑室面积也有显著扩大，容积的扩大有效地提高了陶器的产量。

瓷窑的发掘与陶窑相比就方法而言并无太大的区别，但瓷窑往往都是用砖从地表砌筑，规模与结构也都比陶窑要大或复杂，所以发掘时侧重有一定变化。简言之，陶窑的发掘主要是分辨土质土色，属于所谓"软遗址"的发掘功夫，而瓷窑发掘则近似清理砖石建筑，属于"硬遗址"的一类。瓷窑从发掘方法来说，平地的馒头窑、马蹄窑和就坡而建的龙窑也会有所不同。瓷窑的发掘时常会遇到所谓的窑包堆积，这是一种由瓷器的废品、半成品和报废的窑具等堆积形成的遗迹，由于往往是就着瓷窑堆积，久而久之就与瓷窑连成一体，而当窑也遭废弃后就被掩埋在废弃堆积中，所以发掘时不要把窑包仅仅当作一种垃圾遗存去对待，而要注意里面掩埋的瓷窑。

晚期的瓷窑可以宋代的浙江龙泉窑为例，这里发现的龙窑结构仍为长条斜坡状，长 25 ~ 80m 不等，宽 1.5 ~ 2.8m 不等。坡度在 10° ~ 18° 之间，一般前陡后缓，多利用自然抽力代替风箱和烟囱的功能。有一套完整的作坊工场。如宋代龙泉窑工场呈长方形，有三开间瓦屋，总长 11.5m，进深 6.3m，大门在当心间，北间为烘烤间，北间和当心间西南有堆坯土和废坯胎的小屋，南间西南角有灶屋，有板瓦和残砖砌的灶框，灶内堆黄色黏土。场房后有淘洗池两个，池壁砖砌，口大底小，底铺黏土，池口外围砖墙一道，北面挖一进水沟，西面有一出水沟，通向另一池，池口径约为 1.63m，深为 0.23 ~ 0.35m，在淘洗池西有长方形练泥池，口侈底敛，底中内凹，以大砖砌成，长 1.17m，宽约 0.7m，池周围有高岭土、瓷土渣等。作坊皆建于窑夯，淘洗池水利用山泉引入池内，在作坊中还发现制作瓷胎的轮盘基座。在各窑床堆积或作坊堆积中，还发现了许多窑具、工具和瓷坯、未烧成的瓷器、印模等，从中可以了解龙泉窑从制坯、修坯、刻印花纹、上釉等工序过程。此类窑的发掘方法与居址建筑的发掘方法相同。要记录所掘窑室的形状、大小、容积、周壁筑法和加工情况，了解与窑址配套的工场、淘洗池等情况。收集窑床堆积或作坊堆积中的工具、瓷坯、未烧成的瓷器、印模等，以便为了解从制坯、修坯、刻印花纹、上釉等多道工序过程，取得第一手的科学资料。

作为与瓷窑配套的作坊遗址，一般会有水池（或水井）、粉碎瓷土的设施、淘洗、澄泥池、釉缸、晾坯场和相应的建筑等遗迹。

此外，还有专门烧制建筑材料的砖瓦窑等，相对而言这类窑的规模要比陶瓷窑大，结构基本相同，所以发掘方法也基本相同。

4.3　埋葬遗存

埋葬遗存是田野考古工作中十分常见的一类遗存，甚至在不可移动的地下遗存的分类上，通常也只分为遗址和墓葬两大类别，反映了埋葬遗存在考古遗存中所占的分量。

对死者的埋葬出于生者的一种特殊观念，所以墓葬制度和埋葬习俗总是在直接或间接地反映着当时的社会制度、分级关系、社会经济以及意识形态等方面的情况，可以说是当时社会生活的一种缩影，所以也是研究与复原古代历史的重要实物资料。

墓葬的发掘必须有整体的概念，要以一定的学术认识作为工作的指导。既然埋葬是对当时形形色色社会状态的一种模仿或折射，它就必然会按照一定的规律去规范自己的行为，所以埋葬遗存一定是遵循着一定的规律或规则而形成的，我们的工作自然也要探寻、发现这些规律并按照其去指导进一步的发掘。

一切埋葬遗存都不可能超越它所处时代的理念，一定在反映着当时人与自然的关系、人与社会的关系、人与人之间的关系等。所以在墓葬的考古工作中应当要有墓地的概念，即不要将发现的墓葬看成是一个个孤立的个体，而要首先想到它们之间的联系，即便是只发现了一座墓，我们也要分析为什么会形成这种现象，是后代破坏的结果，还是由于当时某种特别的原因。另外还要注意墓、墓地与自然的关系，通常所见的也就是墓葬同地形以及植被等的关系。且不说古代堪舆之术的流行对埋葬场所选择的影响，就是在较早阶段，出于一种亲缘关系，人们对死者的安葬也不是简单的入土为安，而对于埋葬场所位置的选择也会有一定的要求。所以墓地与地形的关系是发掘与研究墓葬时必须关注的问题。

墓葬之间的分布、排列等关系一般是对当时人与人之间关系的反映，通过墓地的分区、墓葬的排列秩序以及通过位置或规模所表现的主从关系等，实际上都表现着人们之间的种种关系。另外也要注意墓葬和其他遗存的联系，比如墓地与居址、墓葬与祭祀遗迹之间的关系等。

墓葬的发掘往往是我们面对古人最直接的机会，所以在发掘时工作者应当有一些体质人类学的知识，至少应当知道人体骨骼的基本常识，而发掘的队伍中则应当有具备现场对骨骼进行初步鉴定能力的工作人员。因为在田野工作中并不是所有发掘出来的人体骨骼都能够带回室内请专家进行鉴定，有相当一部分标本因为保存的原因，往往已经难以提取而只能现场处理。此外，如果具有一定的人类学知识，对于准备提取的骨骼标本在包装、保管等环节就可以避免出现损坏等结果。

墓葬的发掘经常会有许多重要的遗存或珍贵的物品被发现，作为发掘者尤其是领队对此应当有足够的认识，发掘之前对可能出现的情况要有充分的估计，同时还要为那些"不可预见"的事物预留出操作的空间。这样才能做到"不打无准备之仗"，在意外情况出现时也不至于措手不及。

在发掘工作进行中，由于埋藏环境的变化，往往有许多特殊的迹象或物品会迅速改变原状，出现变色、变形、毁坏甚至毁灭等结果，所以应尽快进行绘图、照相等记录工作，采取临时保护措施，尽快从现场提取而转移到适于保存的环境之下，这样才有可能把损失降到最低。同时如果是有准备的发掘大型墓葬或特殊墓葬时，应事先在工作队伍中配备好专门从事文物保护的技术人员，并对埋藏环境的理化指标进行一些测定，这样就有可能大大减少工作的风险。

墓葬发掘还必须时刻注意安全的工作，大型墓葬的发掘应当有专门负责安全的人员。对于墓葬发掘来说安全主要是两个方面。其一是墓葬发掘相对于遗址更有可能揭露出重要的文物，也就是群众通常所说的"宝"，所以对于文物本身要有防盗、防抢等的安全保证；另一方面由于墓葬可能规模大而深，同时也容易引来群众围观，所以必须注意发掘工作的安全，避免出现塌方或者人员摔伤等意外情况。

下面按照田野考古工作中经常接触的墓葬种类分别介绍一下墓葬的基本情况和工作方法。

4.3.1 土坑竖穴墓

土坑竖穴墓是最早的墓葬形式之一，在较早的历史时期内土坑竖穴是人类最主要的墓葬形制。一般来说考古文献中所说的土坑竖穴墓往往是指小型土坑竖井坑墓，而对于那些规模大、形制复杂或特殊的土坑竖穴墓则另作分类。土坑竖穴墓往往不会孤立的存在，一般都是分布在一定规模的墓地当中，所以发掘时不能仅仅将注意力放在墓葬的寻找、确认和清理上，而必须要有整体的观念。在田野发掘工作时，可按下列步骤进行。

1）清理表土。由于后代的活动或自然的沉积，古代的墓葬无论是什么时代形成的，它总会被晚期的堆积所叠压或覆盖，所以清理表土应当是第一步的工作。表土去除后如果还有其他堆积叠压在墓葬之上，则要按照遗址发掘中清理文化堆积的方法逐层清理。

2）寻找墓口。寻找、确认墓口可以说是土坑竖穴墓发掘最重要的工作之一。长期以来对于独立分布墓地的发掘，往往都是通过钻探工作直接找寻墓口。这样做虽然可以节省人力、物力以及缩短工作的时间，但却忽视了墓地的形成是人们逐渐活动的结果，在墓地中除了墓葬之外还有可能存在着相关的遗存或迹象，同时墓葬之间也可能存在着一些反映相互关系的痕迹。而通过钻探只是把墓葬寻找了出来，对于那些反映墓地、墓葬关系以及埋葬行为的细节则很难有所发现。所以我们不主张仅仅通过钻探确认墓口后就直接进行墓葬的发掘，这样的发掘方法将有可能把许多重要信息遗漏甚至破坏。因此如果不是在时间、经费以及人力等因素迫不得已的情况下，不应采用这种寻找墓口的方法。正确的方法还是应当采取布探方的形式，揭露掉墓口上的堆积，来寻找、确认墓口以及其他迹象。

3）辨识层位关系。任何一个遗迹都处在一种层位关系之中，墓葬也不会例外。通过工作要了解叠压在墓葬之上或打破墓葬的堆积，分析、确认它们的年代，从而判断墓葬相对年代的下限。

4）清理填土。确认墓口并将晚期堆积清理干净以后，即可进行墓葬的发掘。在挖掘墓坑填土的过程中，必须找出墓边，如果墓边（壁）与从平面上确认的墓口范围不符，则要考虑两者间必有失误者，需重新确认。填土的发掘应逐层清理，如果土质土色没有变化则可以按照一定厚度来分层工作。对于土坑竖穴墓葬的发掘，一般在没有特殊迹象露头的情况下，无须像发掘其他遗迹那样采取两分或四分的方法，一来是因为墓葬的形成是一个很短的过程，同时也基本是一个人工干预的过程，所以相对容易控制；二来可以避免将一些埋葬过程中的细节痕迹分割的太碎而难以分辨造成损失。

应全面收集填土中发现的遗物和其他物品，对于形体完整、安置有序的物品注意先不要提取，应当将整个平面揭露后，做完绘图、照相等记录才可以移动。一般来说在墓穴的填土中出土的物品可以分为两种情况，其一是构筑墓穴挖土时将墓穴所在地原已存在的堆积破坏而带出的遗物，在填埋墓穴时又回填到墓穴之中；其二则是填埋墓穴时有意放置或无意混入的当代物品。从理论上说这两种情况下，墓葬填土中的物品都早于墓葬的形成，因为两者一个是已存在的事物，另一个则是正在形成的事物，显然前者早于后者。所以在中国考古学史中，夏鼐先生根据甘肃临洮齐家文化墓葬填土中出土的马家窑文化的彩陶片而订正了两种文化的年代关系的研究，被视为考古地层学在中国的一个重要进展。夏鼐先生的研究无疑是正确的，而且在考古研究的实践中类似的研究也都是可以接受的。但如果从原理而言，这种判断年代先后的研究却并不是完全没有问题。我们说墓葬填土中的物品应当早于墓葬形成的年代，这一点没有疑问，但墓葬形成的年代并不等于墓葬包含物的年代，实际上墓葬中所含物品的年代也早于墓葬形成的年代，而在考古研究中墓葬的年代实际上主要是依据包含物的年代来确定的，也就是说一般我们所能确认的墓葬年代并非墓葬形成的年代而只是墓葬包含物的年代。在这种情况下，如果填土中的物品属于第一种现象时，夏鼐先生的推论是正确的，而如果是第二种现象，则并不能得出两者年代先后的认识。

所以在清理填土时，需注意分辨出土物品的性质。确认是埋葬时放入（或混入）的物品还是扰动进来的物品。特别是到接近葬具或墓底时对于完整或有序摆放的物品，要注意是不是安放在棺、椁顶部或二层台上的随葬品。

5）墓室的清理。土坑竖穴墓的发掘中清理填土的过程实际上就是对墓室

的发掘过程，对墓室的发掘中要注意观察墓
壁的加工、处理方式，看看是否有工具痕迹
的遗留，是否有烘烤、抹平等迹象。有一些
墓葬在墓室中还会有木构的建筑或竹席、织
物等附属设施，发掘时要注意观察，仔细清
理。当清理至随葬品的放置层面时，要注意
观察随葬品的位置和状态，了解是否有因填
土下压等因素对随葬品产生的影响。另外还
要注意是否有鼠鼬等掏洞现象。在清理墓室的
结构时，应注意墓穴中是否有壁龛、二层台等
设施，二层台是生土还是熟土，壁龛的用途等
（图 1－12）。

图 1－12　墓葬形制示意

　　6）清理葬具。葬具的清理是土坑竖穴墓
发掘中比较重要且又有一定难度的工作之一。通常发掘中所能见到的葬具主
要有苇席、木板、木棺和椁等，另外也有用树皮、陶器等作为葬具者。这些
有机质的葬具通常都已腐朽，只剩下一些痕迹，但也有例外的，如湖北、湖
南境内的一些楚墓、西汉墓棺椁在密封的条件下仍保存完好。对于已经腐朽
了的葬具，清理时基本是根据残留的痕迹来做推测性的复原，这些痕迹也就
是田野考古中通常所说的“板灰”，即葬具的木质已经腐蚀殆尽，而只是由于
有机物腐蚀后留下了深于周围填土的颜色，所以在大多数情况下我们在清理
中面对的所谓葬具实际上就基本是已土质化的一个框子，了解了这种特性后，
清理中就可以不必拘泥于个别细部的缺失或变形，而按照总体的趋势将葬具
的范围和形状清理出来。另外如果葬具痕迹保存的较高且薄，在清理时可以
先不要一次都做到位，最好将旁边的土留下一部分，以免在进行其他清理工
作时对葬具痕迹形成破坏，而当其他工作进行到一定程度后，再回过头来把
葬具痕迹清理到位，这样再进行绘图、照相等，就可以对遗迹的保护有所
保障。

　　7）清理人骨架。墓葬发掘时死者已基本只有骨骼被保存下来，死者骨骼
的安放状态是我们判断死者葬式葬姿最重要依据，所以要注意观察和区别。
有时人体骨骼表现出一些不合情理的现象，就应当考虑是否受小动物的扰乱。

清理时对一些骨质已经腐朽成粉末状的，应根据骨灰的痕迹来判断葬式。清理保存比较完好的人骨架时，一般都先从头部开始，然后逐次向下清理，对于指骨和趾骨等小骨骼留在最后清理，因为这些骨头脆弱易碎，且容易移动位置。另外如果填土比较干硬时，最好也不要一次将骨骼剔除干净，可以少许保留一些土以固定骨骼和防止清理其他部分时硬土对骨骼造成损坏。这样在基本轮廓清理出来后，在很少的剔土量下，最终把骨架一次性地清理出来。在发掘现场最好能进行人体骨骼的年龄、性别的初步鉴定，尤其是对于那些已无法提取标本的墓葬更需在现场鉴定或采集一些相关的数据，例如根据痕迹的范围推断的身高或一些骨骼的尺寸等。人骨架都清理完毕以后，即可着手进行照相、绘图（并将器物进行编号）和文字记录工作。最后按器物编号顺序起取器物和人骨。

在人体骨骼附近有时会有一些遗物存在，这些物品往往是死者入葬时的服饰，所以应当注意它们在性质上同随葬品是有区别的。注意观察、记录它们的位置和相互关系以及附着的有机物痕迹，这些对于判断它们的用途和使用方式都十分重要。

墓葬中随葬器物的放置位置，都是有意识的，因此要互相联系起来考虑。比如同样是鼎，根据摆放的位置以及组合关系等就可能判断其是否是作为列鼎来随葬的。至于对箭镞、戈矛、斧钺等一类的器物，要尽量注意观察有无杆和柄的痕迹。如果是一束箭头、要注意有无箭箙的痕迹。对发现大量的装饰品如玉佩饰、玉串珠、玻璃珠、骨串珠等，要了解清楚其组合的关系，以便复原。

早期埋葬中经常有二次葬的习俗，特别是多人的二次葬或一次葬与二次葬的合葬。所谓二次葬，也有人称为"迁骨葬"，是指待死者肉体腐尽只保留骨骼时再将骨骼埋入墓的一种葬俗。发掘这种埋葬习俗的墓葬时对二次葬的骨架要细心处理，对合葬的二次葬更要注意。遇到这种情况，不仅要区分每个个体的骨架，还要准确地将同一个体的各部分骨骼的放置位置以及摆放方式记述清楚。从民俗学来说，像这样的葬法，各种骨殖放置的部位和方式，都有一定的含义。弄清这些，可以与有关的民俗学资料加以对比作进一步研究。在清理时，要注意骨头的数量和类别。有些氏族迁葬时，只迁某些重要的骨骼，如头骨、四肢骨、盆骨等，有些则全部迁葬，这些都受一定的丧葬观念支配。此外要注意区别被扰动的骨骼和二次葬的区别，在发掘中经常会见到墓中骨骼零乱、错位的现象，但有时是被鼠獾类动物扰动的结果，所以应仔细观察、分析。

4.3.2　大型封土墓

封土是指覆盖在墓穴之上的土堆，实际在古文献中就被称为"封"，易经系辞有所谓"古之葬者，不封不树"的说法，以后又称为"坟"或"冢"。墓上起封土的葬制大约出现在春秋时期，而大型封土墓是秦汉以来上层统治者使用的重要埋葬方式之一（图 1 - 13）。

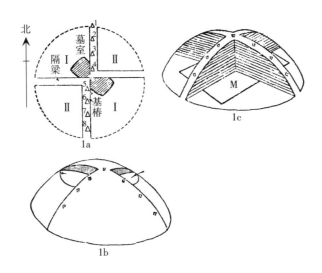

图 1 - 13　大型封土的发掘方法示意图

大型封土的发掘一般多采用十字四分法的方法，即按照封土的中心为基点作垂直十字划分，将整个封土堆分作四份，然后进行发掘。发掘时可根据人工的多少，采取同时进行或对角发掘的方式，如果同时进行则必须留有观察剖面的隔梁。发掘中应弄清以下情况：墓塚之高度大小和形状的变化（土塚墓因雨水冲刷而降低，或因扫祭培修而增高）；土塚内埋藏各种祭仪和纪念性遗物或遗迹，究竟放在哪个部位和如何安置，需要随时注意。

封土的结构和营造方法是显示当时建筑技术和水平的一个标志。它是陵墓地宫的上层建筑。这些建筑是仿帝王宅第崇楼高阁的模制，是研究建筑史的重要材料。探明墓塚的营造方式和建造过程，对了解当时夯筑技术和生产力水平很有助益。墓塚的大小和形制，体现死者的身份，在一定程度上可以显示出当时社会的等级制度。

　　如果整个封土是单纯的泥土或夯土堆成，没有什么建筑结构和文物，视具体情况，可以使用机械施工，但也应当根据堆积的层次分层清理或按照一个平面来掌握进度。但凡有建筑结构或特别迹象的封土，还是以人工发掘为妥，在外运杂土时可使用机械。

　　要注意有时封土并不是在墓穴的正上方，而且墓道也往往会伸出封土的范围，这些都要在发掘中注意掌握，按照具体情况确定发掘的方式和进度。

　　有些封土堆是由若干个墓葬的封土相连而形成的一个大塚，封土中有时会有开口在不同深度的墓葬，对于这种类型的封土要注意区分依次形成的顺序，按照先后进行清理。

　　由于封土墓的墓穴或墓室的情况有各种各样，发掘的方法也会有所区别，所以可以参照所介绍的各种墓葬发掘的方法进行工作。

4.3.3　积石墓

　　积石墓又称"积石塚"。用石材构筑坟墓也是起源很早的一种埋葬形式，在新石器时代就出现了积石墓，如著名的红山文化积石塚（图1-14）。积石墓不是一般意义上的石构墓葬，而是指在地表用石材垒砌或堆积构建起墓室

图1-14　牛河梁红山文化积石塚

的墓葬形制，所以它同埋藏在地表之下的所谓石棺、石椁墓等有很大区别。积石墓通常可以分为矮丘型和高台型两大类，各类别中又会分为若干种类型。

积石墓的特点就是突出地表，所以它同在土中挖穴的其他石构墓有明显的区别，但有时因为年代久远或环境的变化，原来构建在地表的积石墓也会被掩埋在今天人们所见的地表之下，因此发掘时应注意观察、分析，辨识建墓时期的地表层面。

积石墓由于暴露在地表之上，所以很容易遭受后期的破坏或扰动，而构建坟墓的石材也多是累积搭砌容易造成塌陷，使墓葬的原状很难分辨。发掘中清理散乱的石材时必须谨慎，尽量在找到原状的迹象时再作处理。

矮丘型和高台型两种积石墓的形制有别，构建方式也存在不同，所以发掘的方法也应有所区别。

矮丘型积石墓的墓丘一般都比较低矮，而随着墓地的形成，墓葬的石圹会逐渐相连成片，使得墓丘更不明显。而在经历了千百年的变幻之后，到我们来发掘时，墓葬单位的区分就已经十分困难了。发掘这种成群的积石墓与单独的积石墓不同，其中最重要的工作就是如何在散乱的石头中辨识墓葬单位，确定墓顶、墓壁和墓室并仔细的清理出来。

发掘时先要仔细地剔除淤土，一般来说在清理淤土时对散乱的石头尽量先不要移动。待将覆盖的淤土清理干净，石头暴露出来后，照相、绘图、记录，然后分析哪些石头是原状的，哪些则是塌落或混入的，据此才可以确定移走哪些石头。根据已往的经验，积石墓一般会有一个墓室，在放入葬具后再用石头封顶，而随着木质葬具的朽坏，墓顶一般都要塌陷，所以在我们清理时往往会看到一个个凹窝。在发掘中如果发现这些凹窝呈现一定的规律，就应考虑其是否是墓室所在？注意观察凹窝边缘是否保存着成直线的墓壁迹象。如果可以找到墓壁的迹象，往往就能够确认墓室的位置和大致的形制。在此基础上进行清理，就可以把墓室大体揭露出来。

这种积石墓由于暴露于地表，所以墓中的尸骨和随葬品都很难完整地保留下来，清理中要注意石头之间是否有劫余的小件物品和扰动的人骨，另外在墓室之外往往有盗掘者或破坏者弃置的陶瓷器残片等。

对于连圹成片的积石墓地，发掘清理时要观察分析墓葬形成的先后顺序，因为这种连圹的现象并非一次形成的，而是在墓地不断地扩大中按照一定的次序逐渐联系在一起的。通过石头之间的叠压或贴附关系，就有可能了解墓葬单位的先后，从而为墓地的分期等研究提供证据。

图1-15　集安高句丽积石墓

高台型积石墓是用石材垒砌起一个石堆，墓室就构筑在石堆之中（图1-15）。这种墓与矮丘型积石墓不同，都是一个个独立的石冢，突兀与地表。发掘高台型积石墓，如果墓室还未塌陷者，可以寻找墓道或墓门，打开封门石后进室清理。清理的方法与洞室墓和砖室墓基本相同。而如果是墓室已塌陷毁坏则只能采取揭露乱石，寻找墓室边圹的方法。对于塌陷石头清理也要和发掘矮丘型积石墓一样，仔细观察分析之后才能确定石头的移动与否。

无论哪类积石墓，在墓室清理结束后，还要对整个墓葬进行解剖，选择有代表性的石构部位在保留剖面的前提下一直清理到地基，这样才能了解墓葬建筑的方法以及程序等。

4.3.4　陪葬坑的发掘

陪葬坑是指陪葬帝王贵族陵墓的各种埋藏坑，一般都是为了死者在身后的世界中继续享用生前曾拥有的权力和财富。陪葬坑的种类较多，如人殉坑、兽殉坑、车马坑、器物坑等，但要注意在埋葬场所有时还会存在着一些祭祀遗存，它们的埋藏方式和陪葬坑并没有太大的区别，而性质则有很大差别，发掘时应注意辨别。

陪葬坑的种类、形制都有很多种，发掘的方法也应根据具体情况采取不同措施。由于都是挖坑埋藏，所以从根本方法而言，基本同墓葬的发掘相似，以下重点介绍一下车马坑的发掘。

车马坑的发掘可以说是土遗址考古技术的一个全面展示，所以车马坑考古一度是中国田野考古水平的标志，也是中国考古的一个骄傲。即使在今天车马坑发掘仍称得上传统田野考古技能的全面展示，也是对发掘单位工作水平的一项考验。

　　在中国田野考古中，车马坑的发现可以追溯到 20 世纪二三十年代的殷墟发掘，当时在商代大墓的发掘时虽然发现了一些车马遗存，但并没有全部剔除出来。到了 50 年代在河南辉县的发掘中，在夏鼐先生的指导下，第一次成功地将完整的殉葬车马剥离出来，展示在人们的面前，也使世人第一次见识到商代车马的原型（图 1 - 16）。这次工作的意义

图 1 - 16　辉县发掘中清理出来的车马坑

不仅仅在于成功地剔除出一具商代车马，而是为车马坑考古摸索出一套行之有效的方法，此后在中国的田野考古工作中，车马坑的揭露就屡见不鲜，发掘技术也不断得到完善，至今已成为被多数考古机构所掌握的一项技术。车马坑考古技术的普及标志着中国田野考古水平的整体提高。

　　所谓车马坑一般可以分为两种：一种是埋葬真车真马，盛行于商周阶段；一种是使用模型车马，以秦汉时期为多。实际上有些陪葬的车马就放置在墓穴中，而并未专门辟出场所埋藏，但这些车马的发掘方法和车马坑并没有太大的区别。

　　发掘真车马的陪葬坑时，实际上主要工作的难度在于车子的清理，而马的骨骼一般都保存的尚可，发掘也不会有太多的困难。古代的车子都是木制的，埋到地下以后年久蚀朽，仅能留下木痕，所以想把它们完整地揭露出来具有相当的难度。对于车马坑的发掘除了要掌握一套方法和技术以外，还应当对于当时的殉葬车马的制度、车子的结构和马的装饰等有一定的了解，这样才能在面对错综复杂的迹象时，做出正确的判断，以指导清理工作的顺利进行。

　　真车马的陪葬坑一般还可以分为：车马分别埋藏的车坑和马坑、车马一起埋藏的车马坑，另外埋藏中还有整车和将车子拆散两种形式。整车埋藏的车马坑中一般都挖有放置车轮的轮槽，使车轮的下部安放在槽中，这样可以使车舆坐落在坑底而更加稳固。整车马埋藏的车马坑基本保持了真实的车马

系驾状况和车马之间的位置与关系。将车子拆散埋藏的方式是将车子的构件拆开，车马分离，然后将马和车子的构件埋藏到坑中，埋藏的方式也有车马合置和分置两种，一般来说这种车马坑都比较零乱，已很难反映当时车马系驾情况和车子的形制。

在对发掘对象的基本形制和规律有所了解和掌握后，再进行工作时在什么位置会遇到哪些迹象？如何处理？就可以做到心中基本有数，而确保遗存的安全。

发掘车马坑时要留心填土中最早出现的迹象，这种迹象往往只是有机物腐朽后残存的痕迹或对土色的晕染，所以一定要细致观察分析其特点，以断定是否属于车子的某一部分，如果一时难于确认就先不要急于剔除，可以暂时保留，待周围的情况都搞清楚后再作处理。如发现轮迹，可从侧面由上而下，细心将木质轮迹黏附的积土拨去，由于木轮的厚度一般不足以支撑，所以对内侧的土可以多保留一些，仅将对外一侧的轮毂清理出来即可。轮毂如附漆皮，及时用胶液固定；对突出于轮牙外的毂轴、辖、軎等迹象，先将上部拨清、下面应留土柱保持原位、不使崩落；再拨清车轮各部构件及装饰，不要移动位置。清理车箱部分时，如是带篷的车则先清篷盖，再清箱边，弄清它的各部结构、作法、薄厚、高低、形状与大小，对塌毁部分要拨清压叠关系。箱壁较厚时，可将粘着的泥土切去，以显露原形；如薄，可留一定厚度的泥土以作撑壁，但必须清出一面借以了解构造和装饰。清理车辕及相连的轭、衡等部分时，注意它的形状、大小及附属装饰、金属构件的分布状况。清理马骨及马具时，注意马骨姿势及保存现状。对马身上各种装饰，马具所在的部位，特别是装镶有金属泡片等串饰所组成的饰物的组合情况；穿联方式，要给大比例图或原大图；饰物繁复而精细的，应将其固定，运回工作室细细拨剔。

为了避免因为车轮痕迹难以判断而造成损失的情况，如果已通过钻探等手段确认发掘的对象是车马坑，在发掘中可以采取从侧面由外向里清理的方式，即不会对其他遗迹造成破坏的前提下，不保留坑边而从坑外侧挖起，从一侧逐渐向内清理，当发现车轮最外侧的轴以及铜饰后，就可以确认车子的大致规模，从而逐一地清理，就可以将整个车子揭露出来。

第2章　考古现场地球物理地球化学勘探技术

1　概述

地球物理学是用物理学的方法和原理研究地球的形成和动力，探索地球的各种物理现象本身的规律性，并利用这些规律性取得对地球的认识，其研究范围包括地球的水圈和大气层。地球物理勘探又被称为"地球物理勘查"或"地球物理探测"，简称"物探"，是地球物理学的重要分支，它是通过研究地球物理场（如重力、地磁、地电、地震、地热和放射性等）的传播与分布规律，以各种介质的密度、磁性、电性、弹性、放射性等物理性质差异为基础，用不同的物理方法和物探仪器，探测天然的或人工的地球物理场的变化，通过分析、研究所获取的资料，确定探测目标的形态、埋深和赋存状态。目前主要的物探方法有：重力勘探、磁法勘探、电法勘探、地震勘探、放射性勘探和地热勘探等。由于物探工作可以应用多种物理手段主动灵活地进行目的明确的探测工作，因此在诸如矿产资源勘查、环境灾害监测、工程地质勘查及考古等领域得到广泛应用。而地球化学则是通过研究元素的分布、分配规律和多种元素的共生组合关系来解决有关问题的。

地球化学是研究地球各部分（地壳、地幔、地核、水圈、大气圈及生物圈等）中化学元素及其同位素的分布、存在形式、共生组合、集中分散及迁移循环规律的科学。近年来，地球化学的研究范围日益扩大，包括了诸如新元素的探索、化学元素的起源和衰亡史、地球及其物质的起源和演化、地球热源的产生和变化、生命的起源以及地球化学过程的机理和模拟实验等。地球化学勘探又称"地球化学勘查"或"地球化学勘探"，简称"化探"，是地球化学的重要分支，它是通过系统地测量介质（如岩石、疏松覆盖物、水系沉积物、水、空气及生物等）中的地球化学性质（某些元素的微迹含量），通过研究介质中元素的地球化学特征，确定介质的分布状态。目前主要的化探方法分为：岩石地球化学测量、土壤地球化学测量、水系地球化学测量、水地球化学测量、气体地球化学测量以及植物地球化学测量等。化探在基础地质研究、矿产资源勘查、环境污染监测、农牧业规划、地方病防治等领域有着广泛应用，近年来在考古工作中也取得了一定的应用效果。

物化探方法与传统的勘查方法相比具有无损、透视性、快速、成本低效率高等优点，但也存在着勘查结果的多解性、方法应用的条件性等缺点。

2 发展简史

1893 ~ 1895 年间，阿古斯塔斯·皮特·里弗斯（Augustus Pitt Rivers）在英国多尔塞特地方考古时，曾用镐敲击地面，以便根据声音来确定那里的土是否已被开挖过，这可能是运用物探方法来进行考古的最初尝试。从此物化探方法开始进入考古领域。

自 20 世纪 70 年代初，随着电子技术的进步，各类物探仪器和分析测试设备的精度得到极大提高，也出现了诸如探地雷达之类的实用浅层精细结构探测设备；高速计算机日益普及，位场理论研究和数据处理理论日臻完善，新的数据处理和异常解释方法不断涌现，大大增强了物化探方法解决问题的能力，使得物化探方法在考古领域的应用得到空前发展。如用磁法、电法和化探等方法确定古墓的范围、位置和墓室深度；用遥感探测确定古城址的形状、面积；用磁法、探地雷达探测古窑址及古冶炼遗址的位置；用综合物化探方法对古文物进行"体检"，确定古文物的损伤程度等方面均取得了较好的效果。总之，从国内外考古工作的实际情况来看，物化探方法正在起着越来越重要的作用。国内目前虽然还处于不太发达的阶段，但相信随着科技的进步，各种仪器的不断完善，物化探方法在田野考古中的作用也会逐渐增强，最终成为人们探索古迹的一件利器，物化探方法必将起到它应当起到的作用。

3 重力勘探

各种不同类型的地质体，由于其本身存在密度差异，使得局部重力场发生变化，这种变化称为重力异常。重力勘探就是根据探测目标与周围介质的密度差异，通过野外观测，获得探查目标物产生的重力异常、然后通过分析研究这些重力异常的变化规律，以达到解决有关勘查问题的一种物探方法。

重力勘探方法是最早使用的地球物理勘探方法之一。重力勘探在水、工、环地质调查中的作用，主要是用来配合解决有关地质构造问题，如断层，基岩起伏和隐伏构造等。有时也可用来直接解决某些水文、工程地质问题，如探测含水溶洞、空洞、储热层、地面塌陷等。但由于地形对它的影响较大，想通过地形改正来基本消除地形影响相当困难，因此，这种方法在地形变化比较大的地区难以应用。而在地形不太复杂的地区，在解决某些考古问题，如寻找洞穴、夯土墙等与周围介质密度差别甚大的目标，或只有密度差别而其他物性差别不甚明显的目标时，重力勘探仍是值得选用的方法。

重力勘探可用于地质勘探，大地测量、天然地震等方面的研究以及直接解决某些水文、工程地质问题。但只有当被探测的地质体能够引起足够大的重力异常，且干扰因素较小，或可以用某些方法将干扰因素区分开时，才能有效地解决这些问题。进行重力勘探应具备的前提条件为：

1）重力异常的产生首先必须有密度不均匀体存在。即我们所研究的对象与围岩之间必须有足够大的密度差，体积亦不能太小。即要有足够大的剩余质量（密度差与体积之积）。

当地质体的密度（σ_1）大于围岩的密度（σ_0），且具有一定的规模时，我们就可以观测到重力正异常（重力高）；当 $\sigma_1 < \sigma_0$ 时，则出现负重力异常（重力低）。当 $\sigma_1 = \sigma_0$ 观测不到重力异常（图 2-1）。假如我们所研究的对象规模很小，尽管它与围岩之间有一定的密度差，但由于剩余质量很小，引不起足够大的重力异常，仪器也不会观测到。

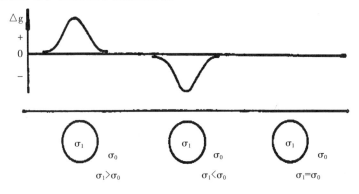

图 2-1　重力异常示意图

2）仅仅有密度差也不一定能产生重力异常，还必须沿水平方向上有密度变化才行。例如一组水平岩层，虽然各层密度不同，但沿水平方向上没有起伏变化，也不能引起重力异常。

3）利用重力测量研究地质构造问题时，要求上部岩层与下部岩层有足够大的密度差，且岩层有明显的倾角，或断层有较大的落差。

4）地形平坦也是重力勘探的有利条件。这样既可以减少大量的工作，又可提高异常的可靠性。

5）干扰性异常（如表层密度不均匀，深部岩石的密度变化等引起的异常）越小越好。

重力勘探方法应用的前提，就是探测目标与其周围介质之间的密度差别。密度可用天平或密度计之类的仪器来测定。常见的古遗存及岩石的密度如表 2 - 1。

表 2 - 1　常见古遗存及岩石的密度

名称	密度（$10^3 kg/m^3$）	名称	密度（$10^3 kg/m^3$）
铜	8.9	黏土	1.8 ~ 2.2
铁	7.9	夯土	2.0 ~ 2.3
汞	14.2	砂岩	2.4 ~ 2.7
金	19.3	页岩	2.3 ~ 2.6
砖	1.6 ~ 2.3	石灰岩	2.6 ~ 2.7
木	0.5 ~ 0.9	大理岩	2.6 ~ 2.8
砂	1.4 ~ 2.0	花岗岩	2.6 ~ 2.7

4　磁法勘探

磁法勘探是利用各种介质间的磁性差异所引起的磁场变化（磁异常）来寻找有用矿产资源和查明地下地质构造的一种物探方法。过去磁法勘探多用来研究大地构造和寻找磁性矿体，近年来磁法勘探在水文、工程、考古和环境方面的应用越来越广泛。在探测地下热源、含水破碎带、地下管道、地下电缆、沉船及遗址等方面均取得了良好的效果。

　　岩石、土壤、燃烧过的尘埃和土壤等都可以通过地球磁场作用过程获得剩余磁性。剩余磁性有热剩余磁性、碎屑剩余磁性、化性剩余磁性、黏滞剩余磁性和等温剩余磁性五种。其中热剩磁的强度大，且稳定，其磁方向与当时地磁场平行，其强度与场强成正比，对古冶炼遗址勘查有重要意义。

　　考古地球物理勘查可能遇到的岩石和古遗存磁性如表 2 - 2。这里要特别提一下土壤的磁性问题，这不但因为土壤是一种成分十分复杂的介质。磁性变化很大，而且还因为土壤磁化率测量本身，就是考古勘查的一种方法。土壤里的矿物主要来自风化的基岩、植物根部作用以及人类耕种等活动。它的磁性在相当大的程度上，取决于它的铁含量。铁的化合物一般是难以溶解的，所以在土壤中逐渐富集。而人类的活动，包括耕种、生活垃圾、烧火等，都会给表土增加铁的含量和提高它的磁性。

表 2 - 2　岩石和古遗存的磁性

介质名称	剩余磁化强度 $(10^{-3}A/m)$	磁化率 $(10^{-6}SI)$	介质名称	剩余磁化强度 $(10^{-3}A/m)$	磁化率 $(10^{-6}SI)$
砂、砂岩	$0.1 \sim n \times 1$	$1 \sim 10^2$	火烧土	$100 \sim 2000$	10^4
泥岩	$0.1 \sim n \times 1$	$1 \sim 10^2$	砖	$N \times 10^2$	$10^3 \sim 10^4$
石灰岩	$0.1 \sim n \times 1$	$1 \sim 10^2$	陶器	$10^2 \sim 10^3$	10^3
土壤	$0.1 \sim n \times 1$	$1 \sim 10^2$	铁器	$>10^3$	$10^5 \sim 10^6$

　　目前测量磁场使用的仪器主要为质子旋进磁力仪、光泵磁力仪和超导磁力仪等几种，其灵敏度都比较高。野外工作中用得最多的是前两种，超导磁力仪主要用于实验室中弱磁样品测量。物质的磁化率则主要用磁化率测量仪进行测定。

　　在考古勘查中，主要有两类磁测方法：

　　一类是在地面（或水面）用磁力仪寻找地下（或水下）遗存的磁法，可称为地面磁法，另一类是用磁化率仪测量表土的磁化率，来寻找表土内遗迹的磁法，可称为表土磁测，也可称之为表土磁化率测量。

　　表土磁测是一种极为重要的磁法，因为它不但可补一般磁测之不足，而且还可补田野考古工作之不足。考古工作者在表土内找不到遗存，可能放弃进一步的勘查，但事实上，表土还包含大量的考古信息，而这种信息通过表土磁测就可能提取出来。

在某些情况下，如寻找大型磁性遗存，也可能采用航空磁测。

在磁法勘探中，根据精度的不同可将磁法测量分为四种主要类型：低精度磁测（观测均方误差为 15nT 以上）；中精度磁测（均方误差为 5～15nT）；高精度磁测（均方误差为 5nT 以下）；特高精度磁测（均方误差为 0.2～1nT）。考古磁测涉及的主要是弱磁体或体积不大的异常体，目标物的磁场一般都比较弱，而且范围往往也比较小，应采用高精度磁测。

在进行探测工作前，首先应根据已经了解到的、有关探测目标的各种情况，包括目标的形状、大小、埋深、可能产生的异常幅度等，恰当地选择观测仪器的类型（仪器的灵敏度）、测量方法和测网的密度（测线距及测点距）。

测网密度的选择要考虑磁异常范围和强度，以及反映探测目标的磁场微弱变化，以不致漏掉探测目标为原则。对于等轴状目标，测线距和测点距是相同的。对于线状目标，在目标的走向为已知的情况下，测线应垂直于目标的走向，测线距可以比测点距大得多；在目标走向不清楚、而测区又不太大的情况下，可采用方格测网。

测量之前，要针对探测目标的深度和它可能产生的异常幅度的大小，选择适当的探头高度。探头过高，分辨力不够；过低，又要受到地表磁性物质的干扰。由于垂直梯度在提高磁测的分辨力方面，往往起到重要的作用，所以，最好采用两种不同探头高度进行或直接进行垂直梯度测量。

当需要在工区内普查我们要找的地下遗存时，可采用磁法扫描的观测方法。测量时，测量者在沿测线行进的同时观察仪器读数的变化。如发现异常，立即在异常点设置标志，整个工区测完之后，对测量结果进行初步评估，然后再作进一步的探测工作。这时，对异常源的形状、大小和埋深的粗略估算是十分必要的。一个最简单的估算方法，就是把磁异常极值点两侧半极值电间的距离，作为遗存的宽度和它的埋藏深度。

5　电法勘探

电法是地球物理勘查方法中的一组重要方法，它以探测介质的导电性、电化学活动性、介电性和导磁性的差异为物质基础，使用专用的仪器设备观测和研究地下电场的变化和分布规律，进而达到解决目标物形态和赋存状态的目的。

在考古勘查中，许多古遗存与其周围介质，往往都有电性方面的差别，例如古墓，石室及砖室墓的电性固然与周围介质的电性差别大，就是土坑墓中的棺椁与土，墓坑中动过的土与周围没有动过的土，也都有差别；古建筑遗址，不管是砖石结构或夯土结构，与周围介质的电性差别也是明显的。因此，在考古探测中，电法（包括电磁法）是用得比较多的一种物探方法。

电法的类别很多，在考古勘查中，目前已经应用或用得上的方法主要有电阻率法、激发极化法、电磁法和探地雷达等。探地雷达后来者居上，大有凌驾于其他方法之上的趋势，但电阻率法仍然是用得比较多的一种电法。

下面概要介绍在考古勘探中常用的电阻率法、瞬变电磁法和探地雷达法。

5.1　电阻率法

电阻率法是以岩土介质的导电性差异为基础，通过观测和研究人工电流场的变化和分布规律，进而对目标物进行探查的一组传导类电法勘查方法。它是物探方法中方法种类最多、应用面最广的一类方法。

表征介质导电性的物性参数是电阻率，在电法勘探中电阻率的单位用欧·米（$\Omega \cdot m$）来表示。岩石和介质的电阻率与其组分结构、构造、孔隙性、含水性及其离子浓度等因素有关。表 2-3 给出了一些常见岩石和古遗存的电阻率及其变化范围。

表 2-3　常见岩石和古遗存的电阻率

名称	电阻率（$\Omega \cdot m$）	名称	电阻率（$\Omega \cdot m$）	名称	电阻率（$\Omega \cdot m$）
黏土	$10^{-1} \sim 10^{1}$	砾岩	$10^{1} \sim 10^{4}$	砖	$> 10^{2}$
夯土	$10^{1} \sim 10^{2}$	粉砂岩	$10^{1} \sim 10^{2}$	陶瓷	$> 10^{14}$
泥岩	$10^{1} \sim 10^{2}$	砂岩	$10^{1} \sim 10^{3}$	木材	$> 10^{10}$
泥质板岩	$10^{1} \sim 10^{3}$	花岗岩	$10^{2} \sim 10^{5}$	铜	1.6×10^{-8}
石灰岩	$10^{2} \sim 10^{4}$	片麻岩	$10^{2} \sim 10^{4}$	铁	9.0×10^{-8}
大理岩	$10^{2} \sim 10^{5}$	地下水	$< 10^{2}$	金	2.0×10^{-8}

高密度电阻率法是 20 世纪 80 年代国际上兴起的一种电法勘探方法，其原理与常规的电阻率法相同，是传统电阻率法的变种方法。不同的是前者在探测剖面上同时布置多道电极，由人工控制向地下发送电流，使地下形成稳定的电流场，通过自动控制转换装置对所布设的剖面进行自动观测和记录。高密度电法可以同时完成电剖面和电测深两种形式的测量，完成二维地电断面测量，兼具剖面法和测深法的功能。相对而言，高密度电法具有测点间距小、信息量大、工作效率高等特点，测量过程中，通过转换装置控制电极间的不同排列组合，能够实现直流电法勘探中的各种装置形式的探测，改变了传统电阻率法的工作模式，获得较丰富的地电断面信息，在资料解释过程中，可采用多参数综合解释。因此，该方法汇集了常规电阻率法的优点，弥补了常规电阻率法观测和解释中的不足之处。使电阻率法的自动化和智能化程度大大向前迈进了一步，勘探能力得到显著提高，从而更适合于考古探测的需求。

5.2 瞬变电磁法

瞬变电磁法是利用电磁感应的原理，以不接地回线或接地线源通以脉冲电流为场源，以激励探测目标感应二次电流，在脉冲电流间隙期间测量二次场随时间变化的响应。二次场从产生到结束的时间是短暂的，这就是"瞬变"这一名词的由来。

瞬变电磁法的技术特点是时空可分性。它的观测是在脉冲间隙中进行，不存在一次场源的干扰，称之为时间上的可分性。脉冲是多频率的合成，不同的延时观测的主要频率不同，相应时间的场在地层中的传播速度不同，调查的深度也就不同，即为空间的可分性。瞬变电磁法具有如下特点。

1）可以采用同点组合（同一回线，重叠回线等）进行观测，使与探测目标的耦合最紧，取得的异常强，形态简单，分层能力强。

2）观测纯二次场，增强电性分辨能力；在高阻围岩地区不会产生地形起伏影响的假异常；在低阻围岩区，由于是多道观测，早期道的地形影响也较易分辨。

3）通过多次脉冲激发、场的重复测量叠加等技术，提高信噪比和观测精度。

4）一般只测量磁场分量，因而受地表电性不均匀影响小；有穿透低阻覆盖的能力，探测深度大。

5）线圈点位、方位或接收距要求相对不严格，测地工作简单，工效高。

6）剖面测量与测深工作同时完成，提供了更多有用信息，减少了多解性。

其缺点是理论计算和数字模拟较复杂，且仪器性能要求较高。

由于这些特点，伴随仪器的数字化和智能化，功率的增大，解释水平的提高，现在瞬变电磁法不仅是剖面的方法，也是测深的方法，解决问题的能力大大提高，应用领域问题相应扩大，国内外的实践表明，矿产勘探、构造探测、水文与工程地质调查、环境调查与监测以及考古等几乎涉及物探工作的各个领域均得到广泛应用。

瞬变电磁法野外工作中，广泛采用剖面测量方法。与其他电法勘探方法一样，主要有三个特定目的：（1）发现目标地质体引起的异常；（2）与地质及其他物化探资料相结合，较充分地确定异常的性质；（3）获取地质目标体的倾向，走向长度、埋深及倾角等方面的资料。由于剖面测量中采用了多道观测，实际上也完成了测深测量，可以得到多种剖面曲线及测深图，得到丰富的信息。

在考古探测工作中，野外采集的数据经处理后，形成的成果图中最常用的是视电阻率曲线、视电阻率平面或断面等值线图或拟断面图。

5.3　探地雷达法

探地雷达简称 GPR，是利用高频（$10^6 \sim 10^9$ Hz）脉冲电磁波探测近地表电性体分布的一种无损检测技术，是一种高分辨率电磁方法。GPR 特有的高分辨率在考古勘查中已显示出新方法的威力和极好的应用前景。

探地雷达是利用探测目标体（目的物）与其周围介质的导电性、介电性的差异（表 2-4），通过高频脉冲电磁波（主频为数十兆赫至上千兆赫）在电性界面上的反射来探测有关的目的物。发射天线（T）和接收天线（R）紧靠地面，高频脉冲电磁波经发射机发射后在地层中传播。在传播过程中，其传播路径、电磁场强度、波形特征将随所通过介质的电学性质、几何形状而变化。当电磁波遇到电性不均匀体的分界面时，会出现反射、折射和透射现象，并随之产生反射波、折射波和透射波等。反射波向上传播至地表被探地雷达接收机接收，接收到反射波能量的强弱与界面的反射系数有关。

表 2 - 4　常见岩土及古遗存的相对介电常数

名称	相对介电常数	名称	相对介电常数	名称	相对介电常数
空气	1	土壤	3～30	花岗岩（干）	5
海水	81	农业耕地	15	花岗岩（湿）	7
淡水	81	畜牧草地	13	泥岩（湿）	7
冰	3.2	永冻土	1～8	砂岩（湿）	6
干砂	4～6	灰岩（干）	7	木材	2～8
湿砂	25～30	灰岩（湿）	8	陶瓷	5～6
黏土	5～40	白云岩	6～8	沼泽	12

在一个点上观测一次，得到一道数据。沿地表移动探地雷达的发射和接收天线，采集到的探地雷达数据为二维图像。这样，结合测区的地质情况和其他资料对探地雷达图像进行综合分析、对比，可确定目标体形态、深度变化情况。GPR 与其他地球物理方法相比，具有如下技术特点。

1）探地雷达探测的目标体通常为非金属物体，与周围介质物性差异小，因而目标回波能量小。

2）探地雷达探测的是地下埋藏的目标体，不需要快速跟踪技术。探地雷达的上述特点，形成探地雷达独特的发射波形与天线设计特点。

3）探地雷达的探测深度是考虑其应用的一个重要前提条件。与其他物探方法相比，GPR 用了高频电磁波，其探测深度一般为几米至数十米。分辨率高，有时可达到厘米级。探测深度主要受地表电阻率和发射脉冲频率等因素的制约。地表电阻率决定了雷达波的衰减程度，因而决定了其探测深度。一般来说，探地雷达不适在地表电阻率小于 $100\Omega \cdot m$ 地区工作，即存在黏土、地下咸水和粉砂质地层的环境。另外，探测深度还与脉冲的频率有关，频率越低，穿透能力越大。对于中心频率为 100MHz 的电磁波，在含水少的坚硬岩石中可以探测到 50m 深的目标体，而在地下水含量多的岩石或含水土壤中探测深度往往仅十余米。

6　地震勘探

考古探测主要是解决浅部问题，目标偏重于浅层精细结构勘探，在此仅简述浅层地震勘探。

地震波在岩上介质中传播速度与岩土介质的结构特征、成分差异及环境变化等关系密切。地震勘查结果是查明地下介质结构特征和环境变化的重要依据。岩石的密度增大，地震波的传播进度几乎是线性增大。岩石孔隙度增大，传播速度迅速减小。

常见的古遗存和岩石及土壤的弹性波传播速度如表 2 - 5。

表 2 - 5　古遗存和岩石及土壤的弹性波传播速度

名称	纵波（km/s）	横波（km/s）	名称	纵波（km/s）	横波（km/s）
黏土	0.3 ~ 3.0	0.1 ~ 1.8	大理岩	3.6 ~ 6.8	2.0 ~ 3.9
黄土	0.3 ~ 0.6	0.1 ~ 0.4	花岗岩	5.1 ~ 6.0	2.7 ~ 3.3
砂	0.3 ~ 1.9	0.1 ~ 0.5	白垩	2.1 ~ 4.2	1.0 ~ 1.2
砾岩	1.5 ~ 5.6	0.7 ~ 3.4	三合土	3.6	2.2
砂岩	0.8 ~ 4.5	0.4 ~ 2.7	砖	3.7	
泥灰岩	1.3 ~ 4.5	0.6 ~ 2.3	木材	3.0 ~ 4.0	1.5 ~ 2.0
石灰岩	1.0 ~ 5.5	0.5 ~ 3.3	铁	5.9	3.2
白云岩	0.9 ~ 6.2	0.5 ~ 3.8	铜	4.7	3.5

目前用于考古勘查的弹性波方法主要有以浅层为主的折射波法、反射波法和面波法，以及层析技术。

折射波法常用来探测覆盖层厚度、基岩面起伏、地下水通道、污染羽流路径、确定有害废物的范围和厚度等。该方法分辨率较低，探测精度不是太高。

反射波法已在各种考古问题中得到成功的应用，如地下墓室的探测等等。随着技术的进步，反射波法已成为一种具有较高分辨率的探测手段，预计在考古勘查领域将发挥更大的作用。

瑞雷面波法是近年来发展起来的一种新的浅层地震勘探方法，它具有高分辨率的特点，分辨浅部层位的能力强，能以厘米级深度区间进行逐层检查。

7　考古化探

7.1　汞量测量法

化探是根据探测目标的主要元素或其伴生矿物的主要元素在某个地区有

限范围内的岩石、土壤、水、空气、植物等介质中的丰度，比周围地区高或低，即所谓地球化学异常来寻找勘查目标的。在考古工作中，各种化探方法原则上都可找到它的应用领域。但目前用得最多的是汞量测量。

汞，俗称水银。早在数千年前，人类就已经认识和利用汞及汞的化合物了。在公元前 7000～前 5000 年我国仰韶文化时期一出土遗物上，曾发现涂朱现象。朱，就是朱砂，又称丹砂或辰砂，即硫化汞（Hgs），是汞的主要矿物，当时主要用作颜料和染料。后来出现了漆器，朱砂又是调制朱色浆的原料。在炼丹术和区药中，朱砂都起了重要的作用。尤其是古代帝王、贵族死后，为了保持尸体不腐。又采用汞及其化合物朱砂作为防腐剂。除此之外，据《史记》记载，秦始皇墓内还"以水银为百川江河大海，机相灌输，上具天文，下具地理"。由此可见，当时汞及汞的化合物的用途之广和用量之大了。也正因为如此，古遗址和墓葬中往往都有汞或汞的化合物存在，这就造成遗址及墓葬上的汞量比周围地带高的现象，即所谓汞异常，从而为用汞的地球化学勘查力法寻找遗址和墓葬，提供了物质前提。

针对不同的勘查对象，汞的地球化学勘查有多种勘查方法。古遗址和古墓一般处于土壤内或地面有土壤覆盖，因此土壤中气汞及土壤汞量测量是考古勘查常用的方法。但富含汞的地层、岩石、矿藏、地热等多种因素，都可成为考古探测的干扰，这就必须弄清汞异常的性质，因而又必须借助汞热释谱测量。

汞法勘查成果可用一些图件来表示，如采样位置图、原始数据图、汞含量等值线图、汞含量曲线平面图、汞热释谱图等。也有为探索某方面规律而做的图，如不同采样深度的汞含量变化曲线图等。

1）采样位置图：将采样点的位置以圆点的形式按比例尺标在图上，点旁注样号；

2）原始数据图：用采样位置图作底图，将样品的汞含量数据写在与样号对应的位置；

3）汞热释谱图：横坐标表示温度，纵坐标表示相对汞量；

4）汞含量随采样深度变化图：横坐标表示汞含量，向下的纵坐标表示采样深度。

其他图件与一般地球物理勘查作图方法相同。

7.2　其他化探方法

在考古勘查中，除汞法勘查外，还可用磷酸盐探测、酸度探测和红色灰壤探测等勘查方法，但这些方法使用的较少。

8　现场工作的几个问题

应用物化探方法进行考古探测，就是在完成探测工作之后，能对探测到的目标物是不是所要求寻找的对象，以及目标物的埋深、形态和赋存状态等，做出全面的评价。因此必须抓住两个基本点：一是要注意效果，即要真正解决问题；二是要注意效率，即在真正解决问题的前提下，尽可能地节约时间和人力、物力、财力，力争做到多快好省地完成任务。为此，在开展物化探考古勘查前，首先要明确勘查目的与任务，分析探测目标的物化性特征，根据文物特点预选勘查方法，进行现场工作条件调查，了解勘查区的地形地貌、人文、电磁、振动等干扰水平及地表不均匀体分布等，开展必要的物化性测定和方法试验，以便确定勘查目标的物性特点及差异，合理选择勘查方法，确定测线方向、测网密度、观测精度等，为保证勘查效果，大多数情况下需要多方法综合运用。

8.1　明确考古物化探勘查的主要目标任务

欲选用物化探方法进行考古勘查时，必须首先明确物化探勘查的主要目标任务，只有明确地知道找什么，才能确定如何找，确定的目标任务愈具体，愈有利于物化探方法的选择和探查方案的确定，愈有利于多快好省的完成既定任务。为了提出明确的目标任务，全面收集已有资料是必不可少的重要环节，勘查任务确定之前，要搜集一切可能搜集到的、与任务有关的资料，全面地了解探测目标物体的大小、形状、埋深、结构及物质组成；尽可能全面地掌握工作区的地理、地质情况，包括气候、地形、地物、地质构造、土壤、岩石、矿产，以及交通、水电、工矿企业、居民点等各个方面的情况；尽可能搜集与探测目标类型相同或相似的物体的一切物化探资料，包括成功和失败的资料。根据以上的资料，通过分析对比，形成初步工作设想。以勘查古墓来说，我们首先必须了解这个古墓是什么时期的？墓室可能有多大，埋藏多深？它是土坑型墓，还是石室或砖室墓？墓内可能有些什么陪葬物品等等。只有初步掌握这些信息，才能对采取什么物化探方法来解决这个古墓的勘查问题，有一点粗略的设想。

8.2　考古物化探方法的选择

当探测目标确定后，首要的问题就是选择什么物化探方法去勘查它。在选择方法时，可能要考虑四个方面。

8.2.1　方法有效的前提条件——地质、地球物理和地球化学差异

物化探方法能探测到某个目标，依据的就是这个目标与它周围介质在某个或某几个物理、化学性质（简称物化性）上的差别，这是应用某种或某几种物化探方法探查这个目标的前提条件。因此，当探测目标确定后，我们首先就要了解探测目标和它周围介质的物化性，找出它们在哪些物化性上有差别。能探测出这些物化性差别的物化探方法，就是可以考虑采用的方法。

探测目标和周围介质的物化性，在考虑完成勘查任务的方案时，可以根据类比原则，由已知的同类型物体和介质的物化性来推测。但在正式实施前，应尽可能到现场实测所需的各种物化性参数。因为介质的物化性往往是随空间和时间而变化的。单独弄清目标与周围介质的差别还不够，还得了解工作地区有没有别的物体与探测目标具有同样的物理性质。假如有而且不止一种，那就得分别把它们与探测目标之间的物理性质的差异弄清楚。

其次，物化探方法不像钻探，钻探根据取到的岩心，就可以直接知道地下有什么，而物化探是一种间接的探测方法。它在地面上观测到的不是被探测目标本身，而是由探测目标引起的与周围不同的地球物理或地球化学场的变化情况，我们叫作"异常"。但是，能够形成这种异常的，可能不单是我们需要探测的目标，而是还有别的东西，例如某种与我们的探测目标具有相似物化性的岩石等等。为了解决这个问题，我们就要把视野放宽一些，全面了解工作地区的地质、地球物理和地球化学特征，包括构造、地层、岩石、现代建筑物及它们的物化性等等，找出一切可能引起与我们探测的目标所形成的异常类似的异常因素。我们将这些不是探测目标引起的异常，称为"假异常"。

找出探测目标与围岩的物性差别，找出各种可能引起假异常的因素，这就是我们研究工作地区地质、地球物理和地球化学特征的目的，也是选择合理的物化探方法进行探测时要考虑的首要问题。

探测目标与周围介质之间存在物化性差异，并不等于我们用相应的物化

探方法就一定能探测到目标，因为这里还有一个探测技术的分辨力和目标本身的物化性参数及几何参数的大小问题。

探测技术的分辨力是随着技术的进步而提高的，但在一定时期内是稳定的。这时，探测目标能否被分辨出来，决定于目标本身物理参数和几何参数的大小。

物化性参数，如磁化率、密度、电导率、热导率、极化率、波速以及某种元素的含量等的大小均对探测结果有影响，这里只谈几何参数的大小问题。

几何参数，包括目标的形状、大小和埋深。我们知道，地面测得的地下物体的磁场、电场、重力场强度，都是与埋深成反比的。当埋深增大，地面上的物理场的强度弱到比现代测量技术的测量误差相同或更小时，目标就成为不可探测的了。

各种物探方法的探测深度均有一定的限制。目标物埋深一旦超过了这个限度，就成为不可探测的了。有些物探方法对探测目标的尺度有一定的要求，当尺度小于相应的要求时，也不能探测到。如应用地震波的绕射特征时，只有探测目标物横截面的大小与地震波的波长相当或更大时，地面地震勘探才有可能观测到绕射能量，否则这个目标也观测不到。

目标的形状对探测结果也有很大的影响。如直立薄板，用磁法、重力测量和电剖面都可能探测到，但对地面地震勘探来说，就是难以探测的了。

探测目标的产状对探测影响相当大，例如接近水平的平坦界面对地震勘探和电测深有利，陡倾界面则对它们不利，而对电剖面比较有利。

8.2.2　综合物化探——区分真假异常的有效途径

如何分辨真假异常，找到我们希望找到的目标，这是我们在选择能够解决问题的物化探方法时，迫切希望解决的第二个问题。

为了分辨真假异常，几乎所有物化探方法都有一些办法。但是，它们往往都有自己的局限性，很难真正解决问题。为了真正解决真假异常的分辨问题，我们还是从选择有效的物化探方法的最基础的地方着手，就是研究探测目标与各种可能产生伪异常的地质体之间的物化性差别。根据这些差别，采用几种不同物化探方法的适当配置来区分真假异常，这就是所谓综合物化探勘查。通过综合物化探将大大减小解释结果的不确定性，使结论更接近实际。

8.2.3　间接勘查

当探测目标与周围介质不存在物化性差别时，就应了解与探测目标共存的东西是什么，这些东西与周围介质有些什么物化性差别，找到了这些东西，也就找到了我们的目标。

8.2.4　节约原则

在选择合理的物化探方法组合时，首先考虑的当然是方法的有效性，但是在保证方法有效的前提下，我们还要考虑如何节约时间、人力和物力。即在保证解决问题的条件下，应尽量选用效率最高、成本最低的方法，尽量少使用一些方法，以便能用最少的人力物力，在最短的时间内，保质保量地完成勘查任务。

探测区的干扰包括天然干扰和人为干扰，是令各种物化探方法都感到为难的问题。有些干扰可以在观测或数据处理过程中采取一定的措施来减小，以至于消除，但也有不少干扰是无法减小和消除的，这时相应的物化探方法就没有用武之地了。

8.3　野外观测工作布置的基本原则

在选择合适的物化探方法后，就应考虑如何通过野外工作找到我们想要找到的目标。从物化探角度来说，就是如何找到我们想要探测的目标所引起的异常。这就牵涉到选择合适比例尺的测网、恰当的观测精度和压制干扰问题。

8.3.1　测网与比例尺

测网是由测线和测点组成的。线距×点距就表示测网的密度。测网的密度是由两个因素决定的：

8.3.1.1　探测目标的大小

一般认为，为了找到我们想找的目标，测网的密度应保证有1~2条测线通过目标；而在每条测线上，又至少应有3个测点坐落在目标上，选样才能保证不致漏掉目标。

8.3.1.2　勘查任务要求的详细程度

在地球物理勘查中，根据对目标进行勘查的详细程度不同，勘查工作一般分为普查、详查等不同阶段。普查是为了发现目标，而详查是为了弄清目标的细节。在考古勘查中，阶段不一定分得这么清楚。有时分普查、详查，有时勘查目标的位置已经明确，可能一开始就是详查。

普查时如上面所谈，在目标上应有 1～2 条测线，而每条测线上至少应有 3 个测点；

详查时，要求测线及测点更密，有时在测线上是连续观测。

这样工作的成果就必须用不同比例尺的图件来表达。图件的比例尺是由测网决定的。一般说来，图上每个平方厘米内至少应有一个测点。

8.3.2 观测精度

观测精度包括四个内容：一是地球物理仪器的读数精度，二是观测值系统变化的消除，三是测点位置及地形测量精度，四是仪器操作的准确性。

8.3.2.1 仪器读数的精度

选择仪器读数的精度时，要考虑两个方面：

1）探测目标形成的异常幅度：要找到这些异常，就必须异常幅度大于观测精度。大多少比较合适，一般认为至少应在观测精度的 2 倍或 3 倍以上。为了做到这一点，就必须在事先对探测目标可能引起的异常幅度有一个大致的估计。

2）仪器读数的灵敏度和稳定性；仪器读数的灵敏度是仪器能读出的极小值。对于一定型号的仪器，就有一定的灵敏度，这是仪器的一个重要技术指标，在仪器说明书上就已标注。当然有时由于仪器的质量有问题，可能达不到规定的指标。

仪器读数的稳定性主要反映在外部条件不变时，在同一测点上不同时间内仪器读数的重复性。有些仪器有零点漂移的问题，但只要漂移是有规则的，就不难进行漂移的校正，从而取得正确的读数。

8.3.2.2 观测值系统变化的消除

在考古物化探方法中，如磁法与重力测量，由于种种原因，同一仪器于不同时间在同一点的读数往往出现系统变化，这时就必须在异常范围之外选择一个测点作为基点。每隔若干时间或者每完成一条测线的观测后，到基点去观测一次，根据同一基点上不同时间的观测值，就可消除由探测目标以外的因素引起的观测值的系统变化，达到提高观测精度的目的。

当然，为了节约时间和人力、物力，观测精度并不是越高越好，而是在保证按任务要求进行勘查的前提下，确定一个合理的观测精度。

8.3.2.3 测点位置及地形测量精度

测点位置的测量精度对观测结果的影响显而易见，这点不需做过多的解释。

地形测量精度对观测结果的影响，视所用物化探方法的不同而有很大差异。重力勘探对地形测量的要求最高，它不但要求测出测点的高程，而且需测出测点周围一定范围内的地形，否则就得不到可用的结果；地震勘探和电法对地形测量的要求次之，它们要求的是测点及测线的高程和地形剖面，对测线以外地方的地形没有测量的需求；电法中的激发极化法对地形测量的要求不高，而这一点相对于其他电法来说，是一个难得的优点；磁法、放射性勘探方法对地形测量的要求比较低。因此在选择方法时，地形测量工作量的大小，也是一个值得注意的因素。

8.3.2.4　仪器操作的准确性

仪器操作不准确，往往是野外观测误差的主要因素。例如磁性，前后观测点位置不重合，探杆倾斜，探头高度不准等等，都会带来观测误差，因此严格按照野外工作规范进行操作，是保证获得可靠数据的必要条件。

8.3.3　压制干扰

野外工作布置除要考虑适当的观测精度外，还必须考虑如何压制干扰。

物化探方法观测的是探测目标引起的异常地球物理场。所谓地球物理场，就是我们观测的地球物理现象在空间中的分布，如地磁在空间中的分布称地磁场；重力在空间中的分布称重力场等等。但是在野外实际工作中，往往出现一些与探测目标引起的异常场类似的地球物理场，而后者却是别的地质体引起的。例如地磁异常场（或磁异常）除磁铁矿可以引起外，许多超基性岩都有较强的磁性，因而也能形成磁场；地面上的电源、高压线、钢铁构件等等也都能形成磁场。它们对用磁法来找我们想找的目标，产生不同程度的干扰。为了消除这些干扰，首先在野外观测阶段，就应考虑从每种方法的本身来找消除这些干扰的办法，例如在磁法观测中，往往采用提高探头的高度，来消除近地表磁性物的干扰。

8.4　数据处理

8.4.1　数据处理的目的

地球物理数据处理的目的有二：

1）消除干扰，提取信息：地球物理勘查的干扰，除在仪器设计及野外工作布置时就应采取措施外，数据处理也是重要措施之一。在有的方法中，往往是野外工作方法与数据处理二者结合起来消除干扰，提取信息，如地震勘探中的叠加之类。

2）求得勘查目标的空间位置（地面投影位置及埋深）、形状大小和性质（它的物理性质，以及由物理性质及几何形状等来判断它是否就是我们勘查的目标）等有关参数，这是地球物理勘查的最终目标。

8.4.2　数据处理方法

相应于数据处理的目的，数据处理方法也分两类。

8.4.2.1　消除或压制干扰的方法

消除或压制干扰的方法很多，如滤波、曲线平滑等等。

8.4.2.2　计算有关勘查目标各种参数的方法

地球物理勘查中，与勘查目标的各种参数（包括形状、大小、空间位置和性质）有关的计算方法可以分为两类：一是所谓正演方法，一是反演方法。

1）正演方法：就是根据我们对勘查目标及其周围介质结构的了解，先给定勘查目标及其周围介质的物理模型，包括空间位置、形状、大小、物理性质，然后根据我们已经掌握的物理规律，用合适的数学方法，计算出这个模型在地面产生的地球物理场，也就是我们在地面上可能观测到的数据。

正演方法是勘查目标模型的理论计算方法，通过这种对给定模型的理论计算可以起到两方面的作用：

一是通过对一些规则形状的模型（如二层、三层等层状模型，以及球形、圆柱状、板状模型等）的理论计算，我们可以了解到这些模型在地面形成的地球物理场的特征。假如我们在实际工作中观测到了类似的特征，我们就能定性地判断这些特征反映的物体的形状、大小、空间位置及性质。

二是为模型拟合方法创造基本条件。

2）反演方法：就是根据地面观测到的数据，计算出勘查目标的几何与物理参数（形状、大小、空间位置和物理性质）。

这种反演方法也有两类：

一类是由我们在地面上观测到的数据及理论研究所得到的数学表达式，计算出勘查目标的各种几何及物理参数，这是过去物化探方法中常用的方法，现在也还在使用。

另一类是所谓拟合的方法：即根据在地面上观测到的地球物理场的特征，以及我们从理论模型计算中所获得的各种模型所能引起的地球物理场特征的定性知识和对工作地区地质地球物理条件的了解，先给定一个与观测结果尽可能接近的勘查目标的模型，包括所需的全部几何及物理参数，计算出这个模型在地面形成的地球物理场，将理论计算与实测结果对比，找出其不符合部分，然后调整模型某些参数的数值，再继续进行计算。如此一直进行到理论模型计算与实测结果的吻合程度满足我们的需要为止。最后得到的各个参数就是所求的有关探测目标的参数。这个方法，叫作拟合。由于计算机的应用，拟合法在目前反演方法中已越来越得到广泛的应用。

8.5　信号与噪音

为了寻找和了解我们想要探测的目标，地球物理工作者采用各种方法来取得有关探测目标的信息。这时凡是我们需要的、携带有关探测目标信息的载体，就叫作信号，反之就叫作噪声，或者叫作干扰。

噪声可以分为两类：

1）相干噪声：如地震勘探中，相邻地震道之间有着系统相位联系的噪声，像地滚波、多次波等；

2）随机噪声：如仪器噪声及其他随机性的干扰等。

信号与噪声是相对的概念，完全是以对我们有用与否为准。有用的是信号，无用的是噪声。在解决这个问题时可能是信号的东西，到解决另一个问题时可能就成了噪声。例如折射波，在折射法中是信号，在反射法中就成了噪声。

信号与噪声的相对强弱关系，可用信噪比来表示。所谓信噪比，就是信号能量（或振幅）除以同一时刻的其他全部能量，即 S/N（S 为信号，N 为噪音）。有时也采用总能量作分母，即 S/（S + N）。而实际上，由于我们很难将信号分离出来，要确定信噪比是相当不容易的。

9　遗址勘查实例

秦始皇帝陵是中国历史上最大的陵墓之一，陵区地上地下遗存文物极其丰富，文物种类繁多，1974 年秦兵马俑发现以来，这里的文物考古发现屡屡成为国际媒体关注的焦点。秦始皇帝陵考古已经取得许多重大发现，发现了众多陪葬坑、陪葬墓、地面建筑遗址。但是，人们对秦始皇帝陵地宫是否位于现存封土堆之下有不同的认识，对其大小、形态、埋深等众说纷纭，探测秦始皇帝陵地宫存在与否并弄清其合理建设与利用这一重要的内涵，对于科学保护、文物资源具有重要意义。中国地质调查局与陕西省考古研究所一起在秦始皇帝陵园进行了综合地球物理探测，所采用的方法主要为高精度重力测量、高精度磁法测量、高密度电法测量、放射性氡气测量等。这些综合地球物理方法的应用，在探测秦始皇帝陵地宫中取得了显著的成果。此次综合地球物理探测采用了面积性工作与剖面性相结合的工作布置，其中面积性工作方法为高精度磁力测量，工作区域为封土堆，比例尺为 1∶1000 ~ 1∶2000；剖面性工作共进行了 6 条，各剖面均穿过封土堆中心区域，投入方法为高精度重力测量、高精度磁力测量、电法测量和放射性氡气测量，磁力、重力、放射性剖面测量的基本点距为 5m，磁力、重力异常地段加密至点距为 2.5m，电测深法基本点距为 10m。物性测定结果表明：细夯土、粗夯土、生土样的密度和磁化率差异明显且依次由大向小变化，这为应用重力、磁法测量确定封土堆中不均匀体提供了物性基础；土中的空洞与围土的电阻率相差甚大，使得应用电阻率法勘查未坍塌墓室具有良好的物性前提。

　　本次探测是我国迄今为止投入方法最多、取得成功极为丰富的一次以地球物理方法为主的考古活动，不但提供了地宫在封土堆之下的地球物理与地球化学证据，还推断了地宫的具体位置、大小、埋深、框架结构和完好性，且新发现了以往考古中未曾遇到的隐蔽于封土堆中的细夯土墙，为秦始皇陵的进一步研究、保护和开发提供了重要依据。

　　此次探测依据磁异常发现了封土堆中的细夯土围墙：封土堆上实测的磁力 ΔT 异常平面等值线图如图 2 - 2 所示。在封土堆中部发育有一近似矩形的磁异常组合，封土堆半腰南、北两边发育东西向的异常带，异常幅度约 45 ~ 80nT，两异常带峰值轴线间距约 120m；封土堆半腰东、西两边的异常峰值间距约 140m，单个异常的宽度约 35m，两条东西向正异常带中间为低值异常，最低强度不到 - 10nT。对磁力 ΔT 异常进行分离后，所获取的夯土墙磁异常如图 2 - 3。分析该磁力异常的平面分布特征，详细对封土堆上细夯土、粗夯土的磁性进行了研究，并结合洛阳铲探孔的钻探结果，发现该磁异常与封土堆中隐蔽的细夯土墙相对应。对磁异常进行了三维地形改正及正反演解释，结果表明，在封土堆中存在有细夯土墙体，墙体平面展布见图 2 - 2。细夯土墙体呈矩形且为磁性不均匀体，在东西两侧中间有开口。墙体宽约 20m 左右，分布在封土堆中间腰部。细夯土墙东西向长约 145m，南北向宽约 135m，高约 30m。

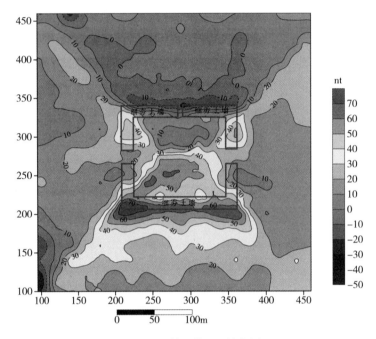

图 2 - 2　封土堆△T 异常图

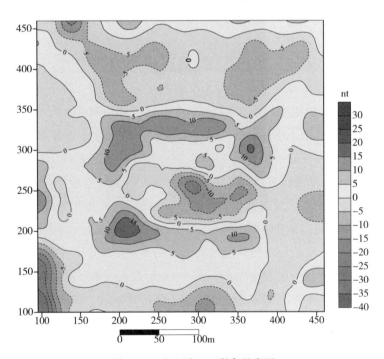

图 2 - 3　夯土墙△T 剩余异常图

依据重力异常确定了地宫开挖范围、发现了西墓道并推断了石质宫墙：各剖面重力测量剩余重力异常特征基本相同，在封土堆上出现强度达 $0.6 \times 10^{-6} m/s^2$ 的重力高。在封土堆半腰，重力高的背景上又分别叠加一次级重力高（图 2-4）。推测当时修建秦始皇陵地宫时，开挖地宫后回填土经过夯实，其密度大于原土，故引起重力高。由于细夯土的密度大于粗夯土，对应依据磁异常发现细夯土墙的部位，重力出现了次级重力高。所以，利用这些剩余重力高异常特征可以追踪原地表以下地宫的开挖范围以及定量计算细夯土墙的规模。

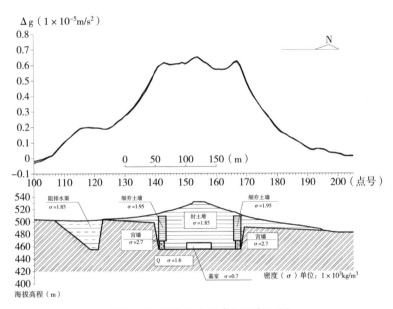

图 2-4 剩余重力异常解释断面图

采用二度半体模型对实测剖面的剩余重力异常进行了定量拟合计算。结果表明：秦皇陵地宫东、西方向各有一墓道；地宫东西、南北的开挖范围约 170m×145m；秦皇陵地宫四周可能存在石质宫墙，宫墙的中心线范围为 145m×125m，墙体宽 8m，高约 14m；石质宫墙上部有一细夯土墙。以往考古所发现的秦皇陵地宫东、西、南坡三面阻排水渠也引起了明显重力异常。

依据电阻率异常发现了墓室：图 2-5 为一剖面电阻率测深结果图。未经消除地形影响的实测视电阻率断面图，封土堆中部的视电阻率断面特征与周围不同，显示低阻特征。经带地形二维反演后，封土堆中部视电阻率断面仍

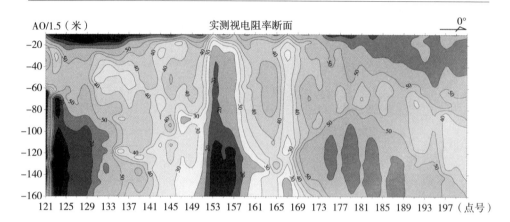

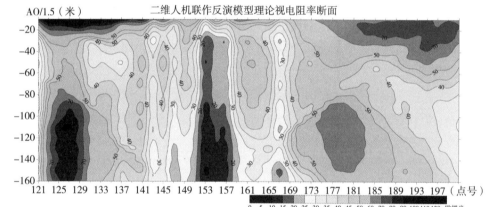

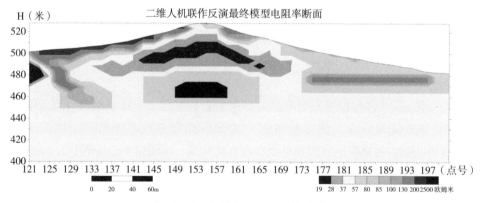

图 2 - 5   电阻率测深解释断面图

与周围不同，但其下部出现一局部高阻体，可见地形影响之严重，在封土堆中部，在海拔 440 ~ 485m 的部位明显存在一个电阻率值在 50 ~ 60Ω·m 的高阻异常，异常的中心位于 154 点，形态比较规则，在其上部和两边为明显的低阻显示。依据电阻率的分布特点分析认为：该高阻异常就是地宫中的关键部位——石质或非石质空洞式墓室的反映，两和部上其边的低阻为夯土的反映。在二维电阻率断面图反演基础上所进行的二维人机联作电阻率反演模型断面图，该模型给出了初步的地宫二维模型解释结果。

综合其余几条剖面电阻率法测深解释结果，墓室南北宽约 50m，东西长约 80m，高约 15m（海拔 460～475m），埋深约 56m（自封土堆顶部算起）。

依据氡气测量成果推断墓室主体尚未坍塌：由氡气测量结果（图 2－6）可知，封土堆北坡北段（175 点以北）α 杯法计数率明显增高，这一部位对应着秦陵考古队新发现的大型陪葬坑群。该陪葬坑群已焚烧坍塌，其上裂隙比未坍塌的地段发育，因而出现 α 杯法计数率明显增高现象。在封土堆中部上述推测地宫范围内，α 杯法为低计数率区，因此认为地宫上方封土裂隙不发育，进而推测墓室主体尚未坍塌，墓室对应高阻异常也说明墓室主体尚未坍塌。

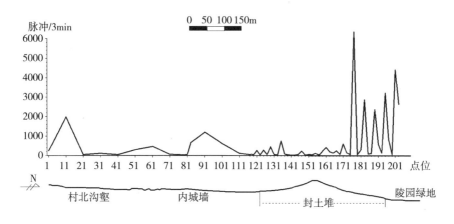

图 2－6　α 杯法氡气测量计数率图

由土壤汞量测量异常图（图 2－7、2－8）可以看出，在穿过封土堆的十字土壤测量剖面上，无论是低温汞，还是全量汞均有明显的汞含量高值异常与封土堆相对应，测汞所得的汞异常范围围限在矩形状磁异常范围以内，经土壤中汞的热释分析测定，土壤中的汞主要是来自外源的呈吸附态的低温汞，推测汞异常源应为地宫，由此知地宫中仍存有大量的汞。

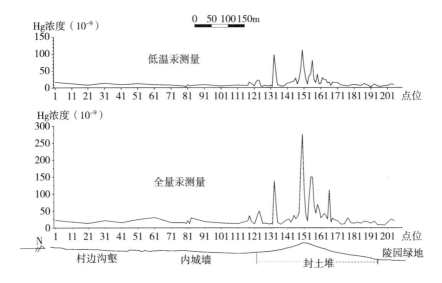

图2-7　南北向剖面土壤测量汞异常图

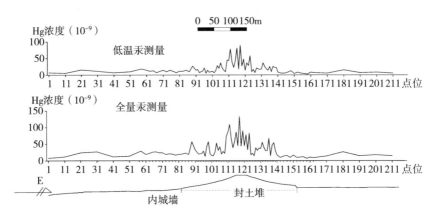

图2-8　东西向剖面土壤测量汞异常图

　　此次探测工作除上述几种方法外，还同时实施了地震、地温、核磁共振法等测量。地震测量在封土堆中部观测到一些呈矩形分布的绕射点，这些绕射点应是地宫宫墙顶部的反映，依据这些绕射点分布得出地宫宫墙东西长约145m，南北宽约110m，与磁法、重力推断结果相近。地温测量在重力、电法推断的地宫部位观测到温度升高异常现象。核磁共振法测量结果证明，在推断墓室和推断地宫范围内，相当于推断地宫的深度上都为不含水区，而南阻排水渠南侧，在相同深度上却为含水区，因而推断地宫中未进水。

第3章　考古现场文物分析检测技术

1　概述

　　考古发掘现场常用的检测分析技术总体上可归为两类，一类是对考古发掘现场温湿度、光线、土壤、有害气体、微生物等各种环境因素的检测分析技术，另一类则是对考古出土各种材质文物的检测分析技术。对于环境因素的检测目的是为实时快速地获得考古现场，特别是遗物出土时的环境状况，为遗物的现场保护提供必要的环境数据参考。在考古发掘现场对出土文物进行分析检测，其目的主要有二：一是为了初步了解文物的材质、成分、结构以及制作工艺，揭示文物信息，为相关研究提供基础资料；二是对文物的劣变程度、保存状况进行评估，从而为文物现场保护方案的制定、保护处理方法的选择以及现场保护工作的实施提供科学依据。

　　随着文物保护科学的发展，越来越多的分析检测手段被用于文物的科学分析研究。目前常用的文物分析检测技术包括显微镜、X 光探伤技术、X 荧光分析、X 衍射分析、扫描电子显微镜能谱分析、透射电子显微镜、红外光谱技术、拉曼光谱技术、原子发射光谱、原子吸收光谱、色谱技术、工业 CT 等。与室内不同，考古发掘现场文物分析检测技术既要满足考古现场开展文物研究与保护工作的实际需求，又要兼顾仪器的便携性、可移动性以及其稳定性，这就在一定程度上限制了大多数分析检测技术在考古现场的应用。目前，考古发掘现场文物保护工作常用的分析检测技术包括显微分析、X 光探伤技术、便携式 X 射线荧光、便携式拉曼光、多光谱摄影谱等。本章将从各种分析技术的原理、所能够解决的问题以及应用实例等方面，对考古发掘现场文物保护工作常用的分析检测技术进行简要介绍。

2　显微分析

2.1　简介

为了识别微小物体或物体细节，通常要把物体移近眼睛，以增加物体对人眼的张角。由于受眼睛调节能力的限制，物体不能无限制地移近眼睛，它必须置于眼睛近点之外，一般为250mm，该距离被称为明视距离。当物体置于明视距离，细节对人眼的张角仍小于眼睛的极限分辨角（1′）时，则必须借助于放大镜或显微镜这类光学仪器将其放大，供人观察。放大镜和显微镜就是将原来肉眼直接观察不到的物体细部信息转换成了肉眼能够辨识的信息的常用光学仪器。

一般的单片透镜，由于像差和透镜直径的限制，只能应用于5倍以下。如用两片或多片透镜组合起来，则放大率可大大增加。一般普通显微镜，放大率多在20~50倍之间即可满足需要。用于金相检验和岩相观察的显微镜，放大率则一般在50~200倍，甚至可达到1000倍。

目前用于文物科学研究以及文物保护工作的显微镜包括普通体视显微镜、偏光显微镜、金相显微镜等，但在考古发掘现场常用的显微镜为普通体式显微镜。

2.2　考古发掘现场体视显微镜及其作用

体视显微镜是分析鉴定和保护文物工作最常用的分析工具之一。由于其结构简单、价格便宜、实用性强、操作简便等特点，在多数文博机构的保护实验室中都有配备。通常体视显微镜由物镜、目镜、镜筒、载物台和一个附加的照明灯等部分组成，可通过旋转物镜调节放大倍数。体视显微镜的放大倍率一般为14~200倍不等，一些显微镜还配有照相系统，可获得被观察物体的显微放大照片。

在考古发掘现场，体视显微镜是观察和研究考古出土金属、陶瓷、纺织品等各类文物的结构、工艺、装饰图案的理想工具之一（图3-1、3-2）。另外，在现场对文物进行一些保护处理操作例如表面清理，体视显微镜也是必不可少的设备之一，具有重要作用。

图 3 - 1　唐代李倕冠饰—饰件的显微照片

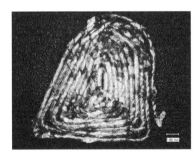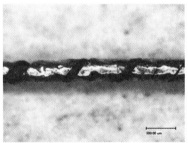

图 3 - 2　法门寺出土唐代捻金线的不同倍数的显微照片

3　X 光探伤

3.1　简介

　　X 光探伤技术，就是把 X 光作为光源的一种照相方法，它是利用具有高穿透能力的电磁辐射 X 光，在不破坏文物的情况下，对其内部形貌进行探测，以反映文物内部结构特征或"显化"被土锈、污染物覆盖的文物表面信息的一种无损检测方法。

　　X 光探伤技术，应用于文物艺术品的研究，始于 20 世纪二三十年代。文物作为一种特殊"材料"，被想到用 X 光探伤技术进行分析与研究，是文物本身的特点和 X 光技术的无损性所决定的。早期研究，主要限于纸质文物艺术品，随着技术的发展，X 光管功率的提高，X 光探伤技术开始用于博物馆藏品的系统分析与研究，如漆木器、金银器、铁器、青铜器、陶器、石雕刻、古化石等，主要是通过文物内部的形貌，反映其相关结构特征、古代及近代修复痕迹等，为器物真伪鉴别和古代技术研究提供依据。现在，把 X 光探伤技术用于考古现场出土文物的研究中，可以反映文物的病害特征，可以揭示被土锈覆盖的纹饰或铭文或工艺特征，这些信息都是对文物保存状况、历史价值等进行科学评估的基础和依据。

3.2 X 光探伤分析在考古发掘现场应用的典型案例

3.2.1 汉代残铜镜 X 光探伤分析

汉代 1/4 残镜，有钮，钮座呈圆形，其半径约为 56.3mm，边缘厚约

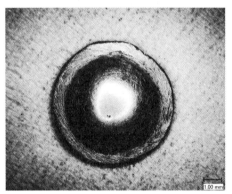

2mm。表面观察，该残镜锈蚀严重，且表面有土垢沉积，局部还可见少许浅绿色粉状锈存在。用软刷轻轻清理镜背，可见凸起的饰纹。但是由于硬质土垢和锈蚀物的覆盖，其纹饰面貌特征和形态无法清楚辨识。

由于铜镜边缘、饰纹的内区、外区及钮部厚度不同，为清楚显示出各部位相关信息，共拍三组不同参数的 X 光片。从铜镜 X 光片，可以清楚看到镜边缘及内区、外区细小的裂隙裂纹，当然内外区纹饰图案也非常清晰（图 3 - 3）。镜中裂隙裂纹反映出其保存状况较差，而镜背部内、外区清

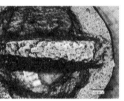

图 3-3 为土覆盖的 1/4 残铜镜及其 X 光片

晰的纹饰图案为确定该残镜的制作年代提供了重要依据。研究表明，这是一件珍贵的东汉晚期至三国时期的铜镜标本。

3.2.2 公元 7 世纪错银铁器 X 光探伤分析

对于古代文物艺术品，除器形外，器物表面上的文字和纹饰是考古学、历史学和古代艺术等研究的基本内容，也是文物艺术品鉴定的依据。但由于多种原因，文物艺术品或严重锈蚀，或被土垢覆盖，或封闭的器物盖暂时无法打开等，使得肉眼无法看见文字和纹饰，但 X 光探伤方法却可以揭示覆盖物或包裹物之下文物表面的相关信息。

公元 7 世纪错银铁器；器体遭到
了严重的腐蚀（似乎基体已完全锈
蚀），且脆弱，但该器物的 X 光片却
显示出了其表面精美的纹饰（图 3 -
4）。如果不作 X 光照相分析，采用
直接清理器物表面的方法，可能就会
损坏精美的装饰花纹，甚至完全毁坏
文物表面，其文物基体也会遭到破
坏。用 X 光分析，提取了本想获取的
历史艺术信息，为深入研究提供科学
依据。这些例证充分说明了用 X 光探
伤方法提取相关信息的重要性。

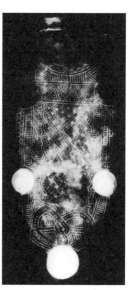

图 3 - 4　公元 7 世纪错银铁器（锈蚀
　　　　　严重）及其 X 光片

3.2.3　商代铜罍 X 光探伤分析

陕西省城固县出土的商代铜罍，
现藏县文化馆。该器出土时为三块，
残块未作任何处理，仅用环氧树脂直接粘接断裂部位，拼接复原，所以器表
保持了出土时的状况——土锈泥垢包裹着整个器体。在完成了青铜罍修复前
文字、照相及表面病变记录后，修复人员设法打开了作过简单粘接的部位。
这样，就能够对三残块逐一进行比较理想的 X 光照相分析。从 X 光片，可以
清楚地看到器物的裂缝、裂纹和腐蚀程度及分布（图 3 - 5）。修复师可以根
据这些直观的信息，判断青铜器保存状况，制定科学可行的修复方案。另外，

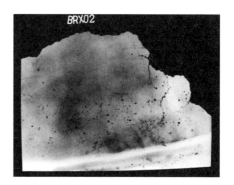

图 3 - 5　修复后的商代铜罍及其残缺之一的 X 光片

从 X 光片上可以看到铜罍下腹部和底部的保存状况比其他部位要好些，还可见其下腹部和底部的垫片形状及其分布情况。

3.3　注意事项

X 光探伤技术最大的特点之一是它的无损性，这一特点决定它很宜于各类材质文物的分析与研究；另一特点是提供信息的直观性，比较实用。但是，首先必须强调，如果要打算对文物相关样品进行热释光测试分析时，X 光探伤检测应在热释光测试分析完成后，或者至少热释光分析样品采集完后再进行，这是其一。

其二，做好试验前文物材质、相关器物几何尺寸、曝光参数和试验后 X 光片分析结果等的文字记录，这是深入研究的基础。

其三，X 光片上的影像是文物表面和内部等信息的叠加，识别所对应的信息，并与表面观察相结合，才能正确判断。

其四，操作人员的经验很重要，包括了解各类材质文物的特点及制造工艺等，这样，拍摄 X 光片时，针对性就比较强；对于一些特殊部位，制作特殊形状的 X 光片，有助于使相关影像信息更清晰，避免重叠或虚影。

其五，文物的研究涉及多种学科，操作人员务必与不同领域的专家密切交流，识别并解读相关信息。

其六，X 光辐射会引起多种疾病，操作人员不仅要注意个人的辐射防护，而且还要务必保证他人免于遭受辐射伤害。

4　便携式 X 荧光分析

4.1　简介

X 荧光分析技术，与传统化学分析手段相比，具有无损、多元素检测、分析成本低等特点。随着电子技术的发展和计算机性能的提高，X 荧光分析仪已经成为一种重要的分析和检测工具，广泛应用于地质、冶金、环境等领域。

现在 X 荧光分析仪器主要分为波长色散 X 荧光分析仪和能量色散 X 荧光分析仪两种。波长色散 X 射线荧光仪的主要特点是它有良好的分辨率，在 $0.04 \sim 150$nm 范围内，其分辨率优于能量色散 X 荧光分析仪；但是，波长色散 X 荧光分析仪通常需要大功率 X 射线管作激发源、多路探测器以及较为复杂的分光机构，造成其设备体积大、价格贵、维护复杂，主要应用在分析精度高的领域，例如痕量杂质分析和表面分析等。能量色散 X 荧光分析仪具有体积小、功耗低、价格便宜、易于维护等特点。一般来讲，能量色散 X 荧光分析仪的分辨能力比波长色散 X 荧光分析仪分辨能力差；但随着新型半导体探测器的推出以及各种新光谱分析方法的提出，使得能量色散 X 荧光分析仪的分析精度已能满足生产实际的要求。主要应用在实际生产、现场检测等场合。

自 20 世纪 60 年代初，美国首先研制成功适于野外使用的便携式 X 荧光仪，并应用于地学领域以来，这项技术已取得了很大的进展，主要体现在激发源、探测器、测量电路和微机化等方面，如普遍采用正比计数器，甚至半导体探测器，能量分辨能力有了明显提高；和较高分辨率的探测器相适应的多道脉冲幅度分析器；采用微处理器作为控制核心，具备初步的数据采集、存储以及初步的处理功能，具有体积小、重量轻等优点。

4.2　工作原理

任何物质都是由原子组成，原子中间是由质子和中子组成原子核。周围是绕原子核沿半径以一定的轨道运转的电子，而电子数目与质子数目相同。电子转动轨道的半径由原子核所决定，每层轨道上所容纳的电子数目是一定的。电子总是先靠近原子核的，即半径小的轨道，而后逐渐占有更外层的轨道。同一种原子，它们的核外电子轨道半径、电子分布情况一样。而不同原子，其轨道半径、电子分布情况就不一样。也就是说，不同的原子它们轨道电子间的能量不同，当用 X 射线、α 粒子或质子轰击原子时，原子内层轨道上的电子脱出原子，处于激发态，此时原子外层上的电子会自动迁跃到内层，去填补这个空位，而外层电子比内层电子的能量高，所以在外层电子向内层电子跳跃过程中必然释放出能量，这种能量以光的形式表现出来。我们将在极短过程完成的光称为荧光，又因所发出的光其相应的波长是在 X 光波段，所以又称 X 射线荧光。X 射线荧光的波长取决于物质中元素的种类，对于每一种元素，其 X 射线都具有相对应的特征能量或特征波长。因而，只要测定 X 射线的能量或波长就可以判断出原子的种类和元素的组成，根据该波长荧光 X 射线的强度就能定量测定所属元素的含量（图 3 - 6）。

便携式 XRF 的工作原理是，激发源产生的高能量射线撞击被分析样品，

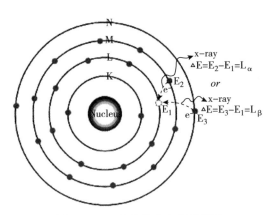

图 3 - 6　X 射线荧光产生原理图

激发样品的组份产生各自特征射线；由探测器对这些射线一并进行光—电转换，依据射线的能量，转换成不同幅度的模拟信号，信号的峰值幅度就代表了特征 X 射线的能量；信号经过调理电路，由数据采集分析系统绘制样品对象的 X 射线谱，并得出样品中的物质成分及其含量。便携式能量色散 X 荧光分析仪硬件系统结构如图 3 - 7 所示：

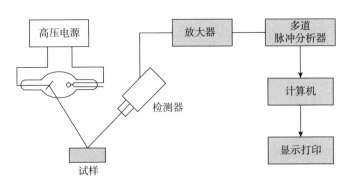

图 3 - 7　便携式能量色散 X 荧光分析仪硬件系统结构图

4.3　便携式 X 荧光分析在考古发掘现场应用的典型案例

　　便携式 XRF 在考古发掘现场常用于出土陶瓷、金属、壁画、骨骼等各种文物本体以及各种劣变产物的成分分析鉴定，为文物的科学研究以及保护提供基础数据。由荧光分析原理可知，X 射线荧光光谱是一种无损分析，对分析的样品没有特殊的处理要求，不取样，不受状态、大小、形状的限制。而且，分析范围广，一次可将文物中所有元素鉴别出来，从常量到微量都可。但是，XRF 仅为定性分析，而且对于超轻元素，目前还不能检测。另外，在考古发掘现场对文物进行 XRF 分析时，需充分考虑文物在埋藏过程中受到的各种侵蚀、劣变以及污染，在化学组成上发生的变化。

4.3.1　铜器无损分析

陕西省考古研究院在宝鸡石鼓山考古发掘现场使用便携式 XRF 对出土的22 件青铜器进行了无损分析，每件器物均在口沿、器身及足部选取 3~4 个测试点进行分析（图 3-8）。结果显示，20 件为铜锡铅三元合金青铜，唯有 k1和 k3 中出土的甗为铜铅合金。值得一提的是，k1 中出土铜壶表面保存得非常好且呈光亮的银灰色，表面含锡量很高，大约在 20%~27%，很有可能在铜壶表面有一个富锡层。这些信息的获得无疑为考古学研究、冶金史研究以及现场保护方案的制定均具重要意义。

图 3-8　石鼓山出土青铜器的 XRF 无损分析

4.3.2　瓷器无损分析

陕西周原遗址区齐镇—云塘西周建筑基址上一清代墓葬填土中所发现了青花瓷和耀州窑宋瓷的残片（图 3-9）。在对瓷器残块的釉质和胎体分别进行 X 荧光无损分析后，换算成氧化物含量，其结果列入表 3-1。利用便携式 X 荧光仪可对古陶瓷器物实行在位分析，在不损伤器物的前提下提取其元素组成。并在此基础上建立微量或痕量特征元素的大型数据库，可进行古瓷探源及真伪鉴别的研究工作。

图 3-9 清代墓葬填土中发现的青花瓷残片（左）和耀州窑宋瓷残块（右）

表 3-1 青花瓷残片分析换算结果

检测部位	氧化物含量（%）								
	SiO$_2$	Al$_2$O$_3$	Fe$_2$O$_3$	TiO$_2$	CaO	K$_2$O	MnO	NaO$_2$	MgO
青花瓷釉层	65.77	9.89	1.80	0.19	15.30	4.40	2.67		
青花瓷胎体	63.97	29.72	1.48	1.06	0.15	2.18	0.01	0.57	0.51
耀窑宋瓷釉层	67.28	13.97	2.15	0.22	9.81	3.36	0.07	0.93	1.19
耀窑宋瓷胎体	71.11	22.67	1.61	1.14	0.39	2.46		0.11	0.46

4.3.3 壁画彩绘在位分析

利用便携式 X 射线荧光仪可在修复现场配合修复工作，对彩绘进行现场分析，为保护修复工作提供参考数据。日本文保人员用便携式 X 射线荧光仪在现场分析彩绘泥塑（图 3-10）。通过 X 射线荧光分析，可对彩绘、壁画的矿物颜料进行元素分析，确定其组成中所含的阳离子类型。由于古代彩绘均

图 3-10 泥塑彩绘分析

以矿物颜料绘制，而这些矿物颜料都是由金属元素的氧化物或其金属盐类组成，确定这些矿物颜料为何种金属的盐或氧化物，就可以确定彩绘表面颜色的颜料种类。这样，在不破坏文物的基础上，就可为古代工艺的研究和保护修复方案的制定提供第一手资料。

5　便携式拉曼光谱

5.1　简介

拉曼散射是以发现者印度人 CV Raman 命名的，1928 年拉曼用汞灯照液体苯时，观察到散射现象，并记录了散射光谱。拉曼散射效应被发现以后，在 20 世纪 30 年代拉曼光谱曾是研究分子结构的主要手段。但是，拉曼光谱最初用的光源是聚焦的日光，后来使用汞弧灯。由于它强度不太高和单色性差，限制了拉曼光谱的发展。60 年代激光技术的兴起，以及光电讯号转换器件的发展才给拉曼光谱带来新的转机。70 年代中期，激光拉曼探针的出现，给微区分析注入活力。80 年代以来，一些公司相继推出了共焦激光拉曼光谱仪，入射光的功率可以很低，灵敏度得到很大的提高。这些性质使拉曼光谱的应用无论在广度和特异性等方面都得到了空前发展。现在表面增强拉曼通过对样品表面处理，增加了拉曼信号，使得拉曼分析技术被应用于更广泛的领域。拉曼光谱以其信息丰富、制样简单、水的干扰小等独特的优点，广泛应用于生物分子、半导体、陶瓷、药物以及文物等分析中。拉曼光谱分析已成为研究分子结构的重要手段。

5.2　工作原理

光散射是自然界中常见现象。当单束光照到介质时，绝大部分光被反射、吸收或透过介质，只有一小部分被介质向四面八方散射。

当一束频率为 ν_0 的入射光照射到气体、液体或透明晶体样品上时，绝大部分可以透过，大约有 0.1% 的入射光与样品分子之间发生非弹性碰撞，即在碰撞时有能量交换。在介质的散射光谱中，频率与入射光频率 ν_0 相同的成分称为瑞利散射；频率对称分布在 ν 两侧的谱线或谱带 $\nu_0 - \nu_1$ 即为拉曼光谱，其中频率较小的成分 $\nu_0 - \nu_1$ 又称为斯托克斯线，频率较大的成分 $\nu_0 + \nu_1$ 又称为反斯托克斯线。靠近瑞利散射线两侧的谱线称为小拉曼光谱；远离瑞利线的两侧出现的谱线称为大拉曼光谱。瑞利散射线的强度只有入

射光强度的 $10^{-3} \sim 10^{-5}$，拉曼光谱强度大约只有入射光强的 $10^{-7} \sim 10^{-9}$。小拉曼光谱与分子的转动能级有关，大拉曼光谱与分子振动 – 转动能级有关（图 3 – 11）。

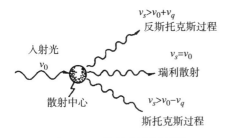

图 3 – 11　拉曼光谱原理图

在正常情况下，由于分子大多数是处于基态，测量到的斯托克斯线强度比反斯托克斯线强得多，所以在一般拉曼光谱分析中，都采用斯托克斯线研究拉曼位移。拉曼位移的大小与入射光的频率无关，只与分子的能级结构有关，其范围为 $25 \sim 4000 cm^{-1}$，因此入射光的能量应大于分子振动跃迁所需能量，小于电子能级跃迁的能量。

　　拉曼谱线的频率虽然随着入射光频率的改变而变化，但拉曼光的频率和瑞利散射光频率之差（拉曼位移）却不随入射光频率变化，而与样品分子的振动转动能极有关，它与入射线频率无关，而与分子结构有关。每一种物质有自己的特征拉曼光谱，拉曼谱线的数目、位移值的大小和谱带的强度等都与物质分子振动和转动能级有关。拉曼光谱产生的原理和机制使它能够提供关于分子内部各种简正振动频率及有关振动能级的情况，从而可以用来鉴定分子中存在的官能团。拉曼谱线强度与入射光强和样品分子的浓度成正比例关系，因此可利用拉曼光谱来进行定量分析。

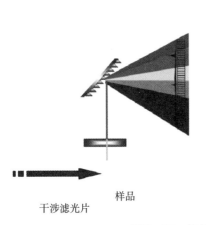

· 光源 – （太阳光 –Hg 灯 – 激光）

· 耦合光路 – 光照射到样品，收集散射光（大光路和显微光路）

· 瑞利滤光片（去除瑞利散射光 – 颜色不发生改变的光）

· 光谱仪和探测器 一般为单光栅光谱仪和 CCD 探测器

图 3 – 12　拉曼仪器工作原理图

　　基于拉曼光谱测量无须样品制备的特点以及电脑和嵌入式系统的迅速发展，便携式拉曼光谱仪主要体现在采集光路，激光器，光谱仪三个模块的小型化上，它与已有的大型拉曼光谱仪的不同主要体现在分辨率上。目前便携式拉曼光谱仪的分辨率大多集中在 $6 \sim 30 \mathrm{cm}^{-1}$ 之间（图 3 - 12）。

5.3　便携式拉曼光谱在考古发掘现场应用的典型案例

　　目前便携拉曼光谱是一个很活跃的学科，它的应用尚处于不断开发之中，其应用范围还在不断扩大。拉曼光谱仪具有便携性、无损害性、可原位分析性、空间分辨率高、光谱分辨率高，适用于测定晶体、熔体、液体和气体各态物质，对大型不规则样品的适用性，能够对样品进行定性分析，这些特点使得它非常适合考古出土文物样品的分析研究。在考古发掘现场，便携式拉曼光谱仪主要用于考古出土的颜料、玻璃、陶瓷、玉器等无机质以及漆器、染料、纸张等有机质文物的分析研究。值得一提的是，拉曼光谱并不适用于大部分纯金属及合金，但却能对金属文物上的腐蚀物做出较好的鉴定。

5.3.1　颜料原位分析

　　在对洞穴、石窟、石刻墓葬上的壁画颜料进行研究时，大部分的分析测试都需要取样，对文物有所损害，而带有拉曼光纤探头或便携式拉曼光谱可以对壁画进行原位测量，通过与图谱对照，研究人员可以在现场快速、准确的了解颜料的成分，为现场保护修复提供参考依据。拉曼光谱不但能够分析无机矿物颜料，也能对有机材料进行原位拉曼光谱分析，目前主要针对彩绘织物、纸张的支撑体以及石质文物的有机质附着物（图 3 - 13）。

图 3 - 13　敦煌壁画现场拉曼分析

5.3.2 字画文物原位分析

手稿类文物因其体积较小，适合于利用显微拉曼光谱进行原位分析，也可以利用光导纤维拉曼光谱。通过拉曼光谱检测字画和手稿，可以获取这些样品中的纸张、印泥、颜料、墨汁等的光谱信息，鉴定其成分组成，有助于作品的保存、修复、辨别真假作品（图3－14）。但是纸张很容易受热碳化或燃烧，因此要格外注意控制激光器的功率。

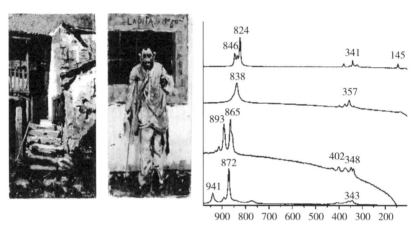

图3－14　葡萄牙画家Pousaos画中铬酸盐成分

5.3.3 有机物分析

拉曼光谱是基于分子的振转能级的变化进行分析的，因此它能够分析大部分的物质。包括有机物质，这在文物的无损分析上十分有用，因为大部分

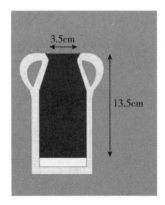

图3－15　用于土罐中蜂蜡检测的两种便携式拉曼仪器

的分析手段都是针对无机类文物的，对于有机类物质分析手段包括色谱、质朴、红外光谱等都需要采样、前处理等。而拉曼光谱可以直接进行分析，并且比红外光谱更容易解谱（图 3 - 15）。因此在考古现场有机物质的分析上，拉曼光谱将成为一个非常有用的方法。

5.3.4　金属器锈蚀产物分析

虽然拉曼技术不适用于大部分纯金属和合金，但却能对金属器上的腐蚀层、锈蚀产物进行分析。对于青铜器、铁器的锈蚀机理研究有很大的帮助，共聚焦拉曼光谱能够分层对铜的不同锈蚀产物进行逐一分析研究，直接得出锈蚀产物的化学组成，既便捷又准确（图 3 - 16）。

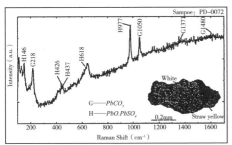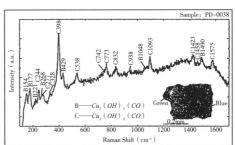

图 3 - 16　登州博物馆馆藏古代青铜器的锈蚀产物区无损分析

5.3.5　陶瓷与玻璃器分析

通过对陶器的釉质、颜料、结构等特点进行分析，可以帮助研究者判断其制作年代、制作工艺、作品类型、古人对火的使用情况等。拉曼光谱

图 3 - 17　使用三维云台的光导纤维拉曼光谱实验装置分析古代瓷器

能够对其进行表面分析，通过共聚焦技术还能够对不同层感兴趣点进行分析，分析快速、无损。在陶瓷、玻璃的研究上拉曼技术越来越受到重视（图3－17）。

5.3.6　玉石器的研究

玉石以及宝石制品有着极其高的价值，而且这些文物大部分都是无备份的，所以与其他需要切片取样的鉴定方法相比，非侵入性原位拉曼光谱法具有很大的优势。拉曼光谱对解决宝石鉴定及研究中真假宝玉石鉴别、宝玉石种属划分、天然宝玉石与其优化处理品鉴别、生物成因类宝石颜色成因鉴定等方面具有不可替代的作用。通过拉曼光谱检测确定古玉的主体矿物、不同类型斑晶及内含包裹体的组成，这对古玉的鉴定和探讨其矿料来源的地质特征具有重要的指示意义。

由于拉曼光谱分析的无损行、原位性以及快速准确等优势，其受到了越来越多的重视。MOLAB（Mobile Laboratory）是欧盟Eu－ARTECH（Access, Research and Technology for the Conservation of the European Cultural Heritage）项目的重要组成部分，是多种便携式分析仪器的一种独特集成和搭载平台，从2004年开始致力于艺术品与考古出土物品的非侵入性原位研究。光导纤维微拉曼光谱（Fiber optics μ－Raman spectroscopy）是其配备的10种先进便携式仪器之一，在欧洲文化遗产的研究中发挥着重要的作用（图3－18、3－19）。

图3－18　对一件现藏于柏林实用艺术博物馆的圣骨匣十字架镶嵌宝石进行原位无损研究

图3－19　原位检测德国波兹坦无忧花园新宫普鲁士国王所收藏矿石

　　国家科技部支撑计划项目"文物出土现场保护移动实验室"分析与环境监测体系单元主要包括文物出土现场部分信息采集、现场文物分析与环境监测等工作。其中的便携式拉曼光谱系统在实验室模拟实验以及文物出土现场分析系统试验中取得了较好的结果。

　　拉曼效应普遍存在于一切分子中，无论是气态、液态和固态。拉曼散射光谱对于样品制备没有特殊要求；对于样品数量要求比较少，可以是毫克甚至微克的数量级。便携拉曼或者原位分析甚至可以做到无须取样，直接分析。对文物本体基本无伤害。尤其适合对那些稀有或珍贵的样品进行分析。但是拉曼光谱的缺点之一是会产生荧光干扰，样品一旦产生荧光，拉曼光谱会被荧光所湮灭检测不到样品的拉曼信号，但是表面增强拉曼的研究和应用将极大的增强拉曼信号，使拉曼技术能够更好地被应用于多种物质的分析检测。

　　在不用取样、现场操作的前提下，非侵入性原位拉曼光谱调查获得的结果可以影响修复措施和保存环境的确定，揭示制作工艺与制作日期，甚至提供有关艺术史方面的信息，在文物研究领域日趋重要。然而这种看似简便的方法在实际应用中仍然存在着若干值得关注的问题，因为原位调查实际上是对分析的一项严峻挑战，涉及对复杂样品进行微区调查、从珍贵易损文物当中获取尽可能多的信息等。而且一般情况下文物分析鉴别现场的环境状况与实验室理想条件之间存在巨大的差异，比如过低的温度会使某些常温下是液态的标准物质凝固，室外的杂散光会严重影响拉曼信号的记录，现场空间的复杂性会影响设备的定位与稳定性问题，当然还涉及对工作时间的限制。但通过采取相应的措施，可以避免这些不利条件，或降低其影响，使得非侵入性原位拉曼光谱法在文物现场分析鉴别领域具有广阔的应用前景。

第4章　考古现场测绘及地理信息系统

1　概述

　　考古调查和发掘中发现的各种遗迹或遗物的时空分布特征，都要测绘到遗址的遗迹分布图或者探方图上，作为研究古代社会经济、文化和社会形态的重要依据。考古发掘中出土的各种遗迹或遗物的时空分布情况是研究古代社会经济、文化与社会形态，保护重要文化遗产的基本信息。同时，发掘中获得的资料都具有空间属性。一个考古遗址的位置和范围可以通过空间数据来表示，考古遗址内的遗迹、现象乃至一件器物或陶片都是在特定探方中特定位置上，可以用准确的数据来表示各自的空间位置。考古学研究的重要内容之一是通过各种遗迹和器物及其空间分布的状况来模拟和重建当时的社会、文化，并探讨历史演变过程。现代测绘与成图技术非常成熟，能够精确测绘各种考古遗迹、现象与遗物的空间位置，而且能够将各种数据输入到地理信息系统（GIS, Geographic Information System）中进行集成。GIS 技术是以地理空间数据库为基础，在计算机软件和硬件的支持下，运用系统工程和信息科学的理论，对整个或部分地球表面（包括大气层）与地理空间分布有关的数据进行采集、操作、分析、模拟和表达，为地理研究和地理决策服务提供多种空间地理信息的技术系统。地理信息系统技术能够从考古遗迹、现象或遗物的空间位置出发，建立多种空间信息与属性信息并存的数据库和图形图像库，从而能够方便地进行分层或综合显示、查询、模拟各类数据信息，直观、简洁地复原当时的社会状况。

　　考古调查和发掘的最终要求是能够利用获取的考古资料复原出遗址的形成过程，但受到发掘时技术水平和认识程度的制约，任何一项发掘都可以说是对遗址的破坏，很多空间信息都会随着发掘的进行而消失。所以考古发掘现场空间信息的提取就显得尤为重要，一般都需要测绘遗址地形图、发掘区总平面图、层面图、探方平面图、遗物图等等，以便精确记录各种遗迹和遗物的位置和形状，弥补文字记录的一些不足之处。然后再运用 GIS 和虚拟现实技术，对各种数据进行集成分析和研究。

2　GPS 测绘

全球定位系统（GPS）是"授时、测距导航系统／全球定位系统（Navigation System Timing and Ranging/Global Positioning System）"的简称。该系统是由美国国防部于 1973 年组织研制，历经 20 年，于 1994 年进入完全运行状态，主要为军事导航与定位服务的系统。GPS 以卫星为基础，以无线电为通信手段，依据天文大地测量学的原理，实行全球连续导航和定位的高新技术系统，具有全球性、全天候、高精度、快速实时的三维导航、定位、测速和授时功能，以及良好的保密性和抗干扰性。

GPS 导航定位系统不但可以用于军事上各种兵种和武器的导航定位，而且在民用上也发挥重大作用。如智能交通系统中的车辆导航、车辆管理和救援，民用飞机和船只导航及姿态测量，大气参数测试，电力和通信系统中的时间控制，地震和地球板块运动监测，地球动力学研究等。特别是在大地测量、城市和矿山控制测量、建筑物变形测量、水下地形测量等方面得到广泛的应用。

从 1986 年开始 GPS 被引入我国测绘界，引起了测绘技术的一场革命，从而使测绘领域步入一个崭新的时代。GPS 测量具有很多优点：1）高精度三维定位，满足各种考古测量的要求；2）设计和布点方便灵活，控制点之间不必通视；3）对地理条件和作业条件要求低，高山、沙漠地区能进行全天候作业；4）工作效率高，自动进行观测、记录和计算，目前已被广泛应用于测绘行业。不足之处是不能在楼群之间和地下（如墓室）中进行测量。

GPS 控制测量包括方案设计、外业测量和内业数据处理三部分。使用 GPS 进行控制测量可以避免地形等的局限，没有误差累积，适合于大型考古遗址内控制点的测量。

3　电子全站仪测绘

电子全站仪是目前考古现场测绘的主要设备，使用频率非常高，重要遗址发掘时应该随时都测绘新出现的遗迹和现象，即便是使用遥感影像成图、数字摄影测量或者三维激光扫描等方法收集空间信息，也往往需要使用电子全站仪进行控制点测量。

3.1 电子全站仪的安置

进行任何一项观测之前，必须把全站仪安置在测站上。电子全站仪的安置包括对中与整平两项工作。

对中是将仪器的中心安置在测站点上，使仪器中心与测站点标志中心在同一铅垂线上。对中的方法是：先打开三脚架，放在测站点上，使脚架头大致水平，架头的中心大致对准测站标志，同时注意脚架的高度要适中，以便观测。此时应该挂上垂球，移动三脚架，使垂球尖大致对准地面标志，然后踩紧三脚架，如果垂球仍然对准地面标志，就可以装上仪器，旋紧中心螺旋，使仪器稳固。

安放三脚架时，如果地面平坦，三脚架的三条腿可以保持相同的长度。如果在斜坡上安置三脚架，应该使一条腿稍短，并且安放在上坡方向，两条较长的腿安置在下坡方向，确保三脚架具有足够的稳定性。

整平是使仪器的竖轴竖直，即水平度盘安置成水平位置。很多全站仪上都同时安装了圆水准器和管水准器，可以首先使用圆水准器作初步整平，再使用管水准器进行精确整平，也可以直接使用管水准器进行整平。如果全站仪上只有圆水准器，表明该仪器具有很强的倾斜自动改正功能，那么只要使气泡居中就可以操作仪器。

使用管水准器整平的方法是：如图 4-1a 所示，先转动经纬仪的照准部，使水准管轴平行于任意两个脚螺旋 1、2 的连线，按相反方向同时旋转脚螺旋 1、2，使水准管气泡居中；将照准部旋转 90°，单独用脚螺旋 3 引导水准管气泡居中，如图 4-1b。这两步操作往往会相互影响，因此整平工作要反复进行，直到水准管气泡在任何方向都居中为止。

在整平工作中，可以遵循左手规则：不论进行初步整平还是精确整平，如果让气泡从右往左移动，则左手往外旋转，如果让气泡从左往右移动，则左手往内旋转。同时旋转两个脚螺旋的时候，右手则始终按照与左手相对的方向旋转。

全站仪安置水平后，应该从光学对中器中观察控制点中心标志，检查对

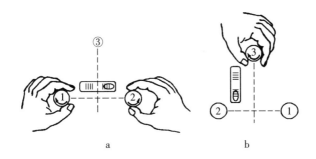

图 4-1　利用脚螺旋整平仪器的方法

中器中心点是否与控制点标志中心重合。如果没有重合，需要松动仪器的中心螺旋，在三脚架顶部平移（不可旋转）全站仪使其精确对中。然后再用管水准器整平仪器，并通过光学对中器再次检查精确对中的情况。

　　光学对中器也是一个望远镜，需要进行目镜和物镜调焦，目镜调焦的目的是看清其中的一个圆圈和中心黑点，物镜调焦则是使地面标志清晰，以便进行比较。

3.2　田野考古中的控制测量

　　进行控制测量之前，应该选择控制点，布设全站仪测量导线。选择控制点时应尽可能地利用测区现有的最大比例尺的地形图，首先在图上标出已有的控制点和测量范围，再根据地形条件和测量的具体要求来计划控制点的位置；然后到实地选点，检查所计划的各控制点位置是否合适。当测区没有现成的地形图或者测区范围不大时，可以到实地边勘察边选择控制点的位置。

　　进行控制测量时，如果采用国家坐标系统，应该至少购买两个已知控制点的三维坐标。然后在一个已知控制点上架设电子全站仪，另外一个已知控制点上架设棱镜，其中架设电子全站仪的控制点称为测站点，架设棱镜的控制点称为后视点。

　　1）架设全站仪，并进行垂球对中、精确整平、光学对中、再精确整平。

　　2）打开全站仪电源，在坐标测量模式下输入测站点的坐标、仪器高与棱镜高。

　　3）设置从测站点至后视点方向的方位角。可以根据两个控制点的坐标值来计算。

　　4）测绘后视点或者其他控制点的坐标，并与所测点的已知坐标值进行检核，如果数值差别较大，表明可能设置有误，需要查出原因，予以解决。

5）在未知点上架设棱镜，坐标模式下测量的三维坐标值就是未知控制点的坐标。

控制点数目较多时，应该按照一定的次序逐点反复多次观测（如设置仪器进行重复五次测量），然后仪器自动取平均值，以便于检核和提高测量精度，记录测量的未知点三维坐标与两点之间的距离数值。一个点的测量工作完成，检查无误后即可将已经测绘的控制点作为已知点，并且在这个点上架设全站仪，用上一个测站点作为后视点，继续测量下一个未知点的坐标。直至回到起始控制点或附合到另一个已知点。

采用任意坐标系时，首先应该在遗址内选择一个地势较高、视野开阔的位置架设全站仪，整平仪器后，使用光学对中器在地面上确定测站点的位置，并精确插入木桩（上面应该钉上小钉子）或铁钎，使全站仪光学对中器的中心与木桩上的小钉子或铁钎中心重合。然后由测站点向磁北方向拉一条细线，使用罗盘反复测量细线的方向，确保磁北方向线具有足够的精度。最后转动全站仪照准细线，使十字丝的竖丝与磁北方向线重合，设置全站仪的水平角为 0°00′00″ 即可。如果条件不允许，也可以照准向南或其他方向，相应的水平角应该设置成 180°00′00″ 或其他数值。

确定第一个测站点坐标时，可以先测量测站点到遗址最南端和最西端的距离，或者是在其他现有的地形图上大致量取这两段距离，并以此数值作为参考，以稍大一些的数值作为测站点的平面坐标，确保整个遗址中所有点的坐标都是正数。一般情况下，为了便于记录和使用，第一个测站点的平面坐标值可以取至整百米，比如（1200，500），其他测站点的坐标值则根据实际测量而得。高程值可以随意确定，也可以根据全球定位系统测量或在现有地形图确定大致的高程值。进一步的控制测量与坐标误差分配方法则如同前文描述的采用国家坐标系统的情况一样。

3.3　探方布设

布设探方的时候可以使用全站仪的坐标放样功能，在测站点坐标与方位角输入后，进入放样测量模式，输入一个探方角点的坐标，然后在地面上大致相应的位置竖立棱镜，测量后仪器显示现在的棱镜位置与待定点位置北坐标与东坐标的差值，据此移动棱镜，直至上述的差值可以忽略（如都在 5mm 以内）为止，然后进入下一个探方角点的测量定位工作。也可以在全站仪的坐标测量模式下直接测量棱镜位置的坐标，由仪器操作员计算棱镜位置与待定点位置北坐标与东坐标的差值，并告知扶棱镜人员在南北和东西方向应该移动的距离，渐次移动棱镜到合适的位置，然后根据布方要求打下木桩（图4-2）。

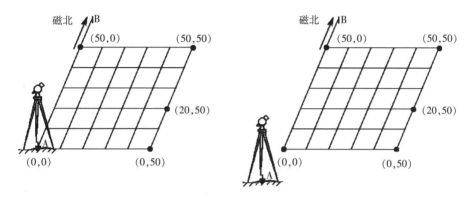

图 4-2　使用全站仪布设探方

布设探方时，应该降低棱镜的高度，最好使用小棱镜进行测量，或者使用无棱镜方式测量。

3.4　地物测绘

地物分为自然地物与人工地物两类，自然地物包括河流、湖泊、森林、草地等，人工地物有房屋、铁路、桥梁、水渠等。地物在地形图上的表现原则是：凡是能依比例尺表示的地物，则将它们水平投影位置的几何形状，相似地描绘在地形图上，如房屋、双线河流等。或是将它们的边界位置表示在图上，边界内再绘上相应的地物符号，如森林、沙漠等。对于不能依比例尺表示的地物，在地形图上以相应的地物符号，表示在地物的中心位置上，如水塔、烟囱、单线河流等。

虽然地物轮廓的几何形状千差万别，但都是由直线和曲线构成的，而且这些直线和曲线又是由一些特征点所构成的，因此地物的测绘主要是测量决定地物形状的特征点。如探方的四角、城墙与建筑基址的转折点、壕沟与河流弯曲的变换点等，最后用直线或平滑曲线连接这些特征点，便得到与实地相似的地物形状。测绘地物必须根据规定的测图比例尺，按规范和图式的要求，经过综合取舍，准确测绘各种地物。

遗址地形图上的现代地物应有所取舍，现代地物除了具有方位意义的之外，一般都可以不予测绘，使图面简洁，突出考古遗迹。在测绘地物的过程中，偶尔会发现图上绘出的个别地物与地面情况不符，例如绘出的探方四个角不成直角，一段呈直线的公路在图上不成直线等等。在野外要认真检查产生这种现象的原因，如果属于观测错误，则必须立即纠正。若不是观测错误，则可能是由于各种误差的积累所引起的，或在两个测站观测了同一个地物的不同部位所引起。当这种现象在图上小于规范规定的地物误差时，则可以采用分配的办法予以消除，使地物的形状与地面相似。

3.5　地貌测绘

地形图上需要表现的地貌形态由山、盆地、山脊、山谷、鞍部五种基本形态组成。各种地貌的形状虽然千变万化，但实际上都可以近似地看成由不同方向和不同倾斜面所组成的曲面，两相邻倾斜面相交的棱线称为地貌特征线或地性线（如山脊线、山谷线等）。在地面坡度变化的地方，比较显著的有山顶点、盆地中心最低点、鞍部最低点、谷口点、山脚点、坡度变换点等，这些都称为地貌特征点。特征点和特征线构成地貌的框架，确定地形特征点和特征线的平面与高程位置后，就能将整个地貌形态表示出来。所以在地貌测绘中，立尺点就应选择在这些特征点上，再由特征点连成特征线，绘出地貌现状。

地性线是控制地貌的骨架，地性点是表示地貌的重要依据，测绘地貌时只要选择好地性点，测绘其平面位置和高程，就可以根据具体的地貌形态勾绘出等高线。具体测绘地貌的步骤如下。

3.5.1　测定地性点

地性点是指山顶、鞍部、山脊、山谷的地形变换点、山脚的地形变换点等等，地形复杂的地方应该多测量一些碎部点。地性点采用极坐标法或交会法测定其在图纸上的位置，用小点表示，并在小点旁注记高程。

3.5.2　连接地性线

测定了地性点之后，必须先连接成地性线。通常以实线连成山脊线，以虚线连成山谷线，地性线应随着碎部点的测定而随时参照地面情况进行连接，以免发生错误。而且地性线连接情况是否与实地相符，直接影响到等高线的真实程度，必须认真对待。

3.5.3　确定等高线应通过的点位

所有等高线的高程都是等高距的整数倍，碎部点的位置往往不是等高线应该通过的点位。在连接地性线的工作完成后，即可在同一坡度的两相邻点之间，内插出等高线的通过点。在实际工作中，由于同一坡度的相邻两碎部点在图上的间隔比较近，因此常用目估内插方法来确定等高线通过的点（图 4 - 3）。实际工作中一般采用"先取头定尾，后中间等分"的目估法内插等高线。

3.5.4　勾绘等高线

在相邻地性线之间内插出等高线通过点之后，可立即根据实地情况，用平滑的曲线将高程相等的点子连接起来，得到可以反映地貌形态的等高线（如图 4 - 4）。

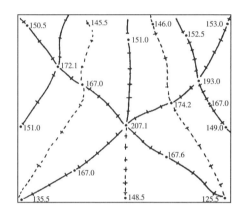

图 4 - 3　测量地性点、连接地性线

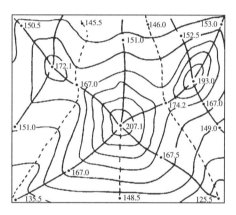

图 4 - 4　内插并绘制等高线

不要等到把全部的等高线通过点都求出来之后再勾绘等高线，而应该是一边测定地性点，一边连接地性线，一边求出等高线通过点，一边勾绘等高线，至少应勾绘出计曲线，往往是测绘完一面山坡之后，再测绘其他地方。勾绘时要对照实地情况来描绘等高线，以便能真实地显示出地貌的形态。

3.6　探方格网与遗迹测绘

通过全站仪统一布设探方之后，一般不需测绘探方格网，绘图时可以根据布方情况首先绘制探方格网。

遗迹测绘与一般地物的测绘方法类似，主要是测量一些决定遗迹、遗物形状的特征点。如建筑基址的四角、城墙或围墙的转折点、壕沟与水渠弯曲的变换点等，最后参照遗迹或遗物的实际形状，用直线或平滑曲线连接这些特征点，便得到与实地情况相似的遗迹、遗物分布图。测绘遗迹或遗物也必须根据规定的测图比例尺，经过综合取舍，准确测绘各种遗迹和遗物的位置、形状等空间特征。

3.7　地形图的检查

测绘人员应经常检查自己的操作程序和作业方法，每一测站，以一个方向定向，还至少以另一个方向检查；每测站测完后，应对照实地地形，查看地物有无遗漏，地貌是否相像，符号应用是否恰当，线条是否清晰，注记是否齐全正确等。当确认图面完全正确无误后，再迁到下一站进行测绘。

测图结束后，应该对地形图进行全面检查，检查的方法分室内检查、野外巡视检查及野外仪器检查。

室内检查首先是对所有的地形控制资料作全面的检查，包括观测和计算手簿的记载是否齐全、清楚、正确，各项限差是否符合规定。其次是原图的检查，主要查看控制点的数量是否满足测图的需要，图面地形点的数量及分布能否保证勾绘等高线的需要，等高线与地形点高程是否适应，符号应用是否合乎要求等等。

巡视检查应根据室内检查的重点按预定的路线进行。检查时将原图与实地对照，查看原图上的综合取舍情况，地貌的真实性，符号的运用与名称注记是否正确等。

仪器检查是在内业检查和外业巡视检查的基础上进行的。除将检查发现的重点错误和遗漏进行补测和更正外，对发现的疑点也要进行仪器检查。仪器检查一般有散点法和断面法两种方法。

3.8　地形图制作

根据测量的数据，可以在 Auto CAD 软件或电子图板软件中制图。在 Auto CAD 软件中制图时，直线或折线使用"多段线"工具、曲线最好使用"样条曲线"工具绘制，高程点应该使用半径为 0.01m 的圆来表示，高程点的三维坐标作为圆心，最后转换成 Auto CAD R12 版之前版本的 DXF 格式文件，以便其他软件可以调用。

如果准备通过地理信息系统软件自动生成等高线，则应该保证高程点具有足够的密度，高程变化的地方需要增加密度。高程点坐标在 Auto CAD 软件中以半径为 0.01m 的圆来表示，调入到地理信息系统软件之后，可以通过高程点生成不规则三角网，然后再生成等高线。这种方式生成的等高线可能效果不好，往往需要再进行调整。

　　如果在野外使用铅笔绘图，需要在室内进行手工清绘或计算机数字化处理，手工清绘地图过程中一般需要注意如下事项：

　　1）估算图形排版时的缩放比例，然后确定图形中线划粗细、注记大小、图框与图例位置等；

　　2）首先绘制图廓线、图例框线、控制点、地形点符号及高程注记（高程注记点应尽量减少，以配合等高线反映地貌特征）；

　　3）考古遗迹、探方等的线条应该较粗，使考古遗迹和现象一目了然；

　　4）独立地物、居民地、线路、水系等的线条一般较细；

　　5）根据地形图图式标注各种地貌符号（如陡坎、土崩崖等）及等高线。

　　6）图上各种名称、注记的字头一般朝北（向上），位置及排列要适当，既要能表示所代表的内容和范围，又不应遮盖和尽量少遮盖地形符号的线条；考古遗迹的注记应该醒目、清晰，字体和字号都应稍显粗大，与其他注记有所区别；等高线注记的位置、分布要均匀、适当，注记时字头指向上坡方向，而且只是计曲线上注记高程，首曲线不能注记高程（图 4 - 5）。

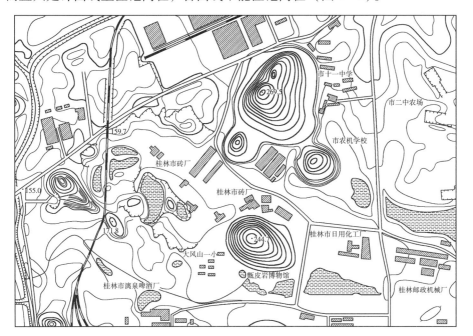

图 4 - 5　制作完成的地形图

通过计算机数字化方式处理铅笔图稿时，需要首先扫描图稿，并插入到 Auto CAD 软件中，然后通过"多段线""样条曲线"等工具进行描绘，即可得到矢量地图。

4 遥感考古

遥感技术可以判定很多地下遗迹或现象的位置、形状、深度等特征，进行遗址探查、测量、三维模拟等工作，快速地为考古勘探和研究提供重要线索。遥感数据处理中的影像纠正等技术，还能够用于考古现场遗迹与文物影像的纠正，得到相应的正射影像图，据此可以快速绘制所需的线划图。所以在田野考古工作中，及时收集多种遥感影像，并进行适当的处理，以便提取和保存各个时期的影像信息。

4.1 遥感影像的处理

影像数据主要来源于卫星遥感和航空遥感，包括多平台、多层面、多种传感器、多时相、多光谱、多角度和多种空间分辨率的遥感影像数据，构成多源海量数据，也是 GIS 最有效的数据源之一。

原始的遥感影像上，载有丰富的地面信息，但也存在着成像过程中产生的许多干扰噪声和一系列的畸变，所以需要对遥感影像进行处理。遥感影像处理包括遥感影像的几何处理、灰度处理和特征提取等。几何处理依照不同传感器的成像原理有所不同，对于无立体重叠的影像主要是几何纠正和形成地学编码。影像的灰度处理包括影像复原和影像增强、影像重采样、灰度均衡、影像滤波。影像增强包括反差增强、边缘增强、滤波增强和彩色增强。不同传感器、不同分辨率、不同时期的数据，可以通过数据融合的方法获得更高质量的影像。特征提取是从原始影像上通过各种数学工具和算子提取用户有用的特征，如结构特征、边缘特征、纹理特征、阴影特征等。遥感影像处理过程中不会增加新的信息，但是可以提高遥感影像的质量，使很多信息易于识别和判读，以便进行深入的分析和研究。

照相机拍摄的影像为中心投影影像，扫描仪接收的影像为多中心投影影像，当地面有起伏时会产生投影差。此外，一般情况下照相机和扫描仪对成像面很难进行垂直成像，因此影像还会产生一些变形，加之影像传感器产生的畸变，一幅影像中包含有多种变形，使其在应用中产生诸多的不便。为了使影像与地形图相互叠加，或不同影像之间能够相互融合，需要对一些遥感影像进行纠正、增强和融合等处理，以便综合各种遥感影像的优势，提高遥感影像的解译效果。

4.2　遥感影像的解译

遥感影像的解译就是对影像上特殊图斑的识别、判读和解释。遥感技术应用的重要环节是运用人工或计算机自动、半自动方法，判别遥感影像中与专题研究相关的人工地物和自然地物。现在遥感影像种类丰富，特别是卫星影像具有丰富的波谱特征，能够比较全面、准确、客观地反映出考古遗址范围内的很多有用信息。在地表土壤干燥而裸露的季节，地下的夯土基址、古河道等考古遗迹，能够在一些卫星影像上形成较为明显的遗迹标志，特别是中红外波段的卫星影像对地下遗迹有很好的反映效果，能够反映出地下遗迹的布局特征，适合于考古勘探方面的应用。

遥感影像解译以对影像要素或特征的分析和理解为基础，基本上可分为人工目视解译和计算机自动解译两种方法。

1）目视解译就是借助立体镜、放大镜和光电仪器，通过肉眼来观察和分析遥感影像的基本方法，也称为目视判读。目视解译人员在掌握各种遥感影像特性的基础上，依据影像的解译标志，并根据专业工作的实践经验，对影像进行合理解译。影像的解译标志又分为直接解译标志和间接解译标志。

直接解译标志是地物本身属性在影像上的直接表现，如影像的形状、大小、色调、色彩、阴影、图案、布局、纹理和位置等。它反映物体所固有的一些特征，根据这些特征可以直接从影像上辨认出相应的地面物体。

间接解译标志是通过一些与解译对象有密切联系的现象或地物在影像上反映出来的特征，进行分析、研究、推理、判断，从而识别解译对象的属性。如某一岩性或构造可以通过地貌形态、水系格局、植被分布和土地利用、人类活动等影像特征间接地表现出来。

2）计算机自动解译是运用计算机软件，在一定算法和法则的支持下，依据影像解译标志，对遥感影像进行自动解译，达到对地物属性进行识别和分类的目的。遥感影像的自动识别是利用计算机技术，依据影像信息特征，对影像的内容进行分析和判别，掌握影像中各种线条、轮廓、色调、图案、纹理等所对应的地物属性与状态。影像识别的本质是分类，将影像合理分类之后，便可以参照地面类型对影像进行识别。常用的分类方法有监督法分类和非监督法分类，很多遥感影像处理软件都具备这些功能。

计算机自动解译技术的主要优点是速度快，能方便而准确地测算出各种地物类型的分布面积，适合于快速环境变化和动态监测方面的研究。但是，现在计算机解译的类别往往不如目视解译详细，目视解译在利用和综合影像特征方面的能力远远高于计算机，计算机自动解译的成果仍需要专业人员进行目视鉴定，然后再加以调整和修改。

3）遥感考古研究中，地下考古遗迹或现象受地表情况的影响，影像解译的不确定性会更大。对于遥感影像上一定的色调和图案，对应的地面特征却由于存在同物异谱、异物同谱现象，解译结果往往不是唯一的。判读时需要分析影像上哪些异常图斑是由地面物体产生的，哪些是由地下考古遗迹产生的。但在实际研究中，不难发现地表的物体在卫星影像的各个波段上都会有一定的反射，而地下遗迹或其他现象则不然，它们往往在红外波段的影像上反射较强，而其他波段上的反射非常微弱甚至没有反射。

目视解译的方法是遥感考古影像识别的最基本方法，目视解译过程中，首先要分析影像图斑的空间分布规律。古城遗址内建筑基址、道路等遗迹产生的图斑与古城的结构和布局有密切的关系，例如古城内的主要街道应该与城门相连通，护城壕一般与城墙并行等。其次，分析遥感影像的时间变化规律，由于考古遗址内的植被类型和土壤的含水量等随季节而变化，同一考古遗迹在不同季节的遥感影像上会产生不同的图斑，据此还可以作为选择遥感数据接收时间的标准。最后，分析遥感影像的相关信息，地下考古遗迹会对其周围土壤和植被产生一定的影响，如地下有城墙、道路一类遗迹时，相应地域的土质比较干燥，植被长势一般较差，影像色调较浅；而地下有护城壕、池沼一类遗迹时，相应地域的土质则较为潮湿，植被长势往往较好，影像色调较深。

总之，解译遥感考古影像时，需要掌握影像成像的季节、类型、处理方法、地面植被情况、考古遗迹的埋藏与分布特征等信息，然后才能对影像进行合理的分析与解译。同时需要在实地进行地面调查与钻探，对解译结果进行验证，去伪存真，保证研究结果的正确性。

4.3　考古遗迹或现象的影像特征

在遥感考古工作中，通过遥感设备接收的资料记录了大量的土壤学、地质学、地貌学、生态学和地理学等的信息，它们通过不同的方式，反映出考古遗迹或现象的特征，为此，必须掌握考古遗迹或现象的影像特征，才能对遥感影像进行正确的解译。

遗迹或现象以各自的方式存在于自然环境中，形成独特的遗迹土壤标志、遗迹阴影标志与遗迹植被标志（图4－6），构成考古遗迹最基本的影像特征。

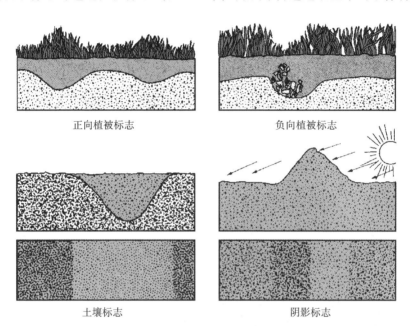

正向植被标志　　　　　　　　　负向植被标志

土壤标志　　　　　　　　　　阴影标志

图4－6　遥感考古主要影像标志

4.3.1　遗迹土壤标志

在传统的考古钻探和发掘工作中，往往要根据遗迹土壤与周围土壤的差别来进行判断，这种土壤差别是由遗址的路土、夯土、填土、淤土与自然环境中土壤的色泽、结构、湿度、致密度等不一样而产生的。然而，这种土壤差别在一些遥感影像上也能清晰地显示出来，被遥感考古工作者利用，作为遗迹的土壤标志，对考古遗迹或现象的位置与分布作出判断。

通常情况下，埋藏较浅的遗迹或现象在耕地中是很容易发现的，尤其是耕土层翻犁过之后，其中所隐含的各种土壤差异更加明显，所以，这个时期拍摄的航空影像，能够清晰地反映出遗迹或现象的某些特征。在土壤色泽差异较小的地方，因为其致密度和含水量的不同，遗迹或现象仍然可以在热红外影像、雷达影像等遥感资料中显示出来，为考古遗迹的探查工作提供重要的线索。在久旱少雨、土壤较为干燥的季节里收集的遥感影像上，遗迹土壤标志的显示效果较为清晰，特别是在暴雨后再连续天晴三四天后，显示的效果最佳，能反映出地下较深地层中的遗迹情况，有可能探测出通过地面标志无法辨认的墓葬、道路、城墙和古河道等遗迹。

图4-7　北庭古城彩红外航空影像图

新疆北庭古城的航空影像上，有很多纵横交错的浅色细线状影像特征，经过实地踏查，发现相应地域的土壤较紧密，有的地方还具有类似内城城墙夯层的结构，初步可以确定为夯土墙基。护城壕及城内沟渠的影像在黑白航片上的色调较深，在彩红外航片呈现浅红色，很容易分辨出来。城内沟渠、护城壕的两边都有前文描述的夯土墙基。古城内的一些浅色调双线并行的影像特征，实地踏查时发现相应位置的两边为断断续续的夯土墙基，中间为宽约3m的道路残迹。这种夯土墙把古城分割成很多互为独立的小区域（图4-7）。

内城的东北部位有一特殊的结构，其东、南、北三面及西部北段有很规则的壕沟，似为人工挖掘而成，西面南段有相连通的池塘，构成了四面环水的独立布局，其外围由夯土墙基组成一个长方形的闭合城圈，夯土墙基的保存情况也较城内其他地方的好，在航空影像上显得非常明显，结合实地调查验证可以确定这里是宫城的位置，这重要布局特征在以往的历次地面考古调查中从未被发现。

4.3.2　遗迹阴影标志

残存于地面之上的遗迹总会呈现出一定的微地貌特征，它们在倾斜太阳光线的照射之下，其阴影的明暗、形状、大小和组合方式，清晰地反映出遗迹的特征。因此在空中对这种遗址进行摄影，并对影像进行分析，就能判断出遗迹的残存状况、分布、范围等等。遗迹的阴影标志受航空摄影时太阳高度角的直接影响，并且与地表的微地貌特征有关。对于地形起伏小，遗迹相对高度不超过 2m 而且相距较远的遗址，应该在较低太阳高度角情况下进行航空摄影，也就是说早晨或傍晚的航空摄影，能够获得较好的阴影标志；对于地形起伏较大的遗址，如果遗迹高低参差不齐，而且相互间的距离很近，则需要选择合适的摄影时间，最好是在正午前后进行航空拍摄，以避免较高地物的阴影遮挡了较低的遗迹或现象。如果条件许可，最好能够拍摄一天中不同时间的航空影像，以便于将不同方向的阴影进行比较，对遗迹情况做出正确的判断。

新疆高昌古城的外城城墙保存较好，航片上浅色城墙、城门、马面等与其阴影并存，极易判别；内城的东墙全部被毁，北墙仅残存部分遗迹，西墙与南墙也是易于辨认的。内城的中间偏北位置，可见第三重城圈。外城的北部中间有规模较大的建筑基址群，西段可以看出一些"胡同"似的遗迹，西南部有寺庙遗迹。高昌古城的航片为上午拍摄的，阴影位于遗迹的西侧，所以外城西墙的马面等非常清楚，而外城东墙的马面则较为模糊，这些情况在实地调查中均得到了证实（图 4-8）。

图 4-8　高昌古城航空影像图

4.3.3　遗迹植被标志

地下埋藏的考古遗迹或现象往往会产生土壤的板结与疏松、肥沃与贫瘠、含水量多少等差异，从而会导致树木与灌木丛生长与分布情况发生异常，或者会使农作物与野草的高度、密度和色彩出现差异，这些差异在遥感影像上都有各自的表现特征，从而成为判断地下遗迹或现象的植被标志。

地下不同的遗迹或现象，对植被的生长情况有不同程度的影响。在填平的壕沟、渠道一类的遗迹上，因为填土质地疏松，含水量比周围土壤丰富，也相对比较肥沃，所以会刺激植被的生长，从而显示出"正向"的植被标志。然而，如果地表以下有夯土、瓦砾或古代道路一类遗迹时，土壤则比较贫瘠、板结，透水性能差，抑制了植被的生长，于是就会出现"负向"的植被标志。例如，在汉魏古城的黑白航空影像上，谷水与洛河故道等遗迹色调较深，因为小麦长势好，比较密集，所以很容易从航片上区别出来。而汉长安城的航空影像上，因为建筑基址上的小麦长势较差而显示出较浅的色调，从而可判断出建筑基址的位置和形状（图4-9中A、B、C、D等处）。

图4-9　汉长安城内局部航空影像图

一般情况下，草本植物显示出来的植被标志比较明显，而且在每一个植物的生长季节都会重复出现，其中谷类农作物产生这类标志的效果最佳，并且在农作物趋于成熟的季节里，产生植被标志的农作物与背景环境中的农作物因生长情况的差异，成熟时就会出现或早或晚的现象，因而更容易从航片上判别出来。其中的垂直摄影航片上，比较容易区别出植被生长密度差异的特征；而植被的生长高度与色彩差异等的植被标志，在低太阳高度角（早晨或傍晚）时倾斜摄影的航片上显示效果较好。

4.4　航空遥感技术的应用

航空遥感过程中收集的影像往往分辨率很高，航空摄影影像为瞬间成像的中心投影影像，影像的几何关系稳定，几何变形比较小，便于识别比较细微的考古现象和地形测绘等方面的工作。

现在航空影像基本上多为全色黑白航摄像片，其影像色度反差较好，分辨力很高，颗粒细小，影像的几何关系稳定。航摄像片上的影像所反映的灰度变化，与人眼所看到的物体的表面颜色（亮度）相当，易于进行影像的判读和分析。黑白航片上，农作物、水体、树木等的色调较深，农田的图斑为网格状，树木呈现绒球状的图斑，建筑物、道路等地物的色调较浅，而且各种地物的边缘清晰，易于辨认。但是人眼分辨黑白灰度的级别很少，黑白航片也很不适合于影像的分析与研究，往往需要将彩色卫星影像的色彩与航空影像融合，提高影像的解译效果。

遥感影像记录的是成像瞬间的信息，所以早期的遥感影像上往往可以判读出现在已经毁坏的重要考古遗迹。我国首次大规模拍摄的航片在 1960 年前后，这些资料对考古研究来说是很有价值的，因为很多考古遗迹是在 20 世纪 70 年代以后被毁坏的，更早的航空影像就更有考古价值了。位于广西浦北县泉水乡旧州村旧州古城，城圈为土筑而成，分子城和外城，南流江从城东南过。1960 年的航空影像上梯形的子城与不规则的外城非常清晰，子城在外城的东侧，城外应该有护城壕，子城的西部伸入外城内（图 4 - 10a）。由于人为的破坏，现今仅存子城，而且其西南角已经毁坏。外城除北面尚存部分残墙外，其余已被辟耕地，基本上无法辨认（图 4 - 10b）。实地调查发现子城东西长约 165m，南北宽约 110m，墙残高 3 ~ 5m。城角外突，有明显的角楼建筑特征。

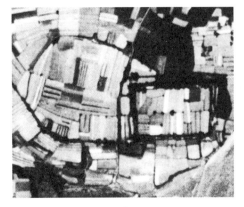

a   b

图 4 - 10   广西浦北县旧州城址航空影像
a. 1960 年的航空影像   b. 2002 年的航空影像

随着遥控航空模型的飞行与摄影等技术的不断完善，对考古遗址、发掘区等进行 200m 以内超低空拍摄的方法逐渐成熟，成为全面获取考古现场空间信息的重要手段。超低空拍摄的数字影像具有高达 2～10cm 的地面分辨率，能够运用多视角影像三维重建的技术，生成逼真的考古现场三维模型，进一步可以得到正射影像图、立面影像图、数字高程模型、等值线等等，为考古现场测绘、遗迹布局研究等提供有力支持。

4.5 卫星遥感技术的应用

现在商用卫星影像的全色波段的空间分辨率已经达到了 50cm，成像成本很低，对地表细节的反映非常好，适合于地面信息的提取、成图等工作。一些卫星影像中较长波段（如中红外波段）的影像对地表水分异常比较敏感，非常适合于考古勘探方面的应用和研究。

安阳殷墟的遥感研究中，使用了黑白航片、彩红外航片和两个时相的 TM 影像，其中 1993 年 10 月 19 日的 TM 影像上有大量的异常图斑，这种影像异常，是一些包含在地面信息之间的较弱的影像图斑，它们分布在地块影像之间或内部，色调较浅，边缘较清晰，通过影像处理后能够明显地反映出来，尤其在其与航空影像叠加处理后，能够较为准确地确定各异常的位置。TM 影像上小屯村西北地与北地、四盘磨村西南至安阳工作站西墙外等地均出现浅色调的图斑，尤其是在近红外和中红外波段的影像上，这种图斑更加明显，经过彩色增强处理后，异常现象更加明显。这种图斑在可见光与中红外等波段上均为浅色调，相应地域应该是较为干燥、致密的土壤，而且腐殖质含量较少，或者说，相应地域可能有很多夯土建筑基址、墓葬等遗迹（图 4-11）。

图 4-11　安阳殷墟的遥感影像图
（图中黑、白小点表示钻探的探孔，白色小点表示发现有夯土）

现在商用的高空间分辨率的卫星影像波段较少，只有可见光和近红外波段的影像，其合成的彩色影像与彩色航空影像的效果差不多。具有中红外乃至热红外波段的卫星影像（如 TM 影像等），往往空间分辨率较低，所以在考古研究中不便单独使用。这种中低分辨率的卫星影像与航空影像都具有各自的优点和缺点，如果将卫星影像的色彩信息与航空影像的高分辨率结合，生成新的彩色影像，使其相互间能够取长补短，充分利用各种遥感资料的有用信息，提高遥感影像的分析、解译效果，而且成本低廉。研究中经常需要将各遗址的航空影像都进行了这样的综合处理，生成的彩色航空影像的色调与物体的天然色彩相符，接近于人眼所观察到的物体的本来景色。而且它所表现的层次多，立体感强，给人以直观、真实的感觉，视觉信息丰富。

4.6 小结

考古遥感技术在古城遗址的研究中作用尤为明显，特别是在地表残存一定的遗迹的情况下效果很好。遥感考古技术能够从不同的空间角度，利用多种地面信息，运用计算机图像处理技术，对古城遗址作全方位的分析和研究，速度快，周期短，方法灵活多样，能节省大量的人力、物力和时间，为城址考古提供科学而合理的依据。

与欧美考古遥感应用程度和效果相比，在国内的应用仍然受到很大的局限。这主要是因为欧美的很多考古遗址中残存的古代建筑基址、墓葬等都是砖石结构，与周围环境中的土壤有很大的差别，可以在遥感影像上产生很大的差异；而中国的考古遗址大多都是由夯土构成，与周围的土壤没有什么明显的差别，只是稍微紧密一点，只是在特定情况下接收的遥感影像上才能产生一些细微差异。本节介绍的一些特例其实还不能代表考古遗址的普遍情况，很多遗址的遥感影像分析与地球物理探测都是无功而返的，即便是对那些通过传统方法已经探测出来的城墙与墓葬也无能为力，对于探测未知考古遗迹的难度就更大。

随着遥感和计算机等相关科学的不断进步，遥感影像的地面分辨率会有很大程度的提高，波谱特征更加丰富，遥感设备与图像处理的方式也更加多样化，考古遥感技术也会有长足的进展，也许将来会有一天，考古遥感技术能够成为考古勘探中不可缺少的关键技术。

5 考古地理信息系统

地理信息系统简称 GIS（Geographical Information System），属于空间信息系统。它是 20 世纪 60 年代开始迅速发展起来的地理学研究技术系统。它作为计算机技术、地理、遥感、测绘、统计、规划、管理学和制图学等学科交叉运用的产物，代表了现代计算机应用技术和其他学科相互渗透的发展方向。GIS 技术是以地理空间数据库为基础，在计算机软件和硬件的支持下，采用地理模型分析方法，运用系统工程和信息科学的理论，对整个或部分地球表面（包括大气层）与地理空间分布有关的数据进行采集、管理、操作、分析、模拟和表达，为地理研究和地理决策服务提供多种空间地理信息的技术系统。GIS 具有以下三个方面的特征：

1）具有采集、管理、分析和输出多种空间信息的能力，具有空间性和动态性；

2）以地理研究和地理决策为目的，以地理模型方法为手段，具有区域空间分析、多要素综合分析和动态预测能力，产生高层次的地理信息；

3）由计算机系统支持进行空间地理数据管理，并由计算机程序模拟常规的或专门的地理分析方法，作用于空间数据，产生有用信息，完成人类难以完成的任务。

GIS 是由计算机硬件、软件、地理数据和人设计的有效地获取、存贮、更新、操作、分析和显示所有地理信息的集成应用系统。数据是地理信息系统的基础，是地理信息系统的基本组成，数据包括图形数据、图像数据和属性数据三类。从外部来看，地理信息系统表现为计算机软硬件系统，而其内涵是由计算机程序和地理数据组织而成的地理空间信息模型，是一个逻辑缩小的、高度信息化的地理系统。

地理信息系统是整个地球或部分区域的资源、环境数据在计算机中的缩影；严格地讲，地理信息系统是反映人们赖以生存的现实世界（资源与环境）的现状与演变的各类空间数据及描述这些空间数据特征的属性数据，在计算机软件和硬件的支持下，按照一定的格式输入、存贮、检索、显示和综合分析应用的技术系统。

5.1　GIS 的类型

GIS 可以根据其数据内容的不同分为三大类型：

1）专题地理信息系统（Thematic GIS），是具有有限目标和专业特点的地理信息系统，为特定的专业目的服务。例如，森林动态监测信息系统、水资源管理信息系统、草场信息管理信息系统、水土流失信息系统等。

2）区域地理信息系统（Regional GIS），主要以区域综合研究和全面的信息服务为目标，可以有不同的规模。如国家级、省级或地区、市级和县级等为不同级别行政区服务的区域信息系统，也可以按自然分区或流域为单位划分区域系统。

许多实际的地理信息系统，是介于上述二者之间的区域性专题信息系统。如洛阳盆地考古信息系统。

3）GIS 工具（GIS Tools），是一组具有图形数字化、存储管理、查询检索、分析运算和多种输出等 GIS 基本功能的套装软件。它们或者是专业设计研制的，或者是在完成了实用 GIS 后剔除具体区域或主题式的地理空间数据后得到的，具有对计算机硬件适应性强、数据管理和操作效率高、功能强的特点，是具有普遍性的实用性信息，可以用作 GIS 教学。

在通用的地理信息系统工具支持下创建区域或专题地理信息系统，不仅可以节省软件开发的人力、物力、财力，缩短系统创建周期，提高系统技术水准，而且使 GIS 技术易于推广，并可以使地理学研究者将更多的精力投入高层次的应用模型开发上。

5.2 GIS 软件的主要功能

GIS 软件的主要功能是实现空间数据输入/输出、图形及属性数据编辑、空间数据库管理、空间数据处理和分析以及专业应用模型等方面。

5.2.1 空间数据输入管理

空间数据输入管理是将现有地图、野外测量数据、调查记录、遥感影像等数据转换成软件所要求的数字格式，再进行存储。田野考古调查、发掘的各种资料都可以输入到 GIS 之中，建立考古 GIS 数据库。

5.2.2 图形及属性数据编辑

GIS 都具有很强的图形编辑功能，用于编辑修改原始输入有误的数据，进行系统数据的更新，修饰图形，设计实体的线型、颜色、符号、注记等，还要创建拓扑关系、进行图幅接边、输入和修改属性数据等等。

5.2.3 空间数据库管理

GIS 数据库是空间数据库，空间数据库不仅涉及的数据类型多、内容多，且数据量大。这些特点决定了它既要遵循常规关系型数据库管理系统管理数据，又要采用一些特殊的技术和方法，以管理常规数据库无法解决的空间数据问题。

5.2.4 空间数据查询和分析

GIS 软件可以进行空间数据查询和分析，满足空间查询的要求，进行地形分析、网络分析、叠置分析、缓冲区分析、决策分析等工作。随着 GIS 技术的持续发展，空间分析的功能将不断增加。

5.2.5 空间数据输出管理

GIS 中输出数据种类很多，输出方式可以是图形、报表、文字、图像等。输出介质可以是纸、光盘、磁盘、显示终端等。随着输出数据类型的不同和输出介质的不同，需配备不同硬件和软件，最终向用户报告分析结果。

5.2.6　应用模型和应用系统开发

由于 GIS 应用范围越来越广，GIS 软件平台提供的基本处理和分析功能很难满足所有用户的要求。用户可根据各类应用模型，基于组件技术开发各种 GIS 应用系统。

5.3　空间数据的特点

GIS 中常把地理空间数据称为空间数据。这里的空间数据（Spatial Data）是指用来描述空间实体的位置、形状、大小及其分布特征诸多方面信息的数据，以表示地球表层一定范围的地理事物及其关系。

空间实体是空间数据中不可再分的最小单元，是对存在于这个自然世界中地理实体的抽象，主要包括点、线、面、体等基本类型。如把一个墓葬抽象成为一个点，它具有所处的位置信息、随葬品、葬俗等相关信息；把一段古城墙抽象为一条线，它具有所处的位置信息、起点、终点、长度、宽度等相关信息；把一座古城遗址抽象为一个面，它具有所处的位置、面积、使用年代、建筑布局等相关信息。

GIS 中的空间数据是代表着现实世界地理实体或现象在信息世界中的映射，它反映的特征应该包括自然界地理实体向人类传递的基本信息。空间数据描述的是所有呈现二维、三维甚至多维分布的关于区域的现象，它不仅包括表示实体本身的空间位置及形态信息，而且还包括表示实体属性和空间关系的信息。

空间数据的特征可以概括为空间特征和属性特征，其中空间特征数据包括地理实体或现象的定位数据和空间关系数据，属性特征数据包括地理实体或现象的专题属性（名称、分类、数量等）数据和时间数据，而空间特征数据和属性特征数据统称为空间数据，在 GIS 中指的实质上是地理空间数据。

5.4　空间数据的类型

5.4.1　地图数据

来源于各种类型的普通地图和专题地图，这些地图的内容丰富，图上实体间的空间关系直观，实体的类别或属性清晰，具有很高的精度。

5.4.2　影像数据

主要来源于卫星遥感和航空遥感，包括多平台、多层面、多种传感器、多时相、多光谱、多角度和多种分辨率的遥感影像数据，构成多源海量数据，也是 GIS 最有效的数据源之一。

5.4.3 地形数据

来源于地形等高线图的数字化，已建立的数字高程模型和其他实测的地形数据等。

5.4.4 属性数据

来源于各类调查报告、实测数据、文献资料、解译信息等。

5.4.5 元数据

关于数据的数据，例如数据来源、数据权属、数据产生的时间、数据精度、数据分辨率、源数据比例尺、数据转换方法等。

5.5 空间数据的结构

空间数据主要通过矢量方式和栅格方式进行表达，分别形成了栅格数据结构和矢量数据结构（图 4 - 12）。矢量表达法集中了地理实体的形状特征以及不同实体之间的空间关系分布，栅格表达法则描述了地理实体的级别分布特征及其位置。

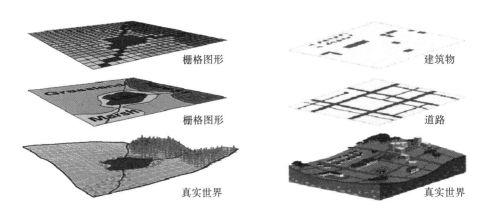

图 4 - 12　栅格数据结构和矢量数据结构

5.5.1 矢量数据模型

矢量数据模型是用离散的点、线（或称"弧"）、面（或称"多边形"）来表示和描述连续地理空间中的实体。由于面（多边形）是线（弧）所围成的区域，线（弧）又是点的有向序列，其空间位置由所在的坐标参考系中的坐标定义，所以，坐标点是矢量数据模型最基本的数据元素。

从理论上说，矢量数据描述的是连续空间，因而它能精确地表达地理实体的形状与位置，又可以通过点、线、面三种基本图元之间的联系，构筑地理实体及其图形表示的邻接、连通、包含等拓扑关系，从而有利于地理信息的查询、网络路径优化、空间相互关系分析等地理应用。

GIS 的矢量数据模型可以用相对较少的数据量，记录大量的地理信息，而且精度高，制图效果好。

5.5.2　栅格数据模型

栅格数据是用离散的量化的格网值来表示和描述空间实体，是用数字表示的像元阵列。栅格数据结构将空间规则地划分为栅格（通常为正方形），栅格的行和列规定了实体所在的坐标空间，而数字矩阵本身则描述了实体的属性或属性编码。

栅格数据最显著的特点就是存在着最小的、不能再分的栅格单元，栅格的大小代表空间分辨能力。栅格数据在形式上通常表现为整齐的数字矩阵，且便于计算机进行处理，特别是存储和显示。

5.6　考古发掘中 GIS 的建设

考古 GIS 的建设首先应该表现在考古发掘中，发掘墓葬或探方中的所有数据都可以在 GIS 中进行组织，建立考古发掘的图文数据库。图 4 – 13 为一个考古发掘区的局部图形，探方大小为 5m×5m，在 GIS 中建立建筑基址、灰坑、墓葬、古代水渠等四个遗迹图层，此外还有 5m×5m 与 25m×25m 的探方格网、发掘区域范围等图层，现代地物图层信息没有显示。每个遗迹图层还有对应的属性表，存储属性信息。例如墓葬图层可以设置有编号、位置、方向、文化属性、年代推测、发掘面积、发掘经过、相关遗迹、层位关系、距地表深度、保存状况、茔域、地面建筑、形制与规格、壁龛、葬具、人骨、堆积层次、工具痕迹、取样情况、存在问题、附图号、附表号、照相号、摄像号、备注、记录者、记录日期等字段，用于记录每个墓葬的相关属性。其他遗迹图层中的属性表可以根据具体情况设定相应的字段，记录考古发掘中的大量信息。

在属性表各字段的设置时，需要根据每个字段的内容选择字段类型。例如"墓葬面积"选择数字类型，"发掘经过""相关遗迹"等选择文本类型，"记录日期"选择日期类型等等。同时还需要设置各字段的大小，一般按每个汉字为 2 字节计算，字段大小设定后，输入该字段数据的字数就会受到限制，所以应该根据具体情况而定。

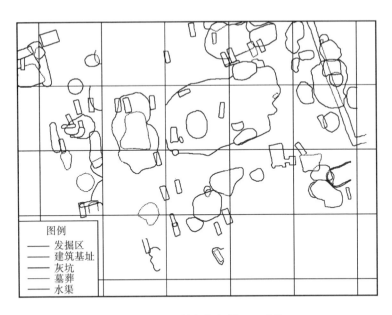

图 4 - 13 田野考古发掘 GIS 系统

考古发掘中各墓葬、灰坑、建筑基址等的详细图形也都可以通过 GIS 进行表示，甚至表现墓葬中的器物、陶片分布等细节特征。然后针对不同的图层设置不同的显示比例，以便在不同显示比例的情况下，更好地展示特定的要素。发掘工作结束后，整个发掘区的 GIS 建设可以同时完成。这种资料应该最为清晰、全面，对整理发掘报告、开展后续工作以及遗址的保护规划等都具有重要价值。

田野考古发掘 GIS 系统建成之后，可以根据需要进行空间叠置、查询等分析和研究，输出所需的各种图形、表格。生成的图形文件可以转换为 DXF 甚至是 TIF 格式，满足报告发表和展示等需要。

5.7 空间分析与研究

一个区域内各种考古遗迹或现象与周围环境之间都有着密切的联系，反映出当时人类的生存受到自然环境的严重制约。在聚落考古调查和发掘工作中，考古学家记录了很多有关考古遗迹或现象的空间数据，或者说那些数据具有重要的空间信息。所以能够运用空间分析的方法对一个区域内的考古数据进行研究，揭示考古遗址的分布与自然环境等因素的关系。

5.7.1　DTM 和 DEM

数字地形模型（DTM，Digital Terrain Model）是地形表面形态属性信息的数字表达，是带有空间位置特征和地形属性特征（如高程、坡度、坡向等）的数字描述。数字地形模型中地形属性为高程时称为数字高程模型（DEM，Digital Elevation Model），数字高程模型是在投影平面上规则格网点平面坐标（X，Y）及其高程（Z）的数据集，通常用地表规则网格单元构成的高程矩阵表示，其水平间隔可随地貌类型不同而改变。由于传统的地理信息系统的数据结构都是二维的，数字高程模型的建立是一个必要的补充。广义的 DEM 还包括等高线、三角网等所有表达地面高程的数字表示。

数字地形模型被用于各种线路选线的设计以及各种工程的面积、体积、坡度计算，任意两点间的通视判断及任意断面图绘制。在测绘中被用于绘制等高线、坡度坡向图、立体透视图，制作正射影像图以及地图的修测，考古研究中也有很多应用。

5.7.2　缓冲区分析

缓冲区又称影响区或影响带，是指围绕地理要素的一定宽度的区域。缓冲区是以某类图形元素（点、线或面）为基础拓展一定的宽度而形成的区域。在临汾盆地的研究中，各个时期的聚落基本上都是沿着河流分布，所以建立了河流缓冲区，并且发现全部聚落基本上都是在汾河各支流两侧大约 600m 的范围内，而汾河与滏河两岸的聚落则非常稀少（图 4 - 14）。这个情况与其他一些地区的聚落分布特征比较一致，当时人们的生活与水源有着极为密切的关系，人们在选择居住地点的时候首先要考虑与水源的距离。研究区域的西南部地势较平坦，现在修建了一些人工水渠，很难发现自然河流的痕迹，当时自然河流遭到严重破坏，这里的聚落看起来显得与河流无关，但在当时应该是与河流有着密切的关系。

产生这种情况的原因在于山西省属于半干旱性气候，全年的降水量较少，而且分布极不均匀，人们为了在旱季也能够生存在这里，必须在雨季贮存足够的水量。于是人们就在靠近河流的地方选择居住地，每个聚落的人都会在附近的河流上修建堤坝，使堤坝以上的河段成为一个个小型水库，常年贮存一定的水量以满足人们长期生存的需要。当然，考古工作发现河姆渡时期就已经开始使用水井，山西南部地区自龙山时期也开始使用水井，但可能水井

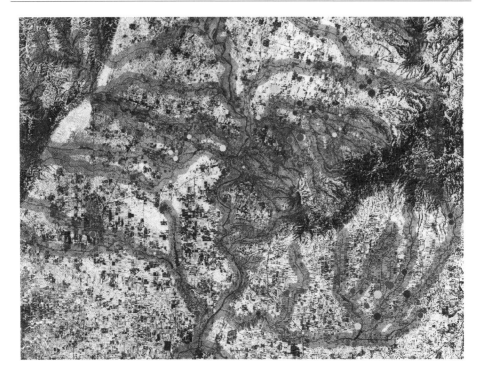

图 4 - 14　临汾盆地聚落的缓冲区分析

的使用并不很普遍，否则在距离河流较远的地方也可以生存，所有的遗址就不会紧紧靠近河流分布。

5.7.3　坡度与坡向分析

从临汾盆地中聚落的总体分布上看，各个时期的聚落基本上都集中在中部地区，南部和北部则很少有聚落，而且很多都是在东部塔儿山的山麓地带。通过 GIS 软件生成坡度分析模型之后，可以看出坡度在 1°以内和超过 3°的地带几乎没有聚落分布（图 4 - 15）。西部吕梁山沿线坡度很大，河流的落差也很大，不适合修建堤坝用来贮水，人类无法在这里生存。而坡度在 1°以内的平坦地带，可能是河流的稳定性很差，山洪暴发的时候经常发生河流改道等事件，不便于人们居住。而 1°～3°的地带中，河道下切较深，河流较为稳定，适合人类的生存。

在坡向分析中，一般认为古人选择朝南的坡向居住时可以接收更多的光照，较少受寒冷的西北风的侵扰。但是该研究区域中聚落的分布与坡向的关

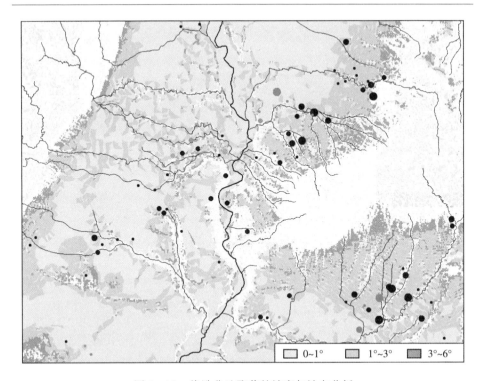

图 4 – 15　临汾盆地聚落的坡度与坡向分析

系不很明显, 其原因应该是各时期中人类的生存主要依赖于水源, 选择合适的河段才是保证全年不断水的最重要条件, 其他方面的因素都是次要的, 有时候不得不放弃。

5.7.4　可视域分析

遗址或聚落的可视范围或一组遗址能否相互通视的情况, 在考古学的景观结构中有着极为重要的作用, 古代战略要塞或墓冢往往位于地势较高的位置, 所以可视域分析在考古学分析和解译中有着重要的地位。对于很多文化类型和人群来说, 一个地域中视觉的影响力超过其他感官接收的信息, 这个地域可以感知其冷或热, 气味或声音, 但是视觉特性的则能留下很深的记忆和暗示, 常常形成对这个地域最基本的描述。

在临汾盆地的可视域分析中, 以较为典型的仰韶、龙山、东下冯几个时期的大型或中型聚落为视点, 分别建立相应时期的可视域, 发现各个时期的小型聚落基本上都不在相应时期大型遗址的可视域内。龙山时期陶寺遗址的范围很大，研究中发现随着视点在遗址内位置的不同，其可视域有着很大的差别（图4－16）。

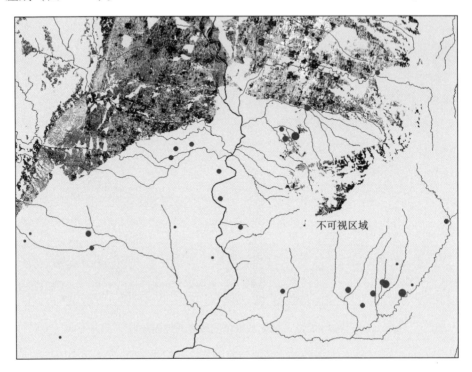

图4－16　临汾盆地聚落的可视域分析

　　产生这种情况，或许有以下原因：其一是各个时期的人们选择聚落的时候，首先考虑的因素是距离水源的远近，生存的需要才是第一位的，在此基础上再考虑其他的因素。其二是在大型聚落内，人们可以修建很高的瞭望塔，或者选择聚落内地势最高的地方搭建瞭望台，这样可以看到周围的中小型聚落，牢固地掌握管辖地域内的各种情况。或者是在聚落附近的山顶上修建瞭望台，然后通过烽烟把信息传递到聚落内部。当然，古代聚落的可视域分析还应该考虑当时聚落周围的植被高度、聚落是否在同一时间内并存等诸多因素，否则很难符合当时的实际情况。

5.7.5　水文分析

　　水文分析就是研究地表水流等情况。GIS软件可以根据地形数据模拟生成局部区域中水流的方向，计算出最小沟谷的集水区域。集水区域间的分界线

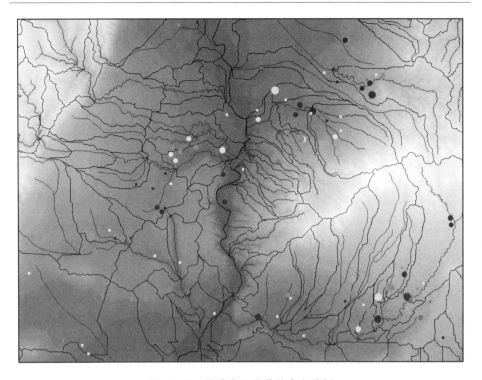

图 4 - 17　临汾盆地聚落的水文分析

就是分水岭，分水岭包围的区域称为一条河流或水系的流域。

　　通过 GIS 软件生成的集水区域，在地面有一定起伏的地带能够准确地反应地表水流的情况，但是在平坦的地带就不够准确，所幸平坦地带中分布的聚落往往较少。为了更好地反映集水盆地与聚落分布的关系，对 GIS 软件生成的流域进行一些编辑，按独立的沟谷将小的集水盆地进行了合并，得到较为完整的集水盆地，以便准确地展示聚落与水系、集水盆地之间的关系。

　　根据临汾盆地中水文分析的结果，可以发现集水盆地的大小与其下游分布的聚落大小直接相关（图 4 - 17）。塔儿山西部与西南部独立沟谷的集水盆地都很小，只有少量小型和中型聚落分布期间。而塔儿山的西北部与东南部的独立水系都具有较大的集水盆地，能够汇聚较多的水源，养活更多的人口，所以分布着很多大型乃至超大型的聚落。

第5章 考古现场三维信息留取与利用技术

1 概述

　　文物拥有无价的历史、艺术和科学价值。这些无价的价值是如此珍贵，若它们随着文物的老化一起消失，对于人类社会而言将无法挽回损失。随着文物保护科技的进步，对文物保护的稳定性、持久性在不断加强。然而到目前为止，尚未有办法可以永远保持一件文物的物理状态，做到永世传承。因此若有一种方法可以超越文物本体保护的范畴，并起到永久性地记录传承文物所蕴含各种价值的作用，则应该得到与文物保护技术同等的关注。若超越文物本体，文物的价值传承即可视为文物的信息记录与传承。如果有办法可以将与文物价值相关的信息全部记录存档，则可以认为文物的所有价值都得以记录并可以传承了。

　　人类信息传递的方式随文明发展在不断进步，由声音语言产生了文字，并在近代产生了录音放音的方法；由绘画产生了岩画、壁画，发展到照相、录像等方法。可以认为所有的信息传递方法根据其本质正在朝着两个方向发展，如语言文字的抽象记录方式不断追求标准化，包括统一发音、统一写法等；而如录音、照相、录像等具象记录方式则不断追求更加逼真地记录更多细节，包括采样分辨率、准确度等。为了完整记录传承文物的信息，除了使用抽象文字对其考古论断进行描述外，应尽可能细致、逼真地记录其细节，并避免掺杂主观的判断。对于文物而言，其具象的信息通常包括外观、材料、质量等方面，某些具体类型的文物还会包括硬度、声音、味道等特殊属性。而对于绝大多数的文物而言，外观是其价值传承的重要方面。文物的外观本质上是三维的，因而本章将重点讨论文物考古现场的三维信息留取与利用技术。

　　首先有必要对三维信息的概念进行一些分析，以明确其内涵。三维信息，指的是拥有三个维度坐标的信息，信息中除包含三个维度的坐标值外，还可以包含颜色、材质等多种属性。三维坐标的表达方式有很多种，如圆柱坐标系、球面坐标系、极坐标系等，但最常用的是三维笛卡尔坐标系。三维笛卡尔坐标（X，Y，Z）是在三维笛卡尔坐标系下的点的表达式，其中，x，y，z 分别是拥有共同的零点且彼此相互正交的 x 轴，y 轴，z 轴的坐标值。

　　三维信息的记录并不是从三维扫描技术发明后才开始的，恰恰相反，在田野考古、文物保护工作中绘制的平面图、剖面图等资料早已开始进行三维信息的留取了。然而由于绘制记录的正射投影图纸中对真实现场的情况进行了精简的抽象表达，利用这种方式记录下来的三维信息是不完整的。同时，由于测量的误差、绘图的误差、信息取舍的主观判断等因素，通过图纸留存的三维信息还存在着较大且不甚明确的误差。还有较为重要的一点，在图纸中将考古现场抽象成为由线条表达的形状后，无法同时表达其颜色信息，所以照片常常与图纸被共同采用作为信息记录的手段。

　　三维扫描技术的出现大大提升了三维信息记录的完整性和准确性。不同的三维扫描技术利用不同的方法对现实场景进行密集的测量，得到海量的三维测点数据，通常被称为三维点云。通过三维扫描得到的三维点云有单色、灰度和 RGB 真彩色三种，若三维点云中不包含真彩色信息，通常还需要对三维信息进行贴图处理，以得到彩色的三维信息留取结果。衡量三维点云质量的常见要素包括顶点数量和测量误差。单纯考量一组三维点云数据的顶点数量是没有意义的，通常还需要将之与实际场景的体量相比较。特定大小的场景，三维点云数据中包含的顶点数量越多，则其采样分辨率越高，即对三维信息记录的越细致。测量误差在三维扫描数据中通常以均方根误差（root-mean-square error，RMS error）来表示，也被叫作标准误差，是观测值与真值偏差的平方和观测次数 n 比值的平方根。均方根误差越小，三维点云数据的精度越高，对场景记录的越准确。

　　对于文物保护领域而言，考古现场留取的三维信息可提供多种有益的作用。

1）实现现状的真实、完整记录。按照国际通行做法，对任何文化遗产实施保护前，首先必须对文化遗产现状进行真实、完整、全面的记录与存档，一则留存丰富真实的原始资料，二则当该文化遗产遭受不可逆性破坏时，为实施重建复原提供可靠依据。

2）辅助进行保存状况的全面调查与评估。通过三维扫描后的点云数据，可以建立不规则曲面格网（TIN）或进一步生成规则格网（Grid）立体模型，最终可生成具有实际尺寸和空间坐标的数字正射影像图，可在此基础上实现对其进行病害调查、数据分析等定量调查与全面评估。

3）为将来可能进行的修复工作提供依据。三维扫描后的点云数据可以利用三维软件进行扫描数据后处理工作，根据项目实际内容制作相应的正射影像图、线划图、等值线图、剖面图及相关精确尺寸量算等，为文物保护修复工作提供可靠的数据。

4）进行虚拟修复，为实际修复提供参考。利用三维扫描数据进行计算机虚拟修复，依据三维测绘的精确尺寸数据制作虚拟修复效果图件，为修复提供参考。

5）为修复保护前后的对比分析提供基础。利用修复前后的三维扫描数据，进行对比分析，并检查其成效，亦为今后可能涉及的修复保护工作提供翔实依据。

2　典型技术原理与技术

2.1　测距原理

三维信息的留取与利用涉及多种技术原理，其中的部分技术是直到 21 世纪才出现的，在深入了解考古现场三维信息留取与利用的方法、案例之前，有必要回顾一下其中涉及的典型技术原理。三维信息留取的技术大致可分为基于飞行时间测距（TOF，Time of Fly）和基于三角测距的两种原理，测距是其中的重要基本原理。

实际上测距的方法包括了很多种，除了以尺度量为代表的机械式测距方法外还主要包括如激光测距、红外测距、超声波测距、三角测距、谱线红移测距等多种方法。国际通行的距离单位是米，1m 的长度最初定义为通过巴黎的子午线上从地球赤道到北极点的距离千万分之一，现在被定义为光在真空中于 1/299792458 秒内行进的距离。而这就是一种典型的飞行时间法应用。

激光测距、红外测距与超声波测距分别使用了不同的电磁波，基本的原理都是通过面向测距目标发射一个脉冲，并测量脉冲反射回来的时间，根据电磁波的飞行速度计算出发射点到目标点的距离。

实际应用中，用于激光测距的激光器包括连续激光器和脉冲激光器两种。氦氖、氩离子、氦镉等气体激光器工作于连续输出状态，用于相位式激光测距；双异质砷化镓半导体激光器，用于红外测距；红宝石、钕玻璃等固体激光器，用于脉冲式激光测距。三维激光扫描仪分别使用了相位式激光测距和脉冲式激光测距两种方法。脉冲法测距的过程是这样的：测距仪发射出的激光经被测量物体的反射后又被测距仪接收，测距仪同时记录激光往返的时间。光速和往返时间乘积的一半，就是测距仪和被测量物体之间的距离。光速非常快，在脉冲激光发射后，由于元件响应时间和避免发射脉冲覆盖回波脉冲等因素，需延迟一定的时间才能接收到回波脉冲信号，因此激光脉冲测距存在一个最近测距距离。小于这个距离的区域无法用激光脉冲测距方法进行测距，被称为盲区。激光测距方法由于激光的单色性好、方向性强等特点，加上电子线路半导体化集成化，与光电测距仪相比，不仅可以日夜作业，而且能提高测距精度，显著减少重量和功耗，特别适用于远距离测量作业。

红外测距与超声波测距的基本原理与激光测距相仿。红外测距因为使用了红外波段的电磁波，在穿越其他物质时折射率很小，因而被用来做较长距离的测距（5km 左右）。但由于受到了精度、距离的限制，已经很少有红外测距的仪器在使用了。目前常说的红外线测距，通常已经指的是调制后的红外激光测距了。超声波测距的方法由于超声波受周围环境影响较大，所以一般测量距离比较短，测量精度比较低。目前超声波测距的最主要应用领域应当属于倒车雷达了。

在文物领域使用飞行时间法测距的最常见仪器是全站仪，其激光测距工作方式可分为相位比较式、脉冲式、脉冲相位比较式几种。其中相位比较式测距模式测距精度高、脉冲式测程远；脉冲相位比较式是这几年的新科技成果，测程远而且测距精度高。

三角测距法是另一类被广泛应用的测距方法，它利用不同视点对同一物体的视差来测定距离。对同一个物体，分别在两个点上进行观测，两条视线与两个点之间的连线可以形成一个三角形，根据这个两条视线与两点连线的角度以及两点连线的长度，就可以计算得到其他两条边的长度以及三角形的高度，也就是物体距观察者的距离。人眼就是一种非常精密的三角测距仪，当然动物乃至昆虫的复眼都是靠三角测距的基本方法来感知距离。

三角测距法最早应用于文物领域的形式应该是类似于经纬仪类的测距仪器。用经纬仪测量定长基线横尺所对的水平角，利用三角公式计算仪器至基线间的水平距离。此水平角称视差角。基线横尺两端固定标志间的距离一般为 2m。尺上装有水准器和瞄准器，以便将横尺安置水平并使尺面与测线垂直。这种方法测距的精度通常较低。

在较新的测距方法中，近景立体摄影测量、结构光三维扫描等方法利用高精度的图像传感元件将三角测距方法的精度提高很多，也在文物领域取得了较为广泛的应用。

对两类主要的测距方法进行分析和比较的话，可以得出以下的结论。基于飞行时间的测距方法需要主动发射电磁波脉冲，沿视线方向测距，通常具有距离远、准确度高的优势。基于三角测距的方法通常不需要发射电磁波，只要被动的采集信息即可，具有无干扰、快速、自动测量的优点。

2.2 三维信息留取技术

利用飞行时间法进行三维信息留取的技术包括三维激光扫描、探地雷达成像等。在此将重点讨论三维激光扫描的技术。

三维激光扫描技术又被称为实景复制技术，是测绘领域继 GPS 技术之后的一次技术革命。它突破了传统的单点测量方法，具有高效率、高精度的独特优势。三维激光扫描技术能够提供扫描物体表面的三维点云数据，因此可以用于获取高精度高分辨率的数字地形模型。

三维激光扫描技术是 20 世纪 90 年代中期开始出现的一项高新技术，是继 GPS 空间定位系统之后又一项测绘技术新突破。它通过高速激光扫描测量的方法，大面积高分辨率地快速获取被测对象表面的三维坐标数据。可以快速、大量的采集空间点位信息，为快速建立物体的三维影像模型提供了一种全新的技术手段。由于其具有快速性，不接触性，穿透性，实时、动态、主动性，高密度、高精度，数字化、自动化等特性，其应用推广很有可能会像 GPS 一样引起测量技术的又一次革命。

　　三维激光扫描技术在国内越来越引起研究领域的关注。它是利用激光测距的原理，通过记录被测物体表面大量密集点的三维坐标、反射率和纹理等信息，可快速复建出被测目标的三维模型及线、面、体等各种图件数据。由于三维激光扫描系统可以密集地大量获取目标对象的数据点，因此相对于传统的单点测量，三维激光扫描技术也被称为从单点测量进化到面测量的革命性技术突破。该技术在文物古迹保护、建筑、规划、土木工程、工厂改造、室内设计、建筑监测、交通事故处理、法律证据收集、灾害评估、船舶设计、数字城市、军事分析等领域也有了很多的尝试、应用和探索。三维激光扫描系统包含数据采集的硬件部分和数据处理的软件部分。按照载体的不同，三维激光扫描系统可分为机载、车载、地面和手持型几类。除基于脉冲式和相位差的三维激光扫描仪外，也有基于三角测距法的三维激光扫描仪，稍后对其进行讨论。

　　三维激光扫描技术的出现大大提高了测量的速度。三维激光扫描仪的诞生最初每秒 1000 点的测量速度已经让测量界大为惊叹，而现在脉冲扫描仪（scanstation2）最大速度已经达到 50000 点每秒，相位式扫描仪 Surphaser 三维激光扫描仪最高速度已经达到 120 万点每秒。在工作距离方面，脉冲式的三维激光扫描仪具有更长的工作距离，可达 6km 左右；相位式的三维激光扫描仪通常限制在百米范围内。三维激光扫描仪因为使用高能激光脉冲，通常在使用时需要注意保护眼睛。若安全等级为 2 级，则在正常使用状况下是安全的，高于这个级别的三维激光扫描仪需要严格遵守其操作规范。

　　利用三角测距方法进行三维信息留取的技术包括近景立体摄影测量、线激光三维扫描、结构光三维扫描、基于多图像的三维重建等。这其中有的需要使用专门设备，有的则只需要使用普通的相机，有的甚至只需要不同人在不同时间任意拍摄的照片即可完成三维信息的重建。

　　近景立体摄影测量使用标定过的相机于不同位置拍摄两张照片，然后通过人工或计算机软件寻找两张照片中相对应的特征点，并根据三角测距法原理计算出每个特征点与相机的相对坐标位置。通常近景立体摄影测量需要使用专门的相机和镜头才能取得较好的效果，并且在拍摄时不能调节相机的对焦环。在被执行近景立体摄影的场景中，通常需要放置或粘贴一些用于标定相机参数的靶标。近景立体摄影测量在国内外的文物领域都早已有过应用，相对于传统的逐点测绘方法，其提供了较好的数据采样密度和可接受的数据误差。但随着其他更易操作的方法出现，目前已经较少采用传统近景立体摄影测量的方法对文物现场进行三维信息留取了。

线激光扫描是不同于 TOF 三维激光扫描的另一种扫描技术，这种方法向被扫描对象的表面投射一条或多条激光直线，并在激光发射器相近的位置使用图像传感器拍摄激光条纹图案，从而利用图案中激光条纹的形状计算得到激光线每个点的坐标位置。由于每次采集得到的只有一根或几根激光线对应位置三维数据，还需要不断移动扫描仪来完整采集整个目标对象三维信息。对这个问题的解决，目前已有三类不同的设备：第一类扫描仪将激光发射器和传感器固定在一个机械装置上，通过控制机械装置的精密运动完成大面积的扫描；第二类扫描仪通过旋转激光发射器来让激光线扫描覆盖对象表面，在扫描过程中保持传感器位置不变；第三类扫描仪将激光发射器和传感器设计为手持式的，由用户根据需要握持扫描仪来采集指定区域的三维信息，扫描仪的姿态数据有通过多关节臂式传感器感知的方法、有通过六自由度（6DOF，6 Degrees of Freedom）电磁传感器来定位的方法、有通过空间定标物实时解算扫描仪姿态的方法。使用线激光扫描技术的设备通常更适用于单件文物或小型场景的三维重建。

结构光三维扫描技术与线激光扫描非常相似，但是结构光三维扫描技术中将线激光替换成了更为复杂的投影图案。结构光三维扫描技术可以根据结构光图案的形式分为时域编码、空域编码、时空混合编码三种。时域编码在扫描时投影多张不同形状的图案，根据图案的不同可以完全解算并辨认投影范围内的每一根条纹。空域编码在扫描时只投影一幅图案，有使用灰度图的投影图案方法，也有使用彩色图的投影图案方法。时域编码因为要投影很多幅图案所以扫描速度很慢，而空域编码因为信息冗余太少常常难以取得理想的精度，因此有很多时空混合编码的方法被发明出来。市场上销售的结构光三维扫描仪通常都是采用了时空混合编码的方法。结构光三维扫描仪通常使用彩色图像传感器，因而在提供细密的三维数据结果时可同时包含颜色信息。使用结构光三维扫描技术的设备应用范围与基于线激光的三维扫描设备应用范围大致相同。

除了上述三种已经较为成熟应用的基于三角测距进行三维信息重建的方法外，基于多图像三维重建的方法在近年来取得了长足进步，开始体现出其独特的优势。从图像中恢复场景的几何模型是近年来计算机视觉领域一个热点研究领域，近些年来随着影视游戏、旅游与虚拟展示、文物遗址保护等领域日益上升的现实需求的驱使，从图像序列中提取场景几何模型的逆向建模技术取得了显著突破。相较于采用三维建模软件的正向建模方式效率低、交互复杂，基于结构光和激光扫描仪的建模方式成本高，对适用场景也有一定限制，在大型遗址场景重建方面基于图像的逆向建模方式是最为理想的选择。相较于双目立体重建来说多视图重构基于更多图片可见信息作为约束使得其求解的模型更为精确完整。近年来随着 Structure from Motion 方面研究的日益成熟，从图像序列中可以自动完成相机的标定工作，这也大大简化了数据采集操作，只需用一台数码相机围绕场景拍摄一组图片集覆盖整个场景，这是基于结构光和激光扫描的方法所无法比拟的。对于大型遗址场景重构，基于图像的 MVS（Multi-View Stereo）技术无疑是最为实际可行的选择。

2.3 三维信息利用技术

不同种类的三维信息留取技术最终将考古现场或出土文物的外观变成了计算机中的数据，这些数据中体现了丰富的三维形状甚至颜色信息。这些数据可以通过光信号、磁信号等形式永远记载并流传，实现信息的永久存档。除此之外，还可以通过三维展示、形状分析、三维复制等多种形式为文物领域的工作提供帮助。这些信息的利用方法中也涉及了多种不同的技术，以下进行简单介绍。

三维展示的技术可以根据其发光性质来分为真正的三维展示及基于平面进行三维展示的方法。完全再现真实自然空间的图像一直是人类希望达到的目标之一，为了达到这个目标，几代科学家付出了艰辛的努力，很多公司都已经投入巨资进行三维显示技术的研究，大部分还只能是通过视觉错觉形成在性能上具有巨大缺点的、基本不具备商业价值的实验室产品。目前可以真实再现三维信息的方法主要包括全息图像显示、平移体扫描显示、旋转体扫描显示、激光等离子显示等方法。由于技术尚未成熟，已有的真三维展示设备在体积、刷新速度、体素数量、颜色数量等方面仍有诸多限制，在此不做深入讨论。

目前在应用中的绝大部分展示设备其本质是平面的，无论是通过显示屏的形式还是通过投影幕布的方式。三维的数据在平面设备上显示时，首先要做的是将三维数据投影到平面，变成一幅图像。早期的计算机在处理此类计算时因计算量太大往往效果不佳，只能显示较为模糊或包含很多锯齿的简单三维数据。为了展示更逼真、更复杂的三维数据，在计算机中专门增加了一块拥有超强计算能力和超高带宽的处理器，被称为 GPU（Graphics Processing Unit）。通常拥有较强计算能力的 GPU 被单独封装在一个电路板上，也就是现在已经较为常见的显卡。通过显卡的高速并行计算能力、大容量高速显存、高带宽显示信号输出等能力，当前的主流计算机已经可以非常流畅的在屏幕上实时显示出复杂的三维数据。

但是，由于在计算机屏幕上显示的三维数据面积小、缺少立体感，在展示媒介的形式上又引入了很多创新的技术。

首先是为了增大显示屏幕的面积，发明了由多块显示屏幕拼接而成的电视墙、由投影机投影显示的大屏幕、由多台投影机拼接显示的大屏幕、由LED 显示模块拼接而成的大屏幕等。由于屏幕面积的增大，当观众在观看显示内容时视觉范围得到了非常大的覆盖率，从而可以营造出较为逼真的沉浸感。而为了更大地提高显示屏幕所占人眼视觉范围的比例，又有巨幕展示系统、环幕展示系统、球幕展示系统、异形幕展示系统陆续出现，配合定制的展示内容，可以为观众带来身临其境的视觉感受。

然而，仅仅增大显示屏幕的面积并不能带来真正的三维视觉感受，因而又同时有很多立体显示的技术被发明出来以满足这种需求。立体显示并非像真三维显示一样在空间中营造出真正的虚像，以满足多人同时观看到真正的三维显示效果。立体显示是利用了人观看三维信息时的基本原理——视差。视差在前文中被归纳为三角测距法，应用在了多种三维信息留取技术上。现在它又成功地通过给双眼显示具有视差的不同图像，而让人观看以后得到货真价实的立体感。立体显示的技术也包括很多种，大致可分为头戴式显示器、立体眼镜显示、裸眼 3D 显示三种。

头戴式显示器（HMD，Head Mounted Display）是目前 3D 显示技术中起源最早，发展得最完善的技术，也是现在应用最广泛的 3D 显示技术。其基本原理是：在每只眼睛前面分别放置一个显示屏，两个显示屏分别同时显示双眼各自应该看到的图像，当两只眼睛看见包含有位差的图像，3D 感觉便产生了。为了在显示立体图像的同时融合进真实的场景图像，产生虚实结合的显示效果，又产生了配合摄像头或使用穿透式镜片的增强现实 HMD 设备。在部分应用中，将 6DOF 方位传感器集成在 HMD 设备上，用户在运动过程中可以获得与三维数据完全对应的显示效果。头戴式显示器技术存在着一些缺陷，如人眼近距离聚焦容易感到疲劳、HMD 设备较重、难以完整覆盖视觉范围、造价较贵等。

立体眼镜的三维展示方法通过佩戴特殊的眼镜来观看屏幕，并在左右眼分别接收到不同的视差图像。立体眼镜可分为主动式和被动式两种。主动式立体眼镜的镜片通常采用液晶芯片制作而成，通过电信号的通断让左右眼镜片交替变成透明或不透明，此信号的频率与显示屏幕的频率保持一致，就可以让左右眼稳定地接收到各自对应的图像。这种立体眼镜在使用时，每只眼睛接收到的画面因为有黑屏的出现是一直在闪烁的，因而长时间使用会带来不适。主动式立体眼镜目前已经较多应用在 3D 电视机中。被动式立体眼镜其实又可以分为补色眼镜、偏振光眼镜、光谱滤波眼镜等。补色眼镜因为成本低廉是最早被广泛应用的眼镜，随着生产技术的进步，当前已经基本上被偏振光眼镜所替代，并被广泛应用在 3D 影院中。偏振光眼镜通常是与投影显示设备配套使用的，两台投影设备在镜头前分别加装对应的偏振光镜片，再将各自的画面重叠投影在一块屏幕上。当屏幕可以保持偏振光的偏振特性时，戴上偏振光眼镜观看屏幕上反射或透射出来的画面就可以得到立体感了。偏振光眼镜包含线偏振和圆偏振两种，圆偏振眼镜能够克服线偏振对观看角度敏感的缺陷。光谱滤波眼镜是在左右眼各自运行通过 RGB 颜色的不同光谱频段来完成左右视差图的分离的，因其造价昂贵，只在较少的专业领域得到了应用。

在部分追求极致效果的系统中，大屏幕和立体展示技术会被共同采用，如环幕立体影院、球幕立体影院等、CAVE（Cave Automatic Virtual Environment）系统等。

　　三维信息的利用，除展示给人看外，还可以通过三维数据进行分析甚至辅助生成所需的图纸。三维信息的分析对应于文物考古领域，就是考古测量学，也被称为计量考古学。考古测量是将测量学应用于考古学研究当中的一门田野考古技术，它使用测量学的方法和技术记录、说明考古学资料，并直接服务于考古学研究。考古测量是田野考古学不可缺少的技术科学，如不掌握这门技术田野考古发掘、调查就无法开展。所以，考古测量是高校考古学及博物馆学专业本科生必须掌握的专业技能。对于文物保护工作而言，三维信息中包含了大量可供制定更加科学的保护修复方案的内容，并可通过多次的三维信息采集和比较来分析评价文物保护工作的效果。甚至可以通过三维信息首先在计算机中进行文物模拟修复实验，并由此来选择最佳工作方案。三维信息除了提供新兴的工作手段外，也可以很好地融入传统工作方法中，最直接的应用就是辅助制图。在软件中，可以方便地通过三维信息生成等值线图、正射投影图、剖面图等，并可以计算得到复杂对象的精确体积、面积等数据，从而以更高的效率、更高的精度辅助生成一系列文物考古、文物保护工作所需的图纸。在从三维模型生成图纸的过程中，目前研究的难点集中在如何生成精确的、矢量化的图纸线条，并保持其风格特征。

　　近年来，三维打印技术日益火热，而三维打印技术对于文物领域而言也具有重要的意义。首先，通过彩色三维打印，可以将三维信息转变为物理实体，得到非常逼真的文物复制品。其次，可以依据精细的三维形状三维打印制作文物展示或修复过程中所需的支撑件、缺失部分等，不仅提高了加工制作的效率，还大大增强了安全性。目前已经出现的三维打印技术已经包括很多种，但其基本的原理大致相同，都是由打印机通过读取文件中的横截面信息，用液体状、粉状或片状的材料将这些截面逐层地打印出来，再将各层截面以各种方式粘合起来从而制造出一个实体。这种技术的特点在于其几乎可以造出任何形状的物品。现在存在着许多不同的技术。它们的不同之处在于以可用的材料的方式，并以不同层构建创建部件。有些技术利用熔化或软化可塑性材料的方法来制造打印的"墨水"，例如：选择性激光烧结（selective laser sintering，SLS）和混合沉积建模（fused deposition modeling，FDM），还有一些技术是用液体材料作为打印的"墨水"的，例如：立体平版印刷（stereolithography，SLA）、分层实体制造（laminated object manufacturing，LOM）。目前在文物领域应用三维打印技术仍然面临着体积小、精度低、颜色数少、成本高、速度慢等实际问题。

3　典型的考古现场三维信息留取方法与案例

一般而言，最典型的考古现场三维信息留取方法主要包括近景立体摄影测量、三维激光扫描、多图像三维重建三种。近景立体摄影测量方法最早进入应用，然后是三维激光扫描方法被大量采用，多图像三维重建的方法是最近才被逐渐引入文物领域的，但较之前两种方法已表现出了更好的适应性。

尽管有一些文博单位自主购置了近景立体摄影测量或三维激光扫描的软硬件系统，但在通常情况下由非专业人员操作仪器设备进行的文物三维信息留取工程难以取得良好的效果。出现这样局面的最重要原因是这两类方法涉及的技术门槛较高，在工作中涉及的操作环节很多。应对不同的具体情况都需要在操作方法或技术参数上做出调整，方能得到好的结果。而现场操作及后期数据处理的各种细节涉及光学、精密仪器、计算机图形学、机器视觉、虚拟现实等多个学科的相关技术内容，让非专业人员经过短期培训掌握所有相关的知识是不可能完成的任务。基于这样的现实情况，在本章中主要关注这两类技术在实际应用中的典型案例，以便对未来的工作中技术方案的选择提供借鉴。

多图像三维重建技术虽然是新出现的技术，但其对于现场操作的技术要求较低，不需要摄影器材以外的辅助设备，非常适合文物领域人员独立操作。因此，在本章中将对多图像三维重建技术用于考古现场三维信息留取的操作方法进行重点介绍。

3.1　近景立体摄影测量方法进行考古现场三维信息留取的典型案例

意大利国家研究委员会下属的文化遗产科技应用研究院 2009 年在 Journal of Cultural Heritage 上发表文章，介绍了他们使用快速数字摄影测量系统进行多尺度文化遗址三维信息留取的工作，其工作成果可作为近年国际上应用经

典的摄影测量方法完成文物三维数字化工作的一个缩影。他们的工作对象包
括了罗马奥斯塔古城的城墙遗址、奥古斯塔斯凯旋门、圣奥尔索修道院、古
罗马人腰带等（图 5 - 1）。

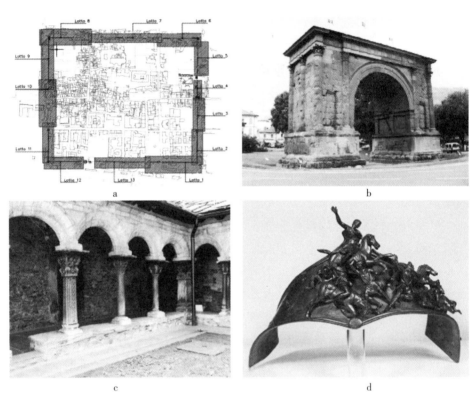

图 5 - 1　工作案例
a. 奥斯塔古城墙　b. 奥古斯塔斯凯旋门　c. 圣奥尔索修道院　d. 古罗马人腰带

　　奥斯塔古城墙目前的保存状况较好，几乎整体都被保存了下来。近景
立体摄影测量工作需要覆盖超过 5km 长度的城墙，而后通过分析推演来
辅助制定其修复方案。奥古斯塔斯凯旋门修建于公元前 25 年，是为了纪
念奥古斯塔斯皇帝和他的军队胜利而修建的。圣奥尔索修道院因其拥有的
37 根大理石刻柱头而闻名，上面繁复地记录了圣经旧约中的一些场景和
圣奥尔索的生平。古罗马人腰带上带有罗马人与野蛮人之间交战场景的
雕塑。

　　在意大利人的工作中，采用了两套摄影测量系统。采用了 Cyclop II 快速

立体摄影测量系统进行奥斯塔古城墙和奥古斯塔斯凯旋门的三维信息留取，采用了 ZScan 多基线摄影测量系统完成其他两项工作（图 5 - 2、5 - 3）。

Cyclop II 是一套非传统型立体摄影测量系统，在灵活易用的同时可保证非常严格的测量精度。系统采用了单台数字相机，可提供与传统摄影测量系统一致的测量精度。在使用过程中，通过增加一些额外的控制点，来将分组采集的数据连接在一起。

ZScan 是一套适用于近景摄影测量的系统，通过拍摄多张照片执行多基线摄影测量计算，可生成带有 RGB 色彩的三维点云结果。系统中包括了一台校正过的数码相机，高精度专业导轨、三脚架。由于只采用了一台相机作为数据采集原件，系统的成本较低，但是精度较高、数据一致性较好。它在计算过程中，可以通过每三张照片计算生成一组包含 RGB 颜色的三维点云结果，

图 5 - 2　摄影测量系统

a. Cyclop II 快速立体摄影测量系统　b. Cyclop II 系统的工作规划示意

c. ZScan 摄影测量系统　d. 使用 ZScan 系统生成的高质量 RGB 彩色点云及三维模型片段

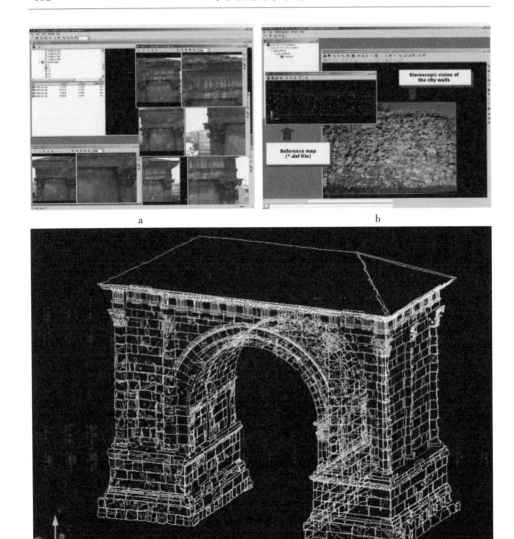

图 5 - 3　Cyclop II 数据处理过程
a. 额外的控制点　b. 光栅图结果的三维浏览　c. 奥古斯塔斯凯旋门矢量化三维重建结果

　　而后可将不同分组的三维结果合并在一起，得到完整的彩色三维点云（图5-4）。
　　在中国的摄影测量应用中，较为常见的系统则主要包括了 VirtuoZo、Pho-toModeler、Lensphoto、PixelGrid 等。
　　VirtuoZo 系统是适普软件有限公司与武汉大学遥感学院共同研制的全数字

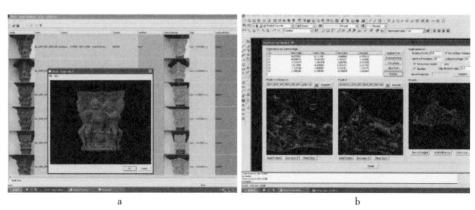

a　　　　　　　　　　　　　　b

c

图 5 - 4　ZScan 数据处理流程

a. 从每三张照片创立一片三维数据　b. 将多片三维数据配准

c. 圣奥尔索修道院大理石柱头的完整三维重建结果

摄影测量系统，通过专门的摄影测量模块 V – ClosePhoto 提供近景影像全自动相对定向、半自动绝对定向及近景核线影像功能，可生成近景数字正射影像，能进行近景立体数字测图，支持非量测相机。

　　PhotoModeler 是由 EOS 公司研发的一种近景摄影测量软件，支持非量测相机，将摄影测绘和三维建模两个工作环境融合在一起，直接提供包含高精度表面纹理的网格模型。

Lesphoto 软件是利用张祖勋院士提出的计算机视觉代替人眼的短基线多影像摄影测量原理，将全站仪高精度测点与影像信息结合，用于建立高精度的摄影测量结果。

PixelGrid 是由中国测绘科学研究院开发的一款软件，主要用于航空影像的摄影测量。近景摄影测量的数据经过一定的预处理后，可利用此软件进行计算。

在中国文物领域使用摄影测量方法进行信息留取的案例已经较多，比如四川省文物考古研究所利用近景摄影测量进行安丙家族墓文物考古测绘、武汉测绘科技大学利用摄影测量记录三峡库区古建筑、西安科技大学利用摄影测量技术进行的大雁塔佛像和金丝峡石壁三维重建等。虽然软件方法各有特色、文物场景尺度不一，但最终基本上都可以得到较为稀疏的网格模型及与之对应的表面纹理。

3.2　三维激光扫描方法进行考古现场三维信息留取的典型案例

三维激光扫描的方法可算是当前在文物领域应用最广泛、工程数量最多的方法了，几乎所有的三维激光扫描仪产品都可以找到其在文物领域进行三维信息留取工作的案例。在大型室外场景的三维信息留取工作中，经常采用靠激光脉冲飞行时间测量的三维激光扫描仪，如 Leica ScanStation2、Faro Focus3D 等。这一类三维激光扫描仪通常可以提供包含灰度信息的三维点云结果，也有在扫描仪上安装数码相机来获得包含 RGB 颜色三维点云的方案，但在纹理采样率、纹理与三维点云匹配的准确度等方面都难以满足文物三维信息留取的要求。在单件文物的三维信息留取工作中，经常采用靠激光线三角测距方法的三维激光扫描仪，如 Konica Minolta Vivid 9i、Hexagon Metrology Romer 等。这一类的三维激光扫描仪通常都只提供单色的三维点云结果。

2006 年，英国纽卡斯尔大学的文明工程与地球科学学院在完成了一个关于三维激光扫描技术在考古和建筑领域应用导览的项目后，启动了名为 Heritage3D 的计划。通过 heritage3d.org 网站，可以获得关于使用三维激光扫描技术进行文物三维信息留取的适用设备、典型工程的一些最新消息。

国际上使用三维激光扫描进行文物三维信息留取的案例非常多，如加拿大卡尔加里大学使用激光三维扫描仪获取了图勒（Thule）鲸鱼骨屋遗址中的鲸鱼骨三维点云信息，利用建模软件处理后制作成的鲸鱼骨多边形模型，实现了鲸鱼骨屋结构的虚拟重建。在项目中利用了三维激光扫描、散乱点三维重构、纹理映射、模型格式转换、真实感渲染等多项技术（图 5-5）。

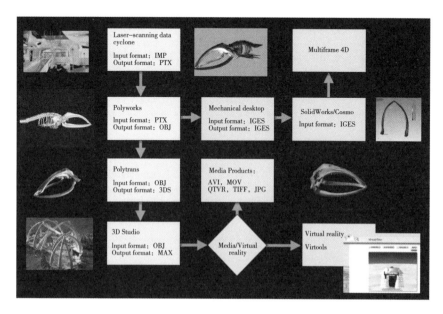

图 5-5　使用三维激光扫描仪对图勒鲸鱼骨屋进行三维重建的工作流程

国内文物领域使用三维激光扫描技术进行工作的案例也不胜枚举，比如使用机载激光三维扫描设备进行区域性三维信息留取的敦煌莫高窟遗址区三维数字化工作，使用地面式三维激光扫描仪进行石窟寺遗址三维信息留取的敦煌莫高窟、龙门石窟、云冈石窟等多个案例，使用关节臂式三维激光扫描仪对单件文物进行三维信息留取的成都武侯祠诸葛武侯彩塑三维信息留取案例等。这些工作采用的技术流程大致相同，基本包括了多站三维激光扫描与纹理照片拍摄、分片三维点云数据配准、三维模型网格化与修补、纹理照片映射、模型数据简化等环节。如中国文化遗产研究院使用 Romer 绝对关节臂配置 V5 激光扫描测头对重庆大足石刻千手观音进行了整体三维信息留取，克服了文物体积大、表面同时存在高光和黑色材质、局部特征非常细腻、精度要求较高等困难。

3.3　多图像三维重建方法进行考古现场三维信息留取的操作方法及典型案例

　　基于多图像的三维重建是近三十年来多视图几何领域一个重点研究问题，其目标是对一组不规则图片集同时估计出三维场景信息和相机参数。Snavely 等人提出的 Bundler 自标定算法是该领域的集大成之作，对于大型遗址场景采集的无规则图片集也有强大的自标定能力，算法基于 SIFT 特征匹配得到的像素点对应关系迭代地运行一个强大的 SFM 步骤计算相机参数，已经成为当前最成熟的相机自标定工具。从图像序列中可以自动完成相机的标定工作，这也大大简化了数据采集操作，只需用一台数码相机围绕场景拍摄一组图片集覆盖整个场景，这是基于结构光和激光扫描的方法所无法比拟的。

　　国际上应用此类方法进行文物现场三维信息留取的案例日益增多，其中较具代表性的一次实践是名为"一天重建罗马城"（Building Rome in a Day）的项目。项目中构建了一套分布式并行计算的系统，通过互联网上的电子相册中包含罗马城的共约 100 万张照片，重建出了罗马城的稀疏三维点云结果。

　　中国文物界使用此种方法进行文物三维信息留取的工作刚刚开始，其中浙江大学改良后的多图像三维重建软件在效果、自动化程度上有较好的表现。中国文化遗产研究院与浙江大学合作进行了武侯祠 47 尊彩塑和 20 幅壁画三维信息留取工作，而全部的现场工作只由两名工程师工作了一个月就全部完成了（图 5 – 6、5 – 7）。

图 5 – 6　成都武侯祠壁画三维点云生成的正射影像图

图 5-7　成都武侯祠彩塑三维点云生成的正射影像图

　　在一个完整的项目中，多图像三维重建工作的流程通常会包括以下几个环节（图 5-8）：

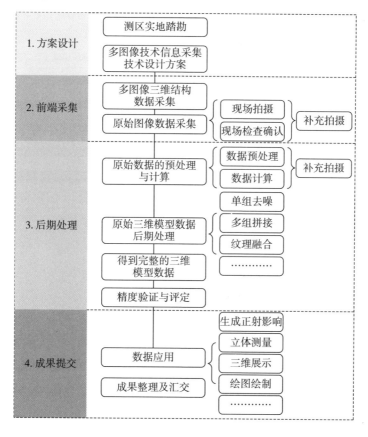

图 5-8　多图像三维重建工作流程

　　在执行现场信息采集工作之前，需要通过对现场实际情况的勘察，确定所选用的技术设备，做好文物安全预案，在选取了所用的设备后，还需在信息采集前做好相关设备的色彩管理工作。

　　色彩管理是应用数字技术客观地描述物品的颜色特性以及颜色特性在计算机输入输出设备正确呈现以及转换的技术。虽然颜色是人眼对光线的感应，但在文物数字化工作中不能由人眼来管理颜色，准确客观地管理颜色的是专业设备和色彩管理软件，而专业的色彩管理需要在照片拍摄前以及拍摄处理过程中都进行色彩管理工作，可以说，没有进行色彩管理的文物数字照片是没有任何价值的，因为没有任何标准来规范它在计算机输入输出设备上的呈现，它所表现的色彩是个未知数。

　　色彩管理的意义在于使得数字化工作过程中多种设备如扫描仪、显示器、彩色打印机、印刷机等输出色彩保持一致性。这其中一个重要的要素就是 ICC color profile（国际色彩联盟统一的色彩特性描述文件）。爱色丽 i1 Profiler 色彩管理系统在实际工作中运行良好。

　　现场信息采集的工作过程实际上是拍摄照片的过程。在理想状态下，基于多图像的三维重构数据宜围绕整个需要采集的场景均匀的拍摄若干照片，使整个场景中的相关内容能多角度、全方位的在图像上予以采集，确保数据除了客观因素的影响外，能尽可能重建全整个场景的三维模型。如图 5 - 9 所示。

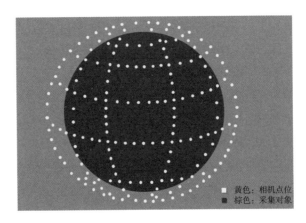

　　■ 黄色：相机点位
　　■ 棕色：采集对象

图 5 - 9　理想状态下相机点位的分布与扫描对象之间的关系

当拍摄完成足够数量的照片，并利用色彩管理软件校正了每幅照片的色彩后，浙江大学开发的多图像三维重建软件可以实现一键式自动计算生成彩色密集点云结果，如图 5 – 10 所示。

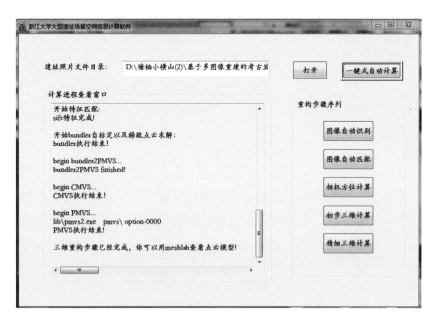

图 5 – 10　一键式多图像三维重建自动计算

4　典型的考古现场三维信息利用方法与案例

相对于考古现场三维信息留取工程的大量实施，国内文物领域对于其三维信息的利用可算是刚刚起步。这一方面是受制于相关技术的局限，一方面受制于相关设备的昂贵造价。要充分发挥蕴含在这些三维信息中的巨大价值，需要更好地理解文物领域对三维信息的应用需求，更好地发挥各类三维信息利用技术的特色。以下分别从信息存档、虚拟展示、虚拟修复、数据分析、三维打印等方面分别介绍几个国际上的典型案例，以供借鉴。

4.1　文物三维信息存档

很多的文物三维信息留取工作，其基本目的是为了传承其价值甚至在文物损毁时有机会重建。在这方面有一个非常典型的例子，就是美国自由女神像的三维激光扫描存档工作。

2001 年，在美国本土发生了恐怖袭击事件"9·11 事件"。受此次恐怖袭击事件的影响，美国开始对包括自由女神像和国会山在内的国家纪念建筑执行精细三维数字化信息记录，目标是当受到恐怖袭击或其他不可抗力导致这些重要对象损毁时，可以高精度的重建它们。这项工作是由美国公园管理局（National Park Service）负责的，它与美国得克萨斯科技大学建筑学院合作完成了美国自由女神像的三维信息留取工作。

这项工作中使用了 Cyrax 2500 三维激光扫描仪作为采集终端，同时还使用了 Leica Geosystems TCR702 无棱镜全站仪测量控制点坐标。他们共选择了 13 个点位进行了三维激光扫描，共记录了约精度为 1/4 英寸的 5 亿个三维测点信息，几乎涵盖了自由女神像表面每一寸可见的表面。在花了 4 天时间完成了现场的三维激光扫描工作后，得克萨斯科技大学的工作团队成功的合成了包含 2 亿个点云的整体三维数据，并由此生成了二维的建筑图纸。通过这项工作，自由女神像表面大约 60% 的部分得以精确记录下来。这是因为三维扫描的站点都是选在步行的高度，因而自由女神的基座会遮挡其足部，头冠的顶面部分也无法获得数据。这些数据的补充将通过其他的摄影测量或空中信息采集方式进行补充。

最终，美国自由女神像的三维信息留取结果被美国公园管理局用来进行维护工作，而由三维信息生成的建筑图纸则成了美国国会图书馆的重要馆藏，将由其负责留存至少 500 年。

美国自由女神像三维信息留取工作因其时间较早，里面所用技术方法的借鉴意义已经不太大了。但在此次工作中，极其注重数据的科学性，凡是后期人工修补的数据都以特殊的颜色标识。如此严谨的工作标准对于传世的三维信息留取结果而言是非常必要的。同时在此次工作中，为信息的长期留取提供了一种参考方法。由类似于美国国会图书馆这样专门的机构负责统一收藏这些数据，将比各个文物管理单位分别管理更为可靠。

4.2　文物三维信息展示

基于文物三维信息的展示具有非常显著的作用，比如通过网络化的展示可以全面、生动、逼真地展示文物，从而使文物脱离地域限制，实现资源共享，真正成为全人类可以"拥有"的文化遗产；而在遗址现场或博物馆通过虚实结合的展示形式，可以与实景展示互补，让展示形式更加灵活、展示内容更加丰富。这两种形式的三维信息展示在国内的文博领域已经得到了非常充分的应用，特别是在一些新建设完成的博物馆中扮演了重要的角色。

对于脆弱的文物而言，三维信息展示还能起到文物保护的效果。敦煌研究院于 2008 年起开始建设以虚拟展示为基本手段的数字游客接待中心，利用大型球幕影院、环幕影院为游客循环播放包含数十个石窟高精度三维信息的专门影片。通过影片的播放，带给游客身临其境的游览体验，并由此缩短游客在石窟内参观滞留的时间，减少游客呼吸时产生的湿气、二氧化碳对石窟文物的伤害。

使用影片的方式来使用三维信息基本上不会受到数据量的限制，因为可以通过类似于计算机集群系统这样的大型设备来将文物三维信息计算转变为影片画面。而对于网络化的应用或实时的三维浏览应用而言，三维数据的规模将成为制约应用的一个重要因素。这个制约因素在文物领域尤为显著，乃是因为文物的三维信息在采集制作时往往使用较高的采样分辨率，从而导致海量的三维数据。

美国斯坦福大学与华盛顿大学共同完成的数字化米开朗琪罗计划（Digital Michelangelo Project）中，对于海量文物三维数据的网络化展示提供了创新的思路，并被后来的多个类似系统模仿借鉴。在此计划中，米开朗琪罗的雕塑作品被以非常高的采样分辨率记录下来，比如 5m 高的大卫像就被以 1/4mm 的分辨率采集记录，并得到了拥有 10 个三角面片的网格模型数据。如此海量的三维数据，不但难以通过网络实时传输处理，也难以在普通的计算机上进行显示绘制。项目中开发的一套名为 ScanView 的软件很好地解决了这个问题（图 5 – 11）。

ScanView 是一套 C/S 架构的远程复杂三维模型渲染系统，允许用户在网络终端计算机上交互检视三维模型，而无需下载完整的模型数据。这也在一定程度上保护了高分辨率三维模型数据的版权。这套系统目前可允许网络用户不需特殊许可的远程浏览由数字化米开朗琪罗计划创建的高分辨率三维模型。

在 ScanView 的客户端软件里，提供了一个自由交互浏览的展示模块，以及一系列被大量简化的三维模型数据。通过使用这个客户端软件，用户选择一个简化的三维模型，在自己的计算机上对其进行移动和旋转，就可以欣赏

图 5 - 11   ScanView 软件界面

到简化三维模型的多角度效果。尽管简化后的三维模型仅能提供较差的浏览
体验，但对于导航来说已经足够了。用户还可以在客户端软件里条件灯光和
模型表面参数，以此获得期望的三维浏览效果。当用户确定了浏览的方位角
度后并松开鼠标按钮后，ScanView 的客户端软件从后台服务器请求发送一幅
对应的渲染结果图像，这幅图像是由储存在服务端的高分辨率三维模型计算
生成的。这幅高质量的图像传输到客户端软件，并替代由简化三维模型生成
的图像。高质量图像传输到客户端的延迟通常为 1 ~ 2 秒，但可能随着网络状
况和后台服务器负载情况有所变化。

　　这样的数据访问机制可能会带来一些数据安全性的问题，比如利用高精
度的图像三维重建反算出高精度的三维模型。为了防止利用这样的机制对后
台服务器进行恶意数据访问，有很多安全措施被设计出来应对可能的攻击。
这些安全措施包括了分析来自于同一客户端的数据访问请求日志、加密客户
端的访问请求、对每次访问请求的结果进行光照和视角的扰动、对 OpenGL 渲
染时的光照模型进行扰动、扭曲渲染结果图像、在结果图中增加噪声、将结

果图进行矢量化有损压缩等。

4.3　基于文物三维信息的虚拟修复

　　虚拟修复是相对于文物的实际修复而言的，是利用计算机中的三维信息来替代或模拟实际文物的修复过程。虚拟修复并非只能用作演示之用，在某些情况下可与实际修复工作互补，发挥其独特的作用。比如当文物因历史流传分成不同部件并被不同的单位甚至国家收藏时，可用虚拟修复的方法得到完整的文物展示效果；当文物修复工作需要面对数以百计、甚至数以千计的碎片时，可用虚拟修复的方法让计算机更准确、更有效率地找到正确的拼接方法；当文物修复工作需要执行包含风险的操作时，可用虚拟修复的方法让计算机模拟可能导致的结果，由此评估并选择适合的修复方案。

　　芝加哥大学东亚艺术中心一个历时多年的研究项目可作为近年来较为典型的虚拟修复案例。响堂山石窟在 20 世纪初的时候，遭受了非常严重的破坏，许多雕塑被从石窟墙壁上砍掉、拿到国外并进入市场销售。这些流失的雕塑目前收藏在世界范围内的多个单位或个人手中。这样的文物保存状况让石窟现场的游客和雕塑收藏博物馆的游客都无法体验响堂山石窟的完整面貌。来自全世界的专家组成团队，共同拍摄如今散布在不同地区的 80 多座响堂山

图 5 - 12　响堂山石窟虚拟修复展览效果

雕像，扫描石窟内部场景。最终，研究人员运用先进的影像技术，以数码形式重建已经消逝的雕塑，再现响堂山昔日辉煌。项目的成果在华盛顿史密森亚洲艺术博物馆通过"过去的回响——响堂山佛龛石窟展"（Echoes of the Past, The Buddhist Cave Temples of Xiangtangshan）得以展示给观众（图 5 - 12）。

响堂山石窟的虚拟修复工作为类似的遗址或文物提供了非常好的借鉴，为散落文物的整体展示和研究提供了一种有益的思路。

利用三维信息辅助进行文物碎片拼接的典型案例可参考秦兵马俑的修复工作。秦兵马俑出土时绝大部分是碎片，拼接陶片极其费时。专家曾经计算，以当时的人手计算，拼接所有兵马俑至少需要 100 年。而计算机的应用大大降低了耗时。经过三维扫描，碎片的形状被数字化。而计算机从较大的碎片形状开始分析，找到最能精确吻合的另一块碎片，不断累加。先后将所有碎片拼接上去，形成一套完整的陶俑复原方案。这一系统也成功应用于瓷器和青铜器的复原。

4.4 基于文物三维信息的形状分析与辅助制图

当大量的文物三维信息被采集留存并组合成为一个数据库后，就有机会利用精确的测量结果进行更好的类型学分析。近年来出现的文物三维模型语义研究、古建筑数字三维类型学研究等都是为了在此领域有所突破。

西班牙瓦伦西亚理工大学在对摩洛哥阿特拉斯高山中的 Ksar Tatiouine 小镇遗址的考古研究工作中，尝试使用了三维类型学的研究方法，并取得了较好的效果。研究团队基于考古遗存的特征构建了建筑的三维模型，并以此创建了 Ksar 小镇的完整三维模拟表达。研究团队将传统考古学在二维空间中的分析方法加以转换，使其适用于三维数据，并且在分析方法中加入了对高真实感纹理和光线的处理（图 5 - 13）。

文物三维信息在其保护修复工作中的另一项重要作用体现在其对制图的辅助功能上。事实上美国自由女神像的三维扫描记录结果就被用来辅助生成了其对应的建筑图纸。西北大学在基于文物三维模型进行自动考古绘图方面开展了一些研究工作：研究了文物平面线图绘制方法中的锐化技术和特征线提取技术，提出了基于局部锐化的文物平面线图绘制方法；研究了文物剖视图和等值线图绘制方法，提出了基于剖切平面的文物剖视图和等值线图的快速绘制方法。浙江大学在基于三维模型正射影像图生成考古测绘图纸的技术

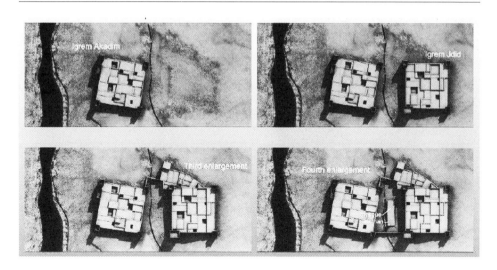

图 5 – 13　Ksar Tatiouine 小镇三维模型演化过程示意

上也进行了一些探索,其引入的高斯双边滤波算法和基于局部特征的线条渲染算法可以在自动生成的考古绘图中保留较好的文物特征。

尽管自动化的图纸生成可以大量减轻实际工作中的工作量,但受限于计算机对文物信息的智能理解技术水平、数字图像处理技术水平等方面的制约,当前仍然无法靠计算机软件稳定获得较好的计算结果。鉴于文物三维信息留存结果中已经包含了全面、精确的三维测绘数据,目前的文物测绘图纸应当定位成文物领域专家对信息重点抽象及综合分析后的表达。因此,未来的自动化图纸生成技术也应当是辅助文物领域专家更便捷的表达,而不应期待可以独立完成此项工作。

4.5　文物三维打印

利用三维打印技术进行文物复制或修补的案例不断涌现,并且效果越来越好,为文物的保护修复提供了一种全新的途径。哈佛大学闪米特民族博物馆利用三维打印技术成功重建了一件陶瓷狮子文物,这件文物是在约 3000 年前亚述人袭击古代美索不达米亚城市努奇时被破坏的(图 5 – 14)。史密森学会数字化项目办公室已经成功地将三维打印技术应用于诸多场景,其中比较有代表性的如被称为"转变了博物馆质量的"三维打印托马斯·杰斐逊雕像。

国内应用三维打印技术进行文物不同比例复制的案例也已经较多,如三星堆博物馆宣称三维打印复制的文物精度已经达到 $2\mu m$;上海印刷集团宣称

图 5 - 14   哈佛大学闪米特民族博物馆
            用三维打印技术修复的陶瓷
            狮子文物

其等比例复原的克孜尔石窟第 17 窟的形状还原相似度达到 100%，色彩精度达到 98%；敦煌莫高窟使用三维打印技术复制石窟彩塑作为文化旅游商品进行尝试等。

然而，目前应用于文物领域的三维打印技术绝大部分都是使用了树脂类的材料，此类材料在老化寿命和表面质感上都存在缺陷。同时，当前的彩色三维打印在颜色数量上也距离高保真颜色复制的要求相去甚远。再综合考虑当前三维打印速度慢、体积小、成本高等技术局限，仍然只能将三维打印技术作为小规模文物复制或文物保护工程的选择，尚未达到大规模推广使用的时机。

综上所述，考古现场的三维信息留取和利用，在本质上与考古现场的照片拍摄和利用是一样的，只是因为技术出现时间较晚而未获得如数码相机般的广泛应用。可以大胆设想，在不久的将来三维信息留取的设备将会有数码相机一样的价格和操作便利性，在文物考古和文物保护领域，对三维信息的使用也将如现在对数码照片的使用一样普及。

目前国内外专注于三维技术研究、乃至于文物领域专用的三维技术研究的机构与专家很多，并仍在不断扩大规模。如何在考古现场更好地实现三维信息留取，如何更好地发挥三维信息的作用，仍有赖于文物领域专家和相关科技领域专家的共同努力。

第6章　考古现场文物保存环境

1　概述

材料在环境因素作用下的老化变质是一种自然的客观规律。文物由一定的材料所组成，同时文物材料又长期处于一定的环境之中，文物的消失是材料与环境共同作用而发生老化变质所致。文物保护研究就是针对这两个致使文物材料老化变质的原因进行研究，以便找到科学有效的保护方法。

长期的文物保护实践证明，在文物保护中应坚持以防为主、防治结合的原则。所谓防，一是最大限度防止或减缓环境因素对文物材料的破坏作用；二是采取有效措施提高文物材料自身抵御环境因素影响的能力。治则是对已损坏文物进行修复，以使文物材料重新变得稳定，减缓文物材料的衰变速度。以防为主、防治结合的方针是做好文物保护工作的基本方针，防是主动的，治则是被动的，防易于治。防的本质就在于延缓文物材料的老化速度，放弃了防也就失去了文物保护研究工作的意义。

2　考古现场文物保存环境的特点

2.1　文物保存环境概述

在环境保护领域，环境是指与人类密切相关的，影响人类生活和生产活动的各种自然（包括人工干预下形成的第二自然）力量（物质和能量）或作用的总和。它不仅包括各种自然要素的组合，还包括人类与自然要素相互形成的各种生态关系的组合。

广义地说，环境是指相对于某一个中心事物而言，能够对这一中心事物产生影响的因素，称之为这一中心事物的环境。因此，文物保存环境是指以文物为中心事物，凡是能够对文物产生影响的各类因素，均称之为文物的环境。近年来全国各地博物馆和文物保护单位的环境监测及文物受损程度的分析表明，影响文物保存的环境因素从文物损坏机理考虑，可按物理、化学、生物三个方面因素的综合效应，归纳如下：

物理因素：光照、温度、湿度、地震、环境振动、噪声；

化学因素：SO_2、H_2S、O_3、NOx、CO、颗粒物、酸雨；

生物因素：霉菌、微生物。

因此，文物保存环境并不是指通常所指的环境科学研究，通常意义的环境是以人类为中心事物的。而文物保存环境的范围要广泛得多，主要包括气象、光辐射、空气污染物、微生物及昆虫侵蚀、地质环境等内容。这些因素对文物材料的危害性是毋容置疑的，但对不同材料的文物，其危害途径和规律又各不相同。

文物材料的老化变质虽然是其自身内部矛盾运动的结果，但外界环境因素的作用也是不容忽视的，有时甚至起着决定性的作用。文物按保存环境可分为馆藏文物、室外文物、地下埋藏文物。不同环境下的文物，对文物进行保护研究时的思想方法完全不同。对于馆藏文物，由于其保存环境的可控制性，发展趋势是研究文物处在什么样的保存环境之中，才能使它老化变质的速度降到最低；相反，对于室外文物，由于其环境的不可控制性或者说只能采取一些宏观措施使环境条件向着有利于文物保存的方向发展（如广泛植被以阻挡风沙对文物的剥蚀作用）。保护室外文物的根本出发点是在现有的环境条件下，如何采取适当的保护措施，把文物材料老化变质的速度降到最低。对于地下埋藏文物，其绝大多数是不可知的，只能通过配合基本建设项目而进行的考古发掘获得。对这类文物的保护，除了一些宏观措施外，由于考古发掘出的文物经历着环境突变的过程，这一保存环境的突变对文物产生的危害不亚于自然灾害。因此研究的重点应放在如何防止环境突变对文物所造成的损坏上。综上所述，来自于自然的和人为的各类环境影响都对文物起着破坏作用，使文物的寿命受到不同程度的损害，而且这种破坏作用是不可恢复、不可逆的。一方面是对文物实体材质的侵蚀破坏以导致物质实体的消失；另一方面是通过破坏文物和与之赖以存在的景观、风貌，使得文物失去其历史文化价值。这与我们通常所说的环境问题对生存环境的影响还有着一定程度的差别，人类自然生态环境的生态恢复实验证明，生态系统可以在一定程度上自我恢复或得到恢复；但文物的破坏具有不可逆的性质。因此预防性的保护是延续文物寿命的最好方式。对文物进行预防性保护，一方面是对文物进行科学的保护修复，另一方面给文物一个适宜的保存环境。因此首先要了解文物在各种环境条件下的材质稳定和破坏情况，才能获得保护对策。

2.2　考古现场文物保存环境特点

如前所述，对于考古发掘现场的文物而言，在文物由地下埋藏转移到地面的过程中，其保存环境经历了一次突变，而在环境突变过程中，环境因素对文物的影响尤为严重。从这一点出发，尽管影响考古现场的文物保存环境因素很多，但主要因素是温度、湿度（水分）、光辐射、微生物、氧气。而这些环境因素具有如下特点。

2.2.1　稳定性

以墓葬为例，一般情况下一座墓穴已经在相当长的时间内保持着恒温、恒湿、无风、无光辐射的稳定环境。

但墓葬内部相对湿度为 100% 的饱和状态，这种高湿度和阴暗环境正是微生物生长、繁殖的良好条件，实际上生物腐蚀早已在墓穴中发生，由水分和其他因素引起的化学风化也早已作用在文物材料上。即使没有其他任何形式的运动变化，文物材料的强度也仅能维持本身物品的完整性。例如漆木器上的颜料层可能已失去任何有机黏着剂，而仅仅是机械附着于木胎表面；丝织品的纤维素可能早已断裂；陶器内部已吸收了大量的可溶盐；壁画或石刻彩绘颜料层中的胶结材料已被微生物腐蚀殆尽。

2.2.2　突变性

一旦墓穴被打开，外部的低湿度空气涌入墓穴，造成了文物材料的迅速干燥、温度随外界大气环境而波动、光辐射照射文物、墓葬内部氧气浓度急剧增加等等。

墓穴打开后，由于内外环境的交换，会引起墓穴内部环境的剧烈变化。其中的文物材料在长期地下环境中已变得极其脆弱，其自身强度无法抵御这种剧烈的变化，结果造成了文物的灰化、粉化。在考古发掘工作中经常会遇到这样的事情，当我们打开了一座古墓穴，准备发掘其中的珍贵文物时，却眼睁睁地看着这些文化财富化成了灰烬。

2.2.3　复杂性

对于考古现场而言，不仅墓葬内部温湿度、光辐射、微生物腐蚀、地下水性质、土壤性质能够对文物产生影响，而且这些环境因素的变化对文物产生的影响更大。因此，从文物保存环境角度入手保护文物，不仅应研究单一环境因素对不同材质出土文物的影响，更应该研究各类环境因素变化过程中对文物的影响，以及各种环境因素协同作用时对文物的影响。

3 温度和湿度对考古现场文物的影响

在考古现场，影响文物保存的各种环境因素中，最基本的因素是墓葬内外空气的温度和湿度。水对任何材质的文物均能产生危害作用，潮湿环境会导致各种文物的劣化变质。

不同质地的文物对温、湿度有不同的要求。大多数文物对其所处的环境有一定的适应能力，经过长时间的循化，状态已趋于稳定。大多数无机质地的文物本身对温度反应不敏感，但绝大多数有机质文物则要求温度变化不应太快、太大，以每天温差不超过 2 ~ 5℃为宜，相对湿度一般处于 55% ~ 60% 之间，危险点的上限为 70%，下限为 30%，每天变化在 3% ~ 5% 之间。同时温度能提高化学反应速度，从而加速文物被腐蚀的过程，缩短文物的寿命。

3.1 温度的定义及其表示方法

3.1.1 温度的定义

宏观上温度表示物体的冷热程度，热的物体温度高，冷的物体温度低。微观上温度表示组成物质的粒子（包括分子和原子）做无规则热运动的剧烈程度。当物体的温度发生变化时，物体的许多性质也将发生变化，例如物体受热以后，温度升高、体积膨胀；水加热到 100℃时，再继续加热，就变成水蒸气。

3.1.2 温度的表示方法

热力学温标：是一种完全不依赖于任何测温物质及其物理属性的温标。它最先由开尔文（Kelvin）引入的，所以也叫开尔文温标，用这种温标所确定的温度称为热力学温度，用 T 表示，它的单位为开尔文，简称开，以 K 表示。根据定义，1K 等于水的三相点的热力学温度的 1/273.16。

摄氏温标：规定冰点（指纯水和纯冰在一个标准大气压下达到平衡时的温度，而纯水中有空气溶解在内并达到饱和）的温度为 0 度，汽点（指纯水和水蒸气在蒸汽压为一个标准大气压下达到平衡时的温度）为 100 度，并认定温度计内液体的体积随温度作线性变化，0 度到 100 度之间的温度按线性关系刻度。为了统一摄氏温标和热力学温标，国际计量大会于 1960 年对摄氏温标作了新的定义，规定它由热力学温标导出，它与热力学温标的关系为：

$$t = T - 273.15$$

式中，t 为摄氏温标；T 为热力学温标。由此式可以看出，热力学温度 T 为 273.15K 时，摄氏温标为零（t = 0）。摄氏温度的单位称为摄氏度，以℃表示。

华氏温标：在一些欧美国家，除使用摄氏温标外，还经常使用另一种温标，称华氏温标。它的单位称为华氏度，以°F 表示。华氏温度 tF 与摄氏温度 t 的关系为：

$$tF = 32 + (9/5)t$$

根据这一关系，可以确定冰点为 32.0°F、汽点为 212.0°F。

3.2　湿度的定义及其表示方法

干燥空气中以氮气（N_2）和氧气（O_2）为主，N_2 约占 78%、O_2 约占 21%，另外还有 1% 的二氧化碳气体（CO_2）和惰性气体。但自然界中的空气中含有一定量的水分，水分通常是以蒸汽形式存在。空气中的水分对文物能产生：物理变化（大小和形状的变化）、化学反应、生物变化（微生物霉菌和真菌的生长）等破坏作用。

表示空气中水汽含量多少的物理量，称为湿度。由于从不同的角度或不同的需要，湿度可以有许多种不同的表示方法，常用的有绝对湿度、比湿、相对湿度等。而文物保护中经常使用的是相对湿度。

3.2.1　绝对湿度

单位体积湿空气中含有的水汽质量，即空气中的水汽密度称为绝对湿度（g/cm^3 或 g/m^3），以 α 表示。绝对湿度不能直接测量。

3.2.2　比湿

一定体积的湿空气中，水汽的质量与湿空气总质量的比值，以 q 表示，即：

$$q = m1/(m1 + m2)$$

式中，m1 为水汽质量；m2 为干空气质量。在一定温度下，一定体积内的干空气所能容纳的水汽质量是有限的，当空气中所能容纳的水汽达到极限，即饱和时的比湿值称为饱和比湿，用 qs 表示。温度越高，qs 值越大，见表 6-1。

表 6 – 1　不同温度时空气中水蒸气的饱和量表

（以 1m³ 空气含水蒸气的饱和量计算）

温度 （℃）	空气含水蒸气的 饱和量（g）	温度 （℃）	空气含水蒸气的 饱和量（g）	温度 （℃）	空气含水蒸气的 饱和量（g）
– 5	3.24	11	10.0	27	25.8
– 4	3.51	12	10.7	28	27.2
– 3	3.81	13	11.4	29	28.7
– 2	4.13	14	12.1	30	30.1
– 1	4.47	15	12.8	31	32.1
0	4.84	16	13.6	32	33.9
1	5.22	17	14.5	33	35.7
2	5.60	18	15.4	34	37.6
3	5.98	19	16.3	35	39.6
4	6.40	20	17.3	36	41.8
5	6.84	21	18.3	37	44.0
6	7.30	22	19.4	38	46.3
7	7.80	23	20.6	39	48.7
8	8.30	24	21.8	40	51.2
9	8.80	25	23.0		
10	9.40	26	24.4		

3.2.3　相对湿度

一定量空气中的实际含水量与同温度下的饱和含水量（该温度下所能容纳水汽质量的最大值）之比称为相对湿度，以 RH 表示。即：

$$RH = \text{一定量空气的含水量} \times 100\%$$

该温度下空气含水量最大值如果用比湿表示，则为：

$$RH = q/qs \times 100\%$$

由上述比湿定义可知，每立方米空气中含有 10g 水，如果是热空气会造成危险的干燥，如果是冷空气则有可能凝结出水。相对湿度的大小直接反映了空气距离饱和的程度，当空气处于饱和状态时，$q = qs$，RH 为 100%，RH 为 50% 的空气，不论温度是多少，总含有它所能容纳水分的一半。由此可以看出，用 RH 度量湿度时受温度的影响已变得很小，同时由于 RH 可以很方便地直接测得，因此以 RH 来度量湿度被广泛用于现实生活和环境研究中。

由以上湿度定义可以看出，空气温度与湿度是相互关联的两个量。由于 qs 值随温度的升高而增大，所以相对湿度 RH（以下简写为 RH）随温度的上升而下降；反之，温度降低，RH 上升。

3.3　温度和湿度对考古现场文物的影响

空气环境温度和湿度是直接作用于文物材料的两个最基本因素，任何材料的文物都有它最适宜的温度和湿度范围，一旦超过这一范围，文物材料就要发生病变。

3.3.1　热胀冷缩与湿胀干缩

3.3.1.1　热胀冷缩

温度对室外文物的影响体现在两个方面，一是由温度因素直接产生的破坏作用，二是由于温度的改变引起相对湿度的改变而对文物产生的间接破坏作用。

直接性破坏主要是指组成文物的两种或两种以上的材料由于热膨胀系数不同，各种材料受热膨胀或遇冷收缩时的体积变化不同，变化速度也各异，导致文物的开裂，也称温差风化。

温差风化是由温度变化引起的，地表及近地面空气的温度受太阳辐射的影响，而呈昼夜和季节的变化，地表的岩石或建筑物，白天接受阳光辐射使表面受热膨胀，并且热量缓慢地向物体内部传递，因此物体内部受外部热的影响很小，致使岩石内外在白天接受太阳辐射因热膨胀的体积、速度不同，产生了内应力；到夜间岩石或物体的表面开始散热，体积发生收缩，但内部因日间持续传来的热，这时体积发生膨胀。这样，岩石或物体表面与内部的体积膨胀和收缩的步调便不一致。如果这样的过程持续进行，岩石的表层便在膨胀、收缩时产生的压力和张力作用下发生裂缝而破碎。当表层脱落后再继续风化新出现的表层，直至完全破坏殆尽。

温差风化的强弱主要决定于温度变化的速度和幅度，昼夜温度变化的幅度越大，温差风化越强烈。在沙漠干旱地区，夏季白天最高气温可达 47℃，夜晚气温可降至 −3℃，温差幅度达 50℃，所以干旱地区的温差风化一般比较严重。

3.3.1.2 湿胀干缩

对于吸水性材料,温度所形成的热膨胀比湿度引起的"湿胀干缩"产生的形状变化要小得多。例如 RH 为 55% 的木材,其含水量大约是本身重量的 12%,当温度不变,而 RH 升高 4%,或者是温度升高 10℃,而 RH 不变,两种情况下木材横截面的增大量是相等的。而 RH4% 的波动,即便是最好的空调系统也是允许的波动范围;但温度变化 10℃ 在大部分地区,标志着温度极大的改变。因此在文物保护研究中,我们一般不必计算文物材料中的含水量,而只需测量材料周围的相对湿度即可。同时为了保存文物,应尽量保持 RH 的恒定,所以在文物保护环境研究中,湿度的测量与控制远比温度重要。

3.3.2 温湿度对金属文物的影响

现代金属腐蚀理论认为,金属腐蚀的本质是一个电化学反应过程,温度升高使阴、阳极反应速度加快,从而加速金属的腐蚀速度。一般来说,温度升高 10℃,金属腐蚀速度增加一倍;但是当温度升高到足以使水膜干燥时,金属腐蚀速度会有所下降。

此外金属的腐蚀与其表面形成的水膜厚度关系极为密切,水膜厚度为 1 ~ 10nm 时,水膜不连续,发生干的大气腐蚀,此时金属文物在清洁的室温大气条件下,往往生成一层厚度大约为 0 ~ 4nm 的氧化膜薄层;而在含硫的空气中生成硫化物薄膜,厚度可达几十纳米,从而使铜、银等文物表面变暗。这种腐蚀过程一般只影响文物表面美观和表面的导电性能,不会使文物发生明显的腐蚀破坏。当水膜厚度在 $1\mu m$ 以内时,可以形成连续的电解液薄膜层,对于金属文物而言,开始了电化学腐蚀过程,腐蚀速度急剧增加。如果环境相对湿度在 35% 以下,金属文物的腐蚀现象能够完全被控制,相对湿度上升到 60% 时,金属文物腐蚀骤然开始,相对湿度上升到 80% 时,腐蚀速度显著上升。因此,湿度就成为促进腐蚀反应发生、进行的主要因素。在金属表面或表面水膜中有可溶性盐类,特别是 Cl^- 时,由于其强吸水性可以增加液膜的导电性,使腐蚀速度加快。

空气相对湿度的大小关系着金属表面是否形成水膜和水膜的厚度,也就是决定金属发生电化学腐蚀的基本条件。当相对湿度还相当低时,金属表面就已经吸附了水膜,但难以形成有效的离子传递,不足以使金属表面的电化学腐蚀顺利进行。当空气中相对湿度达到一定高度时,金属表面的水膜达到一定厚度，电化学腐蚀速度突然上升，此时的相对湿度为该金属的临界相对湿度。由于组成金属文物的材料的金属活动性不同、金属文物制作工艺不同，对温湿度的反应也不同，以下分别进行讨论。

3.3.2.1　铁器

由于铁的化学性质活泼，铁器最易腐蚀，因而出土铁器常呈酥粉、断裂、鳞片脱落状。铁器的主要腐蚀产物为多孔性水合氧化铁，能吸附大量的水分、污物和无机盐，加速铁器腐蚀。

氯化物是铁器腐蚀的活跃因素，氯化物与铁器作用生成三氯化铁，在潮湿环境中，水分与三氯化铁作用，形成氢氧化铁和盐酸，而盐酸又继续与铁作用，如此反应继续下去，导致铁器完全毁损。因此铁器必须保存在干燥环境。

3.3.2.2　青铜器

青铜器的有害腐蚀物是淡绿色的粉状锈（碱式氯化铜），是青铜器与氯化物和水作用的结果。青铜器与氯化物接触形成氯化亚铜，氯化亚铜与水作用生成氧化亚铜和盐酸，氧化亚铜与盐酸、氧和水作用生成碱式氯化铜，而盐酸又与铜、碱式碳酸铜作用亦生成碱式氯化铜。反应如此长期继续进行，终会导致青铜器全部转化为碱式氯化铜而彻底毁损。

氯化亚铜在潮湿环境中可生成碱式氯化铜的试验表明：氯化亚铜在 RH 为 95% 的环境中，经 2 小时即形成碱式氯化铜；在 RH 为 78% 的环境中，需 4 小时形成碱式氯化铜；在 RH 为 58% 的环境中，需 24 小时形成碱式氯化铜；在 RH 为 35% 以下的环境中，则未形成碱式氯化铜。说明环境干燥对青铜器的保存是有利的，即使存在有害锈，也呈稳定状态而不扩散蔓延。

3.3.2.3　金器

黄金质地稳定耐腐蚀，在常态下是最不易受腐蚀的金属，在大气和水中极为稳定，在任何温度下均不与氧直接结合。但鎏金、贴金等饰金器物的金质薄层出现裂隙、微孔时，使空气中的水分和电解质进入饰金器的基体，使铜、银等材料腐蚀，导致饰金器被锈蚀产物所覆盖，或使金膜与胎体脱离。黄金的合金制品会使其耐腐蚀性降低，低于 14K 的黄金合金，其含金量为58.5%，易腐蚀而失去光泽，当含金量超过 75%，即 18K 金时，则可保持稳定而不失光泽。

3.3.2.4　银器

银的化学性质也较稳定，但在贵金属中最活泼，在潮湿且有硫、氯、氧的环境中，易发生腐蚀。银器在大气中极易受二氧化硫或硫化氢等含硫物质的侵蚀，而生成色彩晦暗的黑色硫化银。

银器受土壤中氯化物的侵蚀，而在器表形成氯化银，此腐蚀物为微带褐色或紫色的灰色物质。氯化银腐蚀层与其他腐蚀产物接触，可呈现悦目的古斑色调，如被氧化亚铜染成红色，被碱式碳酸铜染成绿色等。腐蚀严重时，器物体积逐渐扩大，使器物膨胀变形，胎体酥松脆裂。当环境湿度过高时，银器表面易凝结成水膜，腐蚀介质易在表面滞留并参与反应，而加速银的变质。

银的腐蚀还来自强光辐射，由于紫外线可分解氧分子，产生活化态的氧，银吸收紫外线而形成氧化银。若银器材质为银铜合金，在地下埋藏环境中，由于腐蚀介质的作用，易发生电化学腐蚀，其中银受阴极保护，而铜受到阳极氧化，结果在银器表面形成铜锈覆盖层。

3.3.2.5　锡器

锡在常温下暴露于空气中数分钟就能生成二氧化锡氧化膜，当氧化膜超过 3mm 时，氧化速度减慢，当相对湿度超过 85% 时，其氧化膜会增厚，而产生干涉色。锡的劣化变质主要是环境温度，低于 13.2℃ 时，锡有变态的趋势，从具白色金属光泽的 β 锡，转变为性质脆弱的灰色 α 锡，温度越低，变态趋势越大，至环境温度在 -33℃ 则转化速率加快，完全变为灰锡，使器物体积增大约 20%，造成锡制品崩碎乃至呈粉状，称为锡疫。

3.3.2.6　铅器

铅器在空气中很易被氧化，形成灰色的氧化铅薄膜，由于氧化铅致密，体积改变不大。但在潮湿且二氧化碳充分的环境中，铅会被腐蚀生成碱式碳酸铅。铅与盐酸、硫酸作用，形成氯化铅和硫酸铅。上述腐蚀产物可阻止铅器继续腐蚀。但当空气中存在醋酸、鞣酸等有机酸时，则加速转化，铅器腐蚀层常变为粉状的碳酸盐。

3.3.3　温湿度对陶瓷器、玻璃器、砖瓦及石质文物的影响

3.3.3.1　陶器

陶器是用普通黏土在低温下烧制而成的，具有多孔和吸水性。这类文物

是考古发掘而获得的，在地下潮湿环境中，水中的可溶性盐类及其他杂质均可渗入到器物内部，其表面也会沾染污垢或覆盖凝结物。出土后所处的温湿度环境发生了改变，体内的水分将向外部蒸发，水中的可溶盐将滞留在陶器表面而造成污染。出土后如果保存温度过低时（0℃以下），可能造成陶器内部水分的冻结，致使陶器碎裂解体。收藏环境湿度的变化，导致渗入器物内的盐类物质反复出现溶解和重结晶，使器物强度降低，易酥粉破碎。

3.3.3.2　瓷器

瓷器由于其原料的精选和烧成温度较高，胎体致密、坚硬、无吸收性或吸水率极低，盐分不易渗入瓷胎内部，故瓷器的劣化主要为机械性损毁。但温湿度的变化可能导致瓷器表面玻璃质釉层发暗模糊，失去光泽或分解。

3.3.3.3　玻璃器

玻璃器是硅酸盐材料制品，一般具有良好的化学稳定性，其稳定程度是二氧化硅起决定作用，由于制造工艺及材料的原因，在玻璃体内的钠和钾离子都有轻微的溶解度，能被水分析出，转变成为氢氧化物，又很快被空气中的二氧化碳作用而转变为碳酸盐，钠、钾的碳酸盐易吸收水分而潮解。

导致玻璃风化的环境因素是潮湿气体中的水分子附在玻璃表面，并吸附二氧化碳、二氧化硫等酸性气体，随着水向玻璃内部扩散，使玻璃中的可溶性组分硅酸钠、硅酸钾被水溶解，在玻璃中形成氢氧化钠并分离出二氧化硅，氢氧化钠与空气中的二氧化碳作用，生成碳酸钠聚集在玻璃表面。由于碳酸钠具较强的吸湿性，吸收水分而潮解，形成碱液微滴。浓缩的碱液长期与玻璃接触，在玻璃表面形成局部侵蚀的斑点。玻璃被侵蚀时，轻者表面形成雾状薄膜或点线状模糊物，失去光泽和透明度；严重者表面出现白霜、粉化脱落、裂成碎片，有时出现闪光膜或彩虹。玻璃劣化还能出现变色现象，如红色玻璃中的显色剂为氧化亚铜，风化后则转化为碳酸铜，因而变成绿色玻璃。

3.3.3.4　砖瓦

砖瓦具有质地疏松、多孔隙、吸水性强等缺陷，受环境因素影响易出现酥粉、剥离、断裂等劣化现象。

环境温度的波动使砖瓦材料随之出现膨胀与收缩的交替变化，使之疏松粉化。

在潮湿环境中，水分在砖体毛细管中分散存在，当环境温度降至0℃以下，砖内水分结冰造成积体增大，其应力使砖体产生裂隙，如此反复进行而造成酥粉。

砖瓦基体内的可溶性盐类和从土壤、地下水和大气污染物中吸收的可溶性盐类，在砖瓦基体内会反复出现溶解与结晶现象，也导致砖瓦材质的断裂、酥粉。

3.3.3.5　石质文物

由环境因素造成的石质文物风化是相当严重的，环境温度的交替波动使石材中的各种矿物组分，热膨胀系数不同引起不均匀的收缩和膨胀，因而使强度小的矿物开裂破碎。在寒冷环境中，石材中的水分冻结使之体积膨胀，在石材中产生压力，造成岩石颗粒空间加大，石材强度降低而开裂。石材表层聚集的含结晶水的盐类，在干燥环境中失去或减少结晶水，体积收缩，形成粉末；当处于高湿环境时，又吸水膨胀产生压力，加速岩石颗粒间裂隙的扩大。

水对任何腐蚀破坏因素都能起到媒介作用。没有水的存在，像空气污染物中的SO_2等酸性气体的化学风化作用无法进行。而环境湿度控制着石质文物表面水分的来源，它不仅对其他因素破坏石质文物起媒介作用，同时水本身也能造成严重的直接破坏。渗入岩石内部的水分，除与泥质胶结物发生水化作用外，岩石表面的水（主要是温度降低产生的冷凝水），对岩石形成了外多内少的渗透分布，引起岩石的体积膨胀所产生的内应力由外向内明显下降，使得石质文物价值最高的表层，成为受水分侵入影响最大的部位。

3.3.4　温湿度对有机材料文物的影响

有机材料文物的共性是其内部含有一定的水分，当外界空气湿度较高时，它可以吸收水分，并产生水解、增重等反应。当外界空气湿度较低时，它可以释放内部水分而产生变形、干裂。同时有机材料文物的主要成分是纤维质（素），具有很强的吸水性，可吸收数倍于本身重量的水，吸收后又会产生溶胀作用，所以水分对纤维质地的文物有很大的影响。

在温度和湿度两个环境因素中，相对湿度对文物材料的影响更大。但温度和湿度是两个相互关联的物理量，当温度改变时，相对湿度也随之改变，所以说温度是通过改变相对湿度间接影响文物材料的，例如当温度上升时，室内相对湿度下降，改变了某些含水文物材料的湿度平衡，为了重新达到平衡，文物材料内部的水分开始蒸发以适应新的湿度平衡条件，这时，文物表面开始干燥收缩，对于各向异性材料（如木材）则开始翘曲、干裂。由此可以看出，对于文物保护的温湿度环境，最重要的是防止它们突变。不同的有机材料对相对湿度的反应状况也不同。

3.3.4.1　纸张

以纸张为材料的纸质文物有书籍、经卷、碑帖、文献、档案、报刊等。中国古代造纸原料为天然植物纤维。而纤维素分子的氢氧基是一个亲水集团，是纸张吸湿的根源。环境湿度大，纸张纤维大量快速吸水，对纸张的耐久性产生很大影响。纸张吸水发生溶胀现象，使纤维间的距离增大，易于空气污染物侵入纤维，加速化学破坏作用。纸张潮湿又遇光线，则纤维素发生光氧化反应而迅速破坏。纸张潮湿也易霉变和虫蛀。潮湿还可使水溶性的色彩渗化扩散、变色褪色、字迹模糊。

同时纤维素分子间含有适量水分，产生一定键能的氢键，使纤维素分子紧密整齐排列，保护了纤维素遭破坏，使纤维素具有柔软性和可塑性。故纸张过于干燥，就因失去塑性而脆裂。

3.3.4.2　竹木漆器

竹、木、漆器的原料为木质纤维，它们同属吸湿性物质。对干燥是敏感的。木材正常的含水量为本身重量的 12%～15%，当干燥到与周围环境处平衡状态时，仍应含此比例的水分，若含水量低于此比例，木材则翘曲变形。RH 在 55%～65% 之间波动，一般对木质文物无显著影响，RH 降至 45% 则面临干裂危险。此外天然木纤维在吸水膨胀时，直径和长度变化不一样，相对湿度为 100% 时直径膨胀为 23%，而长度膨胀只有 2%；木材膨胀时各个方向也不一样，弦向膨胀约为 6%～13%，径向膨胀 3%～5%，纵向膨胀为 0.1%～0.8%，因而导致吸湿后的纤维变形。

考古发掘出土的竹、木、漆器，在地下长期受地下水、电解质和霉菌的侵蚀，多已饱吸水分，其含水量一般在 300%～800% 之间，造成木质纤维腐朽糟烂，出土后必须做脱水处理。

漆木器以木质胎体为主，亦具干缩湿胀的特点，RH 升高，使木质纤维和漆皮溶胀，致漆皮破裂。RH 下降，水分蒸发，木胎收缩，则引起漆皮皱褶、翘曲、脱落。

3.3.4.3　纺织品

纺织品包括丝、毛、麻、棉纺织制品，均来源于自然界的天然生物高分子材料。在植物纤维中有茎纤维的大麻和种子纤维的棉花。在动物纤维中为蛋白纤维的蚕丝和羊毛。

丝织品的原料蚕丝是蚕的分泌物，辅助材料是天然植物染料和矿物染料。丝织品的老化，使其结构和性能发生改变，表现在强度降低、酥脆断裂、色泽变黄等。当环境相对湿度大于 50% 时，其机械性能随 RH 升高而迅速下降，伴随湿度和温度的升高，而加速变黄。高温高湿引起的生物劣化，使丝织品发生霉变和虫蛀。丝纤维是耐光性最差的纤维材料，光线辐射使其泛黄、酥脆，毛纤维也易遭虫蛀和霉变。

环境温度过高，易使纤维材料中原有的水分蒸发，造成干脆断裂。温度的剧裂变化，使纤维的热胀冷缩产生相互摩擦而降低强度。故以在低温避光的环境中保存为宜。

3.3.4.4　皮革

动物皮革是由数目极多的纤维束纵横交错而组成的，其主要化学成分为蛋白质、水分和油脂，是一种多孔性材料，易吸水。在高温条件下，水能溶解皮革中的某些蛋白质，使皮革纤维变为胶糊状，脱除一定量的油脂和水分，致使皮革板结、硬化、脆裂，机械强度显著下降。同时，在高温高湿环境下，皮革是微生物的良好营养供给源，易引起皮革的微生物腐蚀。

3.3.4.5　骨角器

骨角质文物是以动物的骨、角、甲、牙为材料制成的雕刻艺术品或器物。温湿度的剧烈变化，使这些材料翘曲开裂，加之光线辐射和空气污染因素的影响，更促使其质地疏松、表面脱层酥粉、色泽深黄，均是骨蛋白等物质老化分解的结果。

3.3.5　温湿度对壁画的影响

温湿度可以引发多种壁画病变，其中最突出的是壁画颜料变色、壁画酥碱病变、壁画颜料胶结材料老化。

3.3.5.1　石窟壁画颜料变色

颜料变色是一个十分复杂的光化学反应过程，它不仅与颜料的化学成分、性质有关，而且与颜料载体的性质，光辐射、相对湿度等因素都有很大关系。古代壁画经分析绝大多数使用的是无机矿物颜料，它们在常温下的化学性质是非常稳定的，但在这类颜料中的红色颜料中大量使用了密陀僧（PbO）、铅丹（Pb_3O_4）、铅白等铅颜料以及朱砂（HgS），它们都存在着程度不同的变色现象，其中尤以铅丹的变色最为严重。而高湿度条件是引起这类颜料变色的必要条件之一，在 RH≥70% 时开始发生变色反应，并且随着 RH 的升高变色速度及程度明显加快，不论是哪种铅颜料，其变色后的最终产物都是黑色二氧化铅。

3.3.5.2　壁画酥碱

上述的颜料变色是在高湿度环境下由光辐射引发的一种化学变化。壁画酥碱病害与之相比，则不论相对湿度的高低，只要不发生饱和现象，就会产生酥碱病害，在其变化过程中没有任何化学反应，是一中单纯的物理过程。并且相对湿度越低，这种病变的程度越严重。一般，在壁画制作材料中（岩体矿物、胶结物、地仗材料、水）都含有少量的可溶性盐，当壁画中的水分蒸发后，这些盐留存于壁画里面，随着水分的不断蒸发，壁画中的可溶盐越来越多，当水分经过壁画时，这些盐重新溶解，水分蒸发后再次结晶，即壁画中的盐始终处于溶解、结晶、再溶解、再结晶的过程。溶解—结晶时体积发生了改变，同时每次结晶的地点不同，这样缓慢地侵蚀壁画，最终导致壁画酥松胶落，发生酥碱病害。

空气的温湿度变化是这类病害发生、发展的关键因素之一，它们决定着崖体中水的蒸发速度，因此也就决定了水分中可溶盐的结晶过程与地点。据研究，蒸发速度与空气相对湿度有直接关系，干空气的蒸发速度最大，饱和空气中的蒸发速度为零。石窟寺洞窟壁画的蒸发速度介于二者之间，空气越干燥，其蒸发能力越大，也不论湿度多大，只要没有达到饱和状态，蒸发现象就存在，就能引发酥碱病变。

3.3.5.3　胶结材料老化

中国古代壁画的制作，一般是在无机矿物颜料中加入一定量的胶结材料。

这是由于手工制作的矿物颜料颗粒较大，与水不易调和，即使调和了，在地仗层上的黏附固着能力也很差。胶结材料有动物性和植物性两大类，它们均含有丰富的蛋白质，在高湿度环境下，这些蛋白质是微生物的良好营养基体，而微生物在其代谢过程中产生的草酸等有机酸能与颜料中的石青、石绿等含铜或石膏等含钙物质发生反应而生成草酸铜或草酸钙，从而加速胶结材料的老化，导致壁画颜料层强度降低，最终胶落。

胶结材料的老化是一个非常复杂的过程，由于不同地区温、湿度等环境因素的差异，胶结材料老化有上述高湿度引起的生物老化，有炎热、干燥气候引起的热氧老化，也有强烈日光辐射引起的光氧老化。通常是各种因素交替作用，相互促进的。

3.3.6 温湿度与微生物的生长

文物材料几乎都是天然的动、植物材料，如壁画地仗层中的棉、麻、草等纤维类，画面层的动物胶、植物胶等蛋白质，微生物孢子可以在上面滋生蔓延，使壁画颜料变、褪色、胶结材料老化和降解，进而使壁画发生脱落、颜色变浅。微生物和昆虫对文物的破坏相当严重且难以弥补。

温湿度对微生物的形态、生理产生着决定性的作用，各类微生物生长的适宜温湿度环境见表6-2和表6-3。因此，在一定的温度范围内，微生物的新陈代谢活动与生长繁殖随温度上升而增加；温度上升到一定程度，高温开始对机体产生不利影响；如果再继续升高，则细胞功能急剧下降以致死亡。已知的微生物在-10~95℃均可生长。导致天然纤维长霉的霉菌大多数属中温型微生物，它们在生理上较其他微生物对艰难环境更具适应性。霉菌可以在0~62℃的范围内生存，最适温度为20~40℃。霉菌有分解利用相当广泛的基质的能力，而且可以极有效地将营养转化为细胞物质、纤维素等复杂的有机碳化合物，作为碳源被霉菌分解利用。

表6-2 各类微生物的适宜生长温度（℃）

微生物类别	最低温度	最适温度	最高温度
低温性微生物	0℃以下	10~20	25~30
中温性微生物	10~20	25~27	40~45
高温性微生物	25~45	50~60	70~80

表 6 – 3　各类微生物发育对湿度的要求

微生物的种类	要求最低相对湿度	适宜生长的相对湿度
好湿性微生物	90% 以上	接近 100%
中湿性微生物	80% ~90%	98% ~100%
低湿性微生物	80% 以下	95% ~98%

如前所述，对于木质、骨头、象牙、皮革或它们的混合材料组成的文物，在正常保存环境下，要维持其体内含有一定的水分。对于这些出土的文物，由于其原先所处的环境潮湿而体内水分含量过高，从文物材料的力学强度和微生物霉菌两个方面考虑，应实施干燥处理。但必须注意，干燥时不能过于迅速，干燥速度太快，会形成物品材料的内应力。例如，一块木头外面首先干燥，形成外层收缩的趋势，但其内部大部分还处于含水较多的情况，因此内部在抵制这种收缩，结果是表层被迫扩张并形成开裂；此后干燥过程逐步向内部渗透，内部反过来也试图收缩，但此时已扩张了的表层对内部来说已显得太大了，因此会在木材内部产生空隙。如果干燥速度足够慢，就可以防止表面与中心含水量的较大差别，可以预防上述过程的出现。同时，控制干燥速度缓慢的另一个原因是，对于那些含水量已经经历了基本变化的文物，可以进行严密的观察，如果干燥速度不过于迅速，在出现任何较大的危险之前，能够预测并制止它们的发生。

在保证相对湿度缓慢变化的前提下，其干燥时间视文物的材料成分和体积而定。在不损坏文物的原则下，体积越大，所需要的干燥时间越长；对于具有良好伸展力的纺织品和纸质文物来说，其干燥时间只要 1 ~2 个小时就可以了，而对于体积较大的木质文物，其干燥时间则需要几个月甚至更长。

4　光辐射对考古现场文物的影响

光辐射与空气温湿度环境一样，是考古现场出土文物保存中最基本的、最常遇到的外界环境因素。其主要来自太阳的光辐射，其次来自人工光源，其中尤以紫外光为甚。光对文物材料的危害除了它的热效应能使有关化学反应加快速度外，更重要的是体现在光化学反应上。光线能够损坏它所能到达的任何物体的表面，光对文物材料的主要作用是表面变质，而表面正是许多文物的精华所在。

　　研究表明，光对所有有机材料文物具有破坏作用，引起它们表面变质并加速这种变质反应；而对无机材料文物没有明显的直接破坏作用。光对文物材料的破坏作用主要是引发化学变质反应，导致文物材料老化，称为光老化。因此，了解光的基本特性以及它对文物材料的老化过程，进而将这种老化变质影响减小到最低限度。

4.1　光及其能量

　　光线实质上是一种频率很高的电磁波，如果把自然界中的所有电磁波按波长或频率大小进行排列，可以组成一条很宽的谱带，称之为光谱。包括紫外光、可见光、红外光。其波长范围是：紫外光 100 ~ 380nm；可见光 380 ~ 780nm；红外光 >780nm。

　　光子是光的吸收和发射时的最小能量单位，光子是以量子化（不连续）的形式，并且以巨大速度传播能量的。光子的能量与光的频率成正比，与光的波长成反比，对于一个光子来说，其能量为：

$$E = h\nu = hc/\lambda$$

　　由上式可知光的波长越短，光的能量越大。不同波长光的能量见表6 - 4。

表6 - 4　不同波长光的能量

波长	光能	
	Kcal · mol	KJ · mol
200	142.5	598.5
300	95.0	399.0
400	71.3	299.3
500	57.0	239.4
600	47.5	199.5
760	37.5	157.5

光谱中以可见光为中心，可见光区左边的光辐射能量较大，可以诱导化学反应的发生，而右端的光辐射能量较低，不能够使材料发生化学反应，但这种能量却能以热的形式释放出来产生热效应，在光谱中，波长在 $100 \sim 400nm$ 范围的光，因位于可见光中紫光的外端而称之为紫外光（或紫外线），其中波长在 $100 \sim 200nm$ 之间的称为真空紫外线，$200 \sim 300nm$ 的称为中紫外线，$300 \sim 400nm$ 的称为近紫外线。

紫外线的主要来源是太阳辐射和各种人造光源，其中以太阳光辐射的紫外线强度最高。当太阳光通过大气时，$320nm$ 以下的射线将全部被外层大气中的臭氧层所吸收，只有 $320 \sim 400nm$ 的近紫外部分能够到达地球表面，约占全部光线的 9%。紫外线的另一重要来源是我们日常生活中使用的各种人工光源，紫外辐射强度是：太阳光 > 荧光灯 > 白炽灯。

地面接收的紫外辐射强度约占太阳总辐射能量的 9%，虽然在数量上很小，但由于它具有两个显著特点：一是波长短，能量比可见光大得多；二是穿透能力比可见光小得多，易被物体吸收而转变为内能。因此紫外线对材料的破坏性远大于可见光，文物材料的老化与紫外辐射下发生的一系列光化学反应有直接的关系。

4.2　光老化反应的类型与特点

有机材料主要以共价键形式相互连接而成，若化学键断裂，就会造成有机物的分解。紫外线和可见光中的紫色、蓝色光具有足以使有机物化学键断裂的能量，导致文物出现泛黄、变色、脆化、龟裂等劣化变质现象。

4.2.1　光老化反应的类型

4.2.1.1　光裂解反应

光裂解反应是指高分子材料吸收光辐射能量而直接发生裂解的光化学反应。光裂解反应的速度用链断裂量子产率表示，它是单位时间内断裂的聚合物分子数和吸收的光子数之比。即：

链断裂量子产率 = 发生断裂的分子数 : 聚合物材料吸收的光子数

在初始光裂解反应中，由于材料分子吸收了一定波长的光量子被激发成为激发态后，除了通过光化学反应消散积累的能量外，还将通过荧光、磷光等不同的物理过程消散所吸收的能量，因而直接光裂解的量子产率很低。如在 $253.7nm$ 光辐射下链断裂的量子产率，纤维素为 1.0×10^{-3}、醋酸纤维素为

2.0×10^{-4}，聚酯在波长 $280 \sim 360nm$ 光辐射下链断裂量子产率为 5.0×10^{-4}。

由此可见，直接光裂解反应一般不足以构成光化学反应的主导反应，这也正是有机质文物材料在受到日光等作用时，不以极大速度发生灾难性"老化变质的原因所在"。

4.2.1.2　光氧化反应

氧可对纤维素起氧化作用，而光线能加速此反应，称光氧化反应，它是导致材料变质或变、褪色的主导反应。一个有机长链或聚合的高分子材料吸收一个能量为 $h\nu$ 的光子后，该分子中的一个电子被激发形成了一个游离基后，立即与氧分子结合形成过氧化原子团，过氧化原子团又与材料分子反应，生成新的游离基。只要初级光化学反应导致材料内部产生游离基，即使停止光辐射，这种老化反应也将继续下去而腐蚀材料。

对于纯度较高分子材料，直接吸收光辐射所引发的光氧化反应作用很小。但高分子材料在制作过程中不可避免地带入某些重金属离子杂质，尤其是有机质文物材料，重金属离子通过单电子的氧化还原反应可以参加各种反应，如它可先与烷基氢过氧化物反应形成不稳定的配位络合物，然后通过电子转移形成自由基，进而引发氧化反应。

4.2.1.3　光的热效应

光谱中可见光区红光（波长 $760nm$）以上部分的辐射称为红外光，当物体吸收长波辐射后会造成局部升温，因此把红外辐射也称为热辐射。由于红光及红外辐射的波长较长，能量较小，不能诱导光裂解和光氧化反应，其产生的热效应也不足以使材料发生热老化反应，所以它对材料的破坏能力远小于紫外线。

4.2.2　光老化反应的特点

老化变质的化学反应，实质上是吸收或释放保存在分子中势能的过程。不论是哪一种过程，要使反应开始发生，即引发这种反应，必须从外部吸收一定数量的能量，称为老化反应的"活化能"，活化能的大小依材料和反应类型而异。发生氧化反应的活化能约为 $20.95 \sim 146.65$（KJ/mol），热分解反应的活化能约为 $125.70 \sim 335.20$（KJ/mol）。它们都在紫外线和可见光短波辐射的能量范围之内，参见表 6-4。一般情况下，一种暴露于光线下的有机材料的老化过程经历三个时期。第一个时期称为"诱导期"，显示出的光化学反应作用很小，事实上光辐射正在被吸收，并且反应正在开始，只是还没有明显地影响材料的机械强度和颜色，而且常常由于高分子材料内的杂质承担了光氧化作用的重担，暂时防止了聚合物结构的损坏。第二个时期，一直附着在聚合物上的杂质被耗尽，因此光氧化作用加速进行。第三个时期，由于该完成的大部分损坏过程都已完成，变质老化速度减慢。

当有机材料组成的文物受到光辐射，尤其是紫外线的辐射时，将会发生分子链被打断，或在空气中氧的作用下引发一系列光氧化反应，从而使有机材料化合物分子结构发生变化。光老化特征归纳起来有：（1）外观上的变化，如变色、褪色、斑点、龟裂、形变等；（2）物理性质的变化，例如材料的溶解度、比重、吸湿性、透光性等都将发生程度不同的改变；（3）机械性能的改变，例如强度、耐折度等性能的下降；（4）分子结构的变化，例如分子间构型的变化并产生交联，分子量变小等。因此，光化学反应的实质是由光辐射为有机材料提供了化学反应的活化能，因而光化学反应具有一些共同的特点。

4.2.2.1 光化学反应是分子激发态的反应

物质材料中的分子或原子在其运动状态中，如果无外界因素介入，其能量总是处于最低的状态，称为基态，基态是分子或原子的最稳定状态。一旦材料受到光辐射后，分子或原子中的核外电子将获得能量而跃迁到能量较高的轨道上运动，称为激发态。激发态分子的能量较高，也很不稳定，它要通过各种方式耗散多余的能量而返回到稳定的基态运动状态。

在大多数情况下，从较高单重态到第一激发单重态的转换速度很快，约 $10^{-7} \sim 10^{-10}$ s，在任何辐射过程与化学反应开始之前已经完成，因此它不可能引发光化学反应。而单重第一激发态的寿命比三重第一激发态的存在寿命（约 10^{-2} s）短得多，虽然它们都能引发光化学反应，但通常只有三重第一激发态能将电子激发态的寿命维持到足以发生双分子反应的程度。因此光化学反应中，大多数是三重第一激发态分子的反应。

4.2.2.2 材料对光的吸收具有选择性

有机材料在光辐射下发生光化学反应的前提是必须吸收光辐射的能量。由于分子的电子运动轨道能级是量子化的，所以并不是任何波长的光辐射都能被电子吸收而导致发生光化学反应。即分子中电子对光辐射的吸收具有选择性，只有那些与材料分子的基态与激发态能量之差满足某一波长的辐射光子能量时，这种波长的光才能被吸收。

　　由于各种有机材料的分子结构不同，其基态与激发态之间的能量差也不同，所以各种材料对光的吸收范围不同，对光的反应波长也不相同。例如聚酯材料对 300 ~ 330nm 的紫外线最敏感、而聚氯乙烯对 320nm 的光辐射最敏感。有机化合物被光辐射具有选择性的活化，是光化学反应的又一个显著特点。

4.2.2.3　光辐射的波长越短，光化学反应的效应越大。

　　高分子化合物分子键的断裂，只有吸收并积累了相当数量能量时才能发生，进而引发光化学反应。分子键的断裂是成键电子的振动能量超过一定数量，振动时远离平衡位置，最终脱离原子核的束缚，导致化学键断裂。表 6 - 5 列出了高分子化合物中几种常见元素 C、H、O、N 等的共价化学键强度，它们大都在近紫外区及可见光区的紫、蓝色光波能量范围之内，当它们吸收了这些光辐射中与键能相应的那些波长的辐射能后积累，就有可能造成化学键的断裂。

表 6 - 5　某些共价化学键的强度

断裂的键	键离解能		相应能量的波长（nm）
	Kcal · mol^{-1}	KJ · mol^{-1}	
O—H	110.6	463.4	258
C—H	98.8	413.9	289
N—H	93.4	413.9	289
C—O	84.0	352.0	340
C—C（脂肪族）	83.1	348.2	344
C—N	69.5	291.2	411
O—O（过氧化物）	64.0	268.2	447

4.2.2.4　光化学反应具有累积性

　　光辐射引起有机材料的老化变质具有累积效应，短时间的强光辐射与长时间的弱光辐射，对材料所造成的损坏程度是相同的，称为光化学反应的反比定律。虽然光化学反应的速度一般比较缓慢，但它的累积效应却是十分严重的，我国出土的许多历史文物中，有些纤维制品由于隔绝了光、氧等的作用，历时数百年甚至上千年而不毁，而同期保存于空气中的纤维制品却留存极少，这说明光化学反应对纤维材料的破坏是十分明显的。

多数人认为可见光对文物材料是不具破坏作用的，这是由于可见光辐射能量低，短时间内无法在实验室得到证实，而高能量的紫外线对许多文物的损坏，如纸张的脆裂、颜料变色等在实验室中得到了验证，所以只重视对紫外线的防护，而对可见光一般不采取防护措施。但从光化学反应的累积效应，对可见光的防护也应引起重视。

4.2.2.5 光化学反应具有后效性

光裂解反应使材料裂解成自由基、分解成小分子等，一旦在材料中出现自由基，即使不再受光辐射的作用，化学反应仍然能够继续下去，如材料基态分子与自由基的反应、自由基与空气中氧的反应等，这就是光化学反应的后效性。

4.3 光对文物的损害

试验表明，下述纤维材料在日光照射下，经过不同的时间，其纤维强度下降 50%。即麻 200 小时、棉花 940 小时、亚麻 990 小时、羊毛 1129 小时。将不同颜色的纸张、纺织品和不同墨水字迹的试样，放在紫外线灯下连续照射 16 小时后，试样均出现明显的晦暗褪色、变黄、脆裂。这类对光线稳定性很弱的文物称光敏性文物，包括书籍、档案、碑帖、文献、皮革、皮毛、羽毛、棉麻丝毛纺织品、水墨画、书法、竹木漆器等。

如前所述，光辐射可以损害它所能够达到的任何物体的表面，光辐射的波长越短，损害作用越显著。表 6-6 给出不同波长的光辐射相对损伤度数值。如果把光辐射各波段的损伤度相加，则 300~380nm 的紫外线具有 95% 的损伤作用；400~780nm 的可见光具有 5% 的损伤作用。以上讨论了光辐射对有机材料老化作用的一般特点与机理。对于有机材料组成的文物而言，其受光辐射而老化变质的过程具有光化学反应的一般特点，现就以纸质文物和颜料、染料的变、褪色为例说明光辐射对文物材料的危害机理。

表 6 – 6　　不同波长光辐射的相对损伤度

波长（nm）	D（λ）	波长（nm）	D（λ）
300	0.775	560	0.0007
320	0.450	580	0.0004
340	0.263	600	0.0002
360	0.145	620	0.0001
380	0.107	640	0.00005
400	0.066	660	0
420	0.037	680	0
440	0.020	720	0
460	0.012	720	0
480	0.0065	740	0
500	0.0038	760	0
520	0.0021	780	0
540	0.0012		

4.3.1　光辐射对纤维质文物的影响

纸的化学成分以木质纤维素为主，其他有机材料文物，如皮革、丝织物、漆木器、羊皮书等都是由动、植物纤维所组成的。光辐射使纤维素的铜氨溶液黏度和聚合度下降，并随之出现变脆、泛黄等明显的老化现象。在光辐射的作用下，纤维素的初始光化学反应是链断裂，并伴随产生多种化合物，纤维素分子上的羟基受光辐射的作用，产生反应性游离基，或先形成过氧化物后，再分解成游离基，使纤维素间产生交联。此外在纸的生产过程中，纸中残留有许多杂质，当纸受到光辐射时，由于它们的敏化作用促使纤维素发生直接光裂解，光裂解使纤维素聚合度不断减小，表现为铜氨溶液的黏度降低，导致纤维素的强度必然下降。

光辐射下，纸的泛黄现象也属于光氧化反应的范围，但纸的泛黄原因比变脆要复杂得多，纸的变脆是由于光氧化后纤维素形成交联和耐水键，引起水保留率和吸湿性能下降，使纸出现发脆现象。而泛黄却与多种因素有关，如在光、氧，或残留漂白剂的作用下，纤维分子发生光氧化反应时，生成的含氧基团对纸的泛黄有一定作用。同时，纸中的痕量重金属元素 Fe、Cu 等与漂白剂中的羰基生成不稳定的络合物也是使纸泛黄的重要原因。

4.3.2　光对颜料，染料的褪色作用

颜料和染料在光辐射作用下都会发生褪色现象，而染料的褪色较颜料更为严重。颜料的褪色并不是颜料矿物分子结构发生了变化，仅仅是光辐射对颜料固色剂（动、植物胶类）发生了作用，所以颜料的褪色是光辐射对有机胶材料的破坏，引起颜料的褪色。

染料在光辐射作用下，分子因光化学反应导致其结构变化的结果，光氧化过程是染料褪色的主导反应。与纤维素材料的光老化相似，所有染料分子吸收辐射能后都被激发到单重态，然后再转移为三重态，染料的光褪色主要也是三重态的化学反应。处于三重态的染料分子可以与基态氧发生光氧化反应，生成活泼的中间产物，也可以敏化基态氧，使激发态的氧与基态染料分子间发生光氧化反应，结果因染料的某些结构的破坏而导致褪色。

由于光氧化反应和直接光裂解反应的结果，染料分子与周围其他物质（例如氧）发生一系列化学反应，或因某些化学键的断裂而引起染料分子的结构发生变化，必将引起染料颜色的变化。因染料分子结构的变化引起染料分子的消光系数减小，从而使染料颜色变浅。即光褪色是由于染料结构的变化所决定的，结构的变化必将引起它对光波吸收的改变，进而引起颜色的变化。

4.3.3　颜料变色

物体的呈色由它所透过的可见光成分或反射的可见光成分所决定，颜料属于不透光物质，因此其颜色由反射光谱成分所决定。颜料按其化学成分可分为无机矿物颜料、人造颜料、有机颜料三大类。天然无机矿物颜料由于其本身化学结构的原因，由光辐射引起的变色情况比较少见；但使用这类颜料时，必须掺加一定的胶质物质，例如动、植物胶、蛋清等，这些有机物质易受光辐射的影响而变质，从而引起颜料层外观的变化。

一类人造颜料，例如铅丹（Pb_3O_4）和朱砂（HgS），在光辐射与其他条件作用下会产生变色现象，它们都是红色颜料，由于呈红色的物体所反射的主要是红光，所以红光对它们的变色不起任何作用。事实上，红光的波长决定了它对任何材料都不足以引起光化学反应。所以颜料的变色主要还是吸收了紫外线的结果。

光辐射为实现这一反应提供了反应的活化能，而颜料层所吸收的能量仅能使这一反应能够进行下去，即使 Pb 外层电子被激发到高能不稳定状态，而要使铅丹直接转变为二氧化铅，必须提供足够的能量将铅丹中 Pb 的两个外层电子全部激发到高能态。此反应必须有水的参与，所以必须在高湿度环境下才能实现。至于铅白向二氧化铅的转变，则与颜料层基质的化学性质以及胶的老化、微生物腐蚀等因素有关。

另一类红色颜料朱砂的变色经研究是受到光辐射后改变了化学结构（同素异形）而形成的。因此光辐射对无机矿物颜料的变色机理同有机染料一样，都是为材料提供了反应的活化能，导致材料的化学成分或结构发生了变化，从而引起材料对可见光波的反应发生变化，呈现出与原材料颜色相异的色泽。

5 微生物对考古现场文物的影响

文物受到各种理化因素的破坏作用外，在一定条件下还受到某些真菌、细菌和放线菌的破坏。

5.1 微生物的种类与特征

5.1.1 微生物的种类

微生物是生物的一大类，它与植物和动物共同组成了生物圈，按生物五界学说细胞生物分为：

1）原核生物界：细菌、蓝菌等。

2）原生生物界：原生动物、单细胞低等藻类等。

3）真菌界：霉菌、酵母菌及其他真菌。

4）植物界：高等植物、藻类植物等。

5）动物界：除原生动物外的一切动物。生物学中将非细胞生物单列为病毒界，这样整个生物界可分为六界。我们所称的微生物包括病毒界、原核生物界、原生生物界和真菌界，它们是一类形体微小、构造简单的低等生物，是自然界中一切微小生物的总体。微生物种类繁多，它们都具有分布广、代谢能力强、代谢方式多样、易变异、适应能力强、生长繁殖快等有别于其他生物的共同特性。它们的活动直接或间接地影响着人类的生活，其中有的对人类是有益的，也有的是有害的，如食物腐败、衣物发霉变质、人畜的传染病，以及织物、纸张、绘画文物的褐斑、朽蚀、板结等，都是微生物的生命活动所致。因此，我们必须根据微生物的特征，控制和消除有害微生物。

5.1.2　微生物的特征

在对细胞生物的研究中，研究者发现细菌细胞内没有明显的细胞核（无核膜），主要由 DNA（脱氧核糖核酸）组成，其功能是传递遗传信息，故称为原核细胞。而其他较高级的细胞，则具有包括核膜和核仁明显分化而呈定型的细胞核，这类细胞称为真核细胞。地球上的生物都是由非核细胞生物经过长期进化而来的。微生物和其他生物一样，它们虽然微小，但也具有新陈代谢、生长繁殖、遗传变异等生物的共性，同时又有自己的特点。即：

1）分布广、种类多。据统计，1g 土壤中含有几千万到几百亿个微生物。仅目前知道的就有十万种左右。

2）繁殖快、代谢能力强。只要温湿度适宜，在很短的时间内就能产生大量的新个体，一般细菌 20 ~ 30 分钟分裂繁殖一代，24 小时分裂繁殖 72 代。

3）容易变异、适应性强。微生物的每一个细胞都直接与周围环境接触，容易受外界条件的影响而发生变异，对不良环境条件的抵抗力较强。

5.2　微生物的营养与代谢

微生物为了生存、需要不断地自外界吸取各种营养物质，从中获得能量，合成新的细胞物质，维持细胞内一定的 pH 及离子组成，不同的微生物对营养的需要不同，根据微生物所利用的能源不同，将微生物分为四种营养类型。即：

1）光能自养型：以光作能源，以无机化合物作供氢体，还原 CO_2，合成细胞物质。

2）化能自养型：从无机化合物氧化中取得能量，以 CO_2 为碳源，合成细胞物质。

3）光能异养型：能量来自光，需要有机物作供氢体，还原 CO_2，合成细胞物质。

4）化能异养型：能量来自有机化合物氧化所产生的化学能，以有机化合物作碳源。几乎全部真菌及酵母菌属于此类型。以上划分不是绝对的，外界条件改变时，有些微生物可由自养型变为异养型，以光能型变为化能型。现将微生物的营养物质分述如下。

5.2.1 微生物的营养物质

5.2.1.1 碳源

主要提供为满足微生物生长发育所需要的能量。凡能供给微生物碳素，构成细胞中与代谢产物中碳架来源的物质，都是微生物生长的碳源。从简单的碳素化合物（CO_2）到复杂的无机碳化合物和有机碳化合物都可以被不同的微生物所利用。如纤维质文物、蛋白质文物以及壁画中的棉、麻、草等都可作为微生物的碳源。

5.2.1.2 氮源

氮源是微生物细胞合成原生质和核酸等物质的重要原料。凡能提供氮素构成微生物细胞的原生质成分或代谢产物中氮素来源的物质都可视作氮源。分子态氮（N_2）、无机氮化合物（铵盐、硝酸盐等），有机氮化合物（各种氨基酸、蛋白质等）都可以被不同的微生物所利用。

5.2.1.3 矿物元素

矿物元素在微生物体内虽然含量很少，但却是不可缺少的，它对细胞和酶的组成、酶的致活、调节细胞渗透压、氢离子浓度等起着十分重要的作用。矿物元素包括 P、S、Mg、K、Ca、Fe、Cu、Zn、Mn、Mo、Co、Na、Cl、Se、Ni、W 等。

5.2.1.4 水

微生物体内含有 70%~90% 的水，是维持微生物生命活动不可缺少的物质。当含水量减少时，原生质将由溶胶变成凝胶，生命活动大大减缓。微生物对水分的吸收或排出决定于水的活度（一定温度和压强下，溶液的蒸汽压和纯水蒸气压之比）。

5.2.1.5 氧

氧是氧性微生物不可缺少的营养之一，参与某些物质代谢中的加氧反应。特别重要的作用在于氧是物质有氧降解中最终的电子承受体，从这个过程中产生微生物进行生命活动所需要的能量。

5.2.1.6 pH

霉菌在 pH 为 2~9 的范围内均能生存，但绝大多数微生物最适宜的 pH 值是 5.6。细菌在 pH 为 4~9 时能够生存，最适宜的 pH 值是 6.5~7.5。

5.2.2　微生物的代谢

微生物的代谢是其生命活动的基本特征之一，只有通过代谢，微生物才能不断地与环境进行物质和能量的交换。微生物的代谢有合成代谢和分解代谢，分解代谢为合成代谢提供能量和原料，合成代谢是分解代谢的基础。

微生物的代谢过程就是不断进行物质交换和能量转化的过程。代谢实质上是在酶的催化下所进行的一个复杂的中间过程，酶的作用具有高度的专一性和催化效率，一个酶分子在一分钟内可催化数百个至数百万个微生物分子的转化。根据酶催化作用的性质，可分为氧化还原酶、转移酶、水解酶、裂合酶、异构酶和连续酶六类。

5.2.3　微生物的呼吸

微生物的呼吸作用是新陈代谢的分解过程，即在酶的作用下把营养物质氧化成生命活动所需要能量。微生物进行呼吸，必须具备吸收基质和能源。按微生物对能源的利用情况，可将其分为无机营养型和有机营养型两大类，无机营养型微生物是直接利用空气中的二氧化碳或碳酸盐为碳源，其能源来源于光能和化学能。有机营养型是以有机碳化合物为碳源和能源，由有机物分解产生的化学能为能源。它又分为腐生、寄生、兼性腐生或兼性寄生等类型。对大多数有机质文物（纤维质、蛋白质）来说，危害它们的微生物的主要是有机型微生物。由于微生物没有复杂的吸收消化营养物的器官，它们对营养物质的吸收是先使营养物质变成可溶性小分子，再通过细胞膜上渗透膜的作用被细胞膜所吸收。吸收的形成有渗透作用、离子交换作用和主动吸收。被其吸收的营养物质在酶的作用下，经过新陈代谢而转化为生长发育所需要的物质与能量。呼吸作用包括三个过程，即三羧酸循环，某些好氧微生物在呼吸过程中，还有各种有机酸产生，有的留在体内，有的排出体外。如黑曲霉可产生葡萄糖酸、柠檬酸、草酸等，这些酸对寄生物的变质具有一定的促进作用。

5.3　微生物对文物的危害

微生物广泛分布于自然界，对文物有害的微生物仅仅是其中的小部分。对文物有害的微生物必须具备三个条件，一是能在文物保存地点一般条件下生存，按照这个条件的要求把绝大多数微生物可以排除在外；二是以文物材料为营养；三是能分泌或液化文物材料的酶。表 6 - 7 列出了壁画中分离出的微生物种属，表 6 – 8 列出了对金属文物进行腐蚀的主要菌类及其性质。由表中数据可知，对文物有害的微生物主要是细菌、放线菌、霉菌等种类。

表 6 – 7　壁画表面常见的霉菌种类

属名	种名	属名	种名
青霉属	桔青霉 Penicillium Citrinum	青霉属	变灰青霉 Penicillium canescens
	产黄青霉 Penicillium chrysogenum Thom		托姆青霉 Penicillium thomii
	白边青霉 Penicillium italicumwehme		沙门柏干酪青霉 Penicillium camemberti
	圆弧青霉 Penicillium cyclopium	曲霉属	黄曲霉 Aspergillus flavus
	荨麻青霉 Penicillium urtrcal		黑曲霉 Aspergillus niger
	扩展青霉 Penicillium expansum		白曲霉 Aspergillus candidus
	产紫青霉 Penicillium purpurogenum		构巢央霉 Aspergillus nidulans
	微紫青霉 Fencillium janthi nellum		杂色曲霉 Aspergillus versicolor
	简青霉 Penicillium simplicissum		焦曲霉 Aspergillus ustus
	顶青霉 Penicillium corylophilum		黄柄曲霉 Aspergillus flavipes
	短密青霉 Penicillium brevi – compactum		淡黄曲霉群 Aspergillus cremeus Group
	土壤青霉 Penicillium terrestre	枝孢霉属	腊叶枝孢 Cladosporium herbarum
	娄地青霉 Penicillium rogueforti	交链孢霉	交链孢霉 Alternaria sp.
	常见青霉 Penicillium frequentans	葡萄状穗霉	黑葡萄状穗霉 Stachybotrys atra
	斜卧青霉 Penicillium decumbens	简梗孢霉属	简梗孢霉属 Chromosporium
	新西兰青霉 Penicillium novae – zeelandiae	头孢霉属	头孢霉属 Cephalosporium
	黑青霉 Penicillium nigricans	根霉属	葡枝根霉 Rhizopus. stolonifer
	褶皱青霉 Penicillium rugulosum	毛霉属	林木毛霉 Mucor. silvaticus
	局限青霉 Penicillium restrictum	脉孢菌属	脉孢菌 Neurospora shearet

数据由《文物保护与考古科学》《敦煌研究》《考古与文物》《文博》《中原文物》《北方文物》《华夏考古》等刊创刊至 2006 年壁画墓发掘报告或研究文章统计

表 6 - 8　对金属文物进行腐蚀的主要菌类及其性质

菌类	需氧情况	影响环境的化合物	主要产物	环境	活性最大时的 pH	最适温度
硫酸盐还原菌类	嫌气（厌气）	硫酸盐硫代硫酸盐亚硫酸盐连二硫酸盐	硫化氢	淡水、海水、地下水，土壤，油井	6 ~ 7.5（极限 5 ~ 9）	25 ~ 30℃，好热性菌为 55 ~ 65℃
硫氧化细菌类	好气	硫硫化物硫化硫酸盐	硫硫酸盐硫代硫酸盐硫酸	河水、海水、污水，土壤	0.5 ~ 7	极限 18 ~ 37℃
铁氧化细菌类	好气	黄铁矿（FeS_2）	铁盐（Fe^{2+}，Fe^{3+}）硫酸	黄铁矿为主的土壤，矿山	1.4 ~ 7	周围温度
铁细菌	好气	碳酸铁碳酸氢铁碳酸锰	氢氧化铁	带有有机质和溶解铁的水	4 ~ 10	24℃，极限 5 ~ 40℃
硝酸盐还原菌，如硝化小球菌	兼性	硝酸盐	亚硝酸盐氨	土壤，含有机质及硝酸盐的水	中性 ~ 微碱性	27℃

　　微生物以文物材料为营养物质的过程，就是文物材料发生损坏变质的过程。大致可分为初期霉变、生霉、霉烂三个阶段。初期霉变是微生物与文物材料建立腐生关系的过程，主要表现为有轻微异味、材料发潮等；生霉阶段是微生物大量繁殖过程，此阶段微生物迅速达到稳定的生长期，受损部位开始形成毛状或线状菌落，颜色逐渐由白色变成绿色；霉烂阶段是文物材料被严重腐解的过程，造成文物材料力学强度下降。

5.3.1　微生物对纤维质类文物（棉、麻、纸、木）的破坏

　　微生物之所以能危害文物材料，主要是它们能以文物材料为培养基，分解或液化其物质材料，微生物的生长发育与文物材料的变质之间存在着必然的联系。纤维质文物材料多含有纤维素、淀粉、明胶等材料，这些微生物之所以能和文物材料建立腐生关系并进而使其霉烂。文物、图书、美术工艺品

的材料是多种多样的，其中棉、麻、纸张、竹木等纤维质文物材料属于一大类，如果保管不善，它们极易遭受霉菌之害。

霉菌一旦在纸上生长繁殖，轻则产生累累斑痕，纸张的强度显著减弱，重则纸张彻底霉烂。其中以青霉属、木霉属、毛壳霉属对纸张的破坏最大。破坏棉、麻、纸类、木器等文物的微生物，主要是霉菌和细菌。霉菌有曲霉菌、青霉菌。细菌有大肠杆菌、葡萄球菌、纤维素分解菌等。这类文物在储藏期间出现的霉变，是由于附着在文物表面上的微生物在温湿度适宜的条件下，大量生长繁殖、分解营养成分而引起的。一般是从纤维的外部开始逐渐向内发展。霉变过程中有机质材料被微生物分解，使文物机械强度显著下降，这就是文物遭到破坏的原因。

5.3.2 微生物对蛋白质文物（丝、毛、皮革类）材料的破坏

蛋白质文物材料（包括丝、毛、皮革、犀角等）被有害微生物侵蚀而引起文物材料的霉变，霉变后的文物表面产生各种颜色的霉斑。同时蛋白质纤维在微生物分泌的蛋白酶作用下，发生水解生成氨基酸等物质。

氨基酸等经微生物进一步分解，脱氨、脱酸之后，生成饱和或不饱和的脂肪酸、酮酸、羧酸、醇、硫醇类物质以及胺、CO_2、NH_3、H_2S 吲哚及甲基吲哚等。由于蛋白质的分解使这类文物材料表面光泽和强度都降低，表面发黏。

微生物霉菌对皮革的侵蚀作用除上述过程外，皮革中的脂肪酶作用于油脂而发生水解，生成脂肪酸和甘油。甘油不稳定，可直接被微生物水解。高级脂肪酸分解较慢，但在有氧情况下，能被一些好氧性微生物逐步分解成低分子酸（如乙酸）、酮（如甲基酮）等类物质。皮革中的油脂被水解破坏后，其强度、延伸率、耐水性能等都会显著下降，并且在空气中氧的作用下，产生酸败的刺激性气味，同时皮革表面发黏。

分解成的氨基酸是微生物良好的氮源、碳源和能源。

5.3.3 微生物对壁画的影响

微生物生长可使壁画表面产生霉点且不易去除，影响壁画颜色及整体艺术效果；壁画表面微生物代谢是导致壁画颜料层的胶结材料老化降解、颜料粉化脱落，使壁画颜色变淡和模糊不清；微生物的代谢物可与壁画颜料发生化学作用，造成壁画颜料变色。

　　李最雄等人的研究表明，壁画地仗、颜料层中的有机胶结材料提供了微生物繁衍生长的有机介质，当环境湿温适宜时很快使霉菌等微生物繁衍蔓生，导致壁画胶结材料老化降解、颜料层粉化、脱落；微生物代谢产生的草酸很容易和石青、石绿等含铜的颜料作用而生成草酸铜。对模拟壁画试块的霉菌接种实验中，培养两个月后的石膏和白垩样品中检测到了草酸钙，证实了霉菌和这些颜料发生了化学反应。对实际洞窟中采集样品的分析显示，绝大多数样品上可以检测出草酸钙或草酸铜及其他草酸盐，表明霉烂老化是壁画有机胶结材料老化的重要原因。

　　张晓军等研究了枝孢霉在敦煌壁画颜料变色过程中的作用。发现枝孢霉为莫高窟洞窟环境的一种固有微生物，在壁画表面及窟内土样中都存在枝孢霉，枝孢霉的生长活动会造成壁画色度的改变和其他损害。他们认为，壁画颜料层中掺入的骨胶，可以使铅丹与空气及外界其他因素相隔离，从而维持其相对稳定。而枝孢霉可在骨胶中生长并分解利用骨胶，降低骨胶的粘接性，从而使铅丹与空气及空气中水分接触机会大大增加，这是铅丹发生化学变化的重要原因之一。另外，枝孢霉在生长过程中形成的一些代谢产物造成一个特殊的化学环境，例如形成草酸等有机酸类物质，既可提高壁画表面的酸性，使铅丹的晶体边缘缓慢溶解，同时草酸等又可形成一个还原性的环境，推动了铅丹分子向铅白的转化。莫高窟变色壁画表面曾检测出大量草酸钙，在实验中也发现骨胶培养液中可溶性铅含量的提高，说明了枝孢霉的代谢产物对铅丹晶体的作用。另外，实验表明在光照条件下铅丹可缓慢转变为铅白，但是当接种枝孢霉后，这一转化的速度显著提高，枝孢霉等微生物在壁画的铅丹转变为铅白的过程中所起的作用是不可忽视的。

　　单帏、谢伟对陕西历史博物馆唐墓壁画表面的霉菌进行了研究。经分离鉴定的霉菌有青霉属、曲霉属、枝孢霉属和交链孢属四属十一种，在分离过程中发现有毛壳菌和放线菌。他们认为，霉菌在壁画表面的生长，不仅减弱了壁画颜色所产生的视觉效果，也直接损坏了画面，如青霉、曲霉产生草酸或柠檬酸等多种有机酸，可以直接破坏颜料层中的有机胶结物，致使壁画颜料粉化。另外霉菌代谢物中的各种生物酶，可以分解颜料层的胶结材料，引起壁画褪色；破坏地仗层中的麦草、麻纤维，造成壁画起甲剥落和酥解。

马清林等人研究了微生物对壁画颜料的腐蚀，在刷涂了朱砂、铅丹、铁红、白垩、石膏等颜料的陶片上，接种墓室壁画中采集的微生物样品培养两个月后，对比实验前后颜料的色度变化。结果显示在微生物腐蚀作用下，几种颜料都发生了不同程度的变色，其中铅丹与石膏变化较大，朱砂、铁红、碳酸钙变化较小。他们指出，壁画中的有机质材料（如地仗层中纤维材料和颜料中胶结材料）给微生物的生长提供了碳源和营养物，微生物在壁画的褪变色、酥解、粉化过程中发挥着重要作用，这种作用在相对湿度超过75%时更为明显。

5.3.4　微生物对金属文物的影响

微生物对金属文物的腐蚀由金属文物材料、微生物种类以及文物所处的环境三个因素共同决定。当金属文物处于潮湿的环境时，空气中的氧气接受电子，发生反应：

$$H_2O + 1/2O_2 + 2e \rightarrow 2(OH)^-$$

由于反应的进行，产生的电子不断被消耗，促使反应的平衡向右移动，随即金属材料被逐渐腐蚀。

研究表明，暴露于空气中和埋藏在地下的金属文物都能遭到微生物的腐蚀。空气中没有微生物生长可以直接利用的营养物质，不是微生物生长繁殖的天然环境，因而空气中没有固定的微生物种类。但空气中都含有尘埃和水蒸气，因此能在土壤和水中生长繁殖的微生物，也能在空气中存在，这些微生物主要是细菌和真菌，它们对金属文物的影响不容忽视。当金属文物处于潮湿环境中时，由于其表面粗糙、多褶皱，易吸附一些尘埃和水蒸气，产生大量的有机酸代谢产物，这些酸接受金属腐蚀所产生的电子，即：

$$2H^+ + 2H \rightarrow H_2 \uparrow$$

另一方面，一些微生物自身具有接受电子的能力，例如硫酸盐还原菌、厌氧菌等都能使硫酸盐还原而获得生长繁殖的能量，即：

$$SO_4^{2-} + 8e + (硫酸盐还原菌) \rightarrow S_2^- + 4O_2$$

上述就是微生物引起空气中金属文物材料腐蚀的机理，金属文物处于潮湿环境时，往往是电化学腐蚀与微生物腐蚀同时发生，并且两者互相促进，加速文物材料变质速度。

同样，生物腐蚀对埋在地下的金属文物也起着巨大的腐蚀破坏作用，许多金属文物出土时因遭受生物腐蚀而完全矿化，武威雷台铁镜就是最典型的一例。和铜奔马同墓出土的武威雷台铁镜，出土时已锈蚀得相当严重，残缺不全，几乎没有铁心，外表覆盖着一层厚厚的块状棕黑色锈体，外观像一块片状的遭受严重风化的铁矿石。通过对铁镜的 X 光透视摄影发现在厚厚的锈体下面隐藏着纹饰十分精致的错金银花纹。按一般道理，铁镜腐蚀应发生电化学反应，即：

$$6Fe + 2H_2O + 3O_2 \rightarrow 2(Fe_2O_3 \cdot H_2O)$$

依这个反应机理，在地下缺氧的情况下，铁镜的腐蚀过程应该非常缓慢，同时腐蚀产物应是氧化铁。但对铁镜腐蚀产物的化学分析表明，其主要成分是氧化铁外，还含有大量的硫化亚铁；所以铁镜并非遭受到单一的电化学腐蚀，在地下缺氧的环境下主要发生的是微生物腐蚀。

在缺氧的地下，硫酸盐还原菌在金属已经发生电化学腐蚀的阴极区有效利用氢还原土壤中的硫酸盐为硫化物，即：

$$SO_4^{2-} + 8H \rightarrow S_2^- + 4H_2O$$

这种细菌在适宜的条件下迅速生长繁殖，积极参与金属的腐蚀，还有一种铁细菌也可以和硫酸盐还原菌一起作用。因此，可以说生物腐蚀是激发电化学腐蚀的一个简单结果。此外，在土壤中还存在一种嗜硫菌，它在适宜条件下，可以氧化硫元素或硫化物、硫代酸盐、亚硫酸盐、四硫代酸盐及硫化氰酸盐，产生硫酸盐，为硫酸盐还原菌及铁细菌的腐蚀破坏提供方便条件，其腐蚀的最终产物为金属硫化物。

综上所述，文物材料对受到微生物的侵蚀后，重者腐朽，丧失其使用价值；轻者霉迹斑斑，霉味扑鼻。文物材料表面霉斑的形成，主要有三种原因。

1）微生物的菌大多带有一定颜色，如曲霉、青霉菌多呈灰绿、黄绿、浅黄、黄褐等色，镰刀菌、念珠霉菌落多呈红、砖红、粉红、淡紫等色；交链孢属、芽枝霉菌落多呈暗褐色、棕绿色。这些色素大多不溶于水，在文物材料表面形成各种颜色的霉斑。

2）微生物在代谢中分泌的色素具有一定的颜色。如产黄青霉、桔青霉能分泌黄色色素；镰刀菌能产生红色色素等。这些色素一般能溶于水，因渗入文物材料内部而呈一定颜色。

3）微生物在分解文物材料过程中产生的某些生成物具有一定颜色。如分解蛋白质产生的氨基化合物呈棕色，当这些霉斑达到一定数量后，会严重影响文物表面的光洁度。

微生物对文物材料危害的第二个结果是文物材料间的黏结以及文物表面的发黏。凡是发生霉菌的场所，一般都比较潮湿。在霉菌代谢中还有黏性分泌物产生；加上灰尘受潮后黏性增大，致使文物受到灰尘的影响。

从微生物中的霉菌与细菌的危害性看，霉菌比细菌的危害程度要大得多，一方面细菌对环境条件的要求远比霉菌要高，一般在有液态水的情况下，细菌才能较好地生长；另一方面，霉菌对文物材料的分解能力比细菌强。对文物有害的细菌大多不具有分解纤维素的能力，有些能分解纤维素的细菌在文物库房中一般也较少见；在分解蛋白质的能力上霉菌也比细菌强得多。

6 氧对考古现场文物的影响

氧是地壳中分布最广和含量最多的元素，它遍及岩石圈、水圈和大气圈。氧约占地壳总质量的48%，在岩石圈中以 SiO_2、硅酸盐以及其他氧化物和含氧酸盐等形式存在。在海水中，氧占海水质量的89%。在大气圈中，氧以单质状态存在，以质量百分比计约23%，以体积百分比计约占21%。单质氧有两种同素异形体 O_2 和 O_3。对文物材料能起到老化作用的主要是大气圈中的单质氧。空气的组成如表6-9所示，可分为可变成分和不可变成分。可变成分中除 O_3 与水蒸气外，其余全部是由生产活动产生的。它们均能够对文物产生影响，并引起文物材料老化变质。

表6-9 大气的组成

不变成分		可变成分	
含量（V/V）	含量（V/V）%	成分源	地面空气
N_2 78.084 ± 0.004		O_3（紫外线）	$(0 \sim 0.07) \times 10^{-6} g/m^3$（夏）
O_2 20.746 ± 0.002			$(0 \sim 0.02) \times 10^{-6} g/m^3$（冬）
CO_2 0.033 ± 0.001		SO_2（工业）	$(0 \sim 1) \times 10^{-6} g/m^3$
Ar 0.934 ± 0.001		NO_2（工业）	$0 \sim 0.02 g/m^3$
Ne	18.18 ± 0.04	I_2（工业）	$10^{-4} g/m^3$ 以内
He	5.24 ± 0.004	NaCl（海盐）	$10^{-4} g/m^3$ 以内

续表

不变成分		可变成分	
含量（V/V）	含量（V/V）%	成分源	地面空气
Kr	1.14 ± 0.01	NH_3（工业）	$0 \sim$ 痕量
Xe	0.087 ± 0.001	CO（工业）	$0 \sim$ 痕量
H_2	0.5	H_2O（蒸发）	$0 \sim 35 g/m^3$
CH_4	2		
N_2O	0.5 ± 0.1		

近年来，随着我国经济的高速发展，基本建设规模不断扩大、自然资源被大量开发，交通运输迅猛增长，导致环境污染越来越严重。环境污染物对文物的影响日趋严重，有的地区甚至在不长的时间内就直接导致文物的受损破坏。因此，有关大气污染物对文物材料老化的影响及其防治对策方面的研究成果已有大量报道。这些研究成果主要讨论了表 6-9 中大气可变成分，即大气污染物以及不变成分中 N_2O 和 CO_2 对文物材料的影响作用及其防治对策，而关于氧气对文物材料的老化作用，则没有专门的报道。其主要原因是因为氧是动植物生命活动不可缺少的元素，同时它又是大气的主要组成之一，很难将它与大气污染物等同起来进行研究。

但氧对文物材料的老化变质作用，尤其是对金属和有机质文物材料的影响（通常称氧化）是不可改变的事实。事实上，氧和各种形态下的水对地表上的任何物体都存在严重的影响，文物材料也不例外。

6.1　氧（O_2）的化学活性及成键特征

如前所述，大气中的单质氧存在两种同素异形体 O_2 和 O_3，有关 O_3 对文物材料的影响作用在文献中都有不同程度的分析研究，仅讨论氧（O_2）对文物材料的影响。

6.1.1　O_2 的分子结构

基态氧原子的外层电子结构为 $2s^2 2p^4$，在 2p 能级中有两个电子成对，另两个电子分别占据一个 p 轨道，即 $2s^2 2p_x^2 2p_y^1 2p_z^1$。在 O_2 分子轨道中，成键的 $(\sigma_{2s})^2$ 和反键的 $(\sigma_{2s}^*)^2$ 对键的贡献相互抵消，对成键有贡献的是 $(\sigma_{2p_x})^2$、$(\pi_{2p_y})^2$、$(\pi_{2p_y}^*)^1$、$(\pi_{2p_z})^2$、$(\pi_{2p_z}^*)^1$。$(\sigma_{2p_x})^2$ 构成 O_2 分子中的 σ 键，

$(\pi_{2p_x})^2$、$(\pi_{2p_y}^{氷})^1$、$(\pi_{2p_z})^2$、$(\pi_{2p_z}^{氷})^1$ 分别构成两个 3 电子 π 键。因此在 O_2 分子中共有一个 σ 键和两个 3 电子 π 键。两个 3 电子 π 键合在一起，键能相当于一个正常的 π 键，因而 O_2 分子的总键能相当于 O = O 双键的键能，即 $494kJ \cdot mol^{-1}$。

6.1.2　O_2 的化学活性

通常，当化合物的单重态分子处于能量最低状态（基态）时，分子最稳定。但对 O_2 而言，情况却相反，O_2 分子的能量状态如表 6 - 10 所示。O_2 分子单重态分子的键能为 $94.05kJ \cdot mol^{-1}$，是非常高的，因而有较强的化学活性，如果 O_2 分子的单重态处于激发态时，其能量为 $155.0kJ \cdot mol^{-1}$，化学活性更强，即使是氧（O_2）分子处于能量最低状态，也可以与其他原子结合。

表 6 - 10　O_2 分子的能量状态

轨道占有状态	$(\sigma_{2p_x})^2$ $(\pi_{2p_y})^2$ $(\pi_{2p_z})^2$ $(\pi_{2p_y}^{氷})^1$ $(\pi_{2p_z}^{氷})^1$	$(\sigma_{2p_x})^2$ $(\pi_{2p_y})^2$ $(\pi_{2p_z})^2$ $(\pi_{2p_y}^{氷})^2$
名称	三重态	单重态
基态能量	0	第一激发态 $94.05kJ \cdot mol^{-1}$ 第二激发态 $155.0kJ \cdot mol^{-1}$
结合能	$493.24kJ \cdot mol^{-1}$	$401.28kJ \cdot mol^{-1}$
结合距离	$0.121nm$	$0.122nm$
力常数	$11.4 \times 10^{-4}mN/nm$	$10.7 \times 10^{-4}mN/nm$
磁性	具磁性	无磁性

6.1.3　氧的成键特征

由于氧的化学活性较强，当氧元素同其他元素结合时，氧原子和氧分子都可以作为形成化合物的基础。氧原子的成键特征主要表现为：

1）氧原子可以从电负性很小的原子中夺取电子而形成 O^{2-} 离子，形成离子性氧化物，常见的金属文物腐蚀多数此情况。

2）氧原子可以同电负性与其接近的原子共用电子，形成共价化合物。当同电负性比它大的元素化合时，氧可呈 +2 价态；当同电负性比它小的元素化合时，常呈 −2 价态。

当氧原子形成共价键时，可有六种情况：

1）氧原子提供两个单电子形成两个共价键—O—；

2）氧原子提供两个成键单电子形成一个共价双键：O ＝；

3）氧原子提供两个成键单电子的同时，提供一对孤对电子，形成三个共价单键，其中两个是共价单键，一个是配位键—O—；

4）氧原子提供两个成键单电子的同时，提供一对孤对电子，但形成一个共价三键；

5）氧原子提供一个空的 2p 轨道，接受外来配位电子对而成键；

6）氧原子提供一个空的 2p 轨道，接受外来配位电子对而成键的同时，提供二对孤对电子反馈给原配位原子的空轨道而形成反馈键。有机文物材料的氧化多属上述类型。

以氧（O_2）分子作为结构基础的成键特征是：

1）氧分子可以结合一个电子，形成 O_2^- 离子，构成超氧化合物；

2）氧分子可以结合两个电子形成 O_2^{2-} 离子或共价的过氧化链—O—O—，构成离子型过氧化物或共价型过氧化物；

3）氧分子中因每个氧原子上有一对孤对电子，可以成为施电子体向具有空轨道的金属离子配位；

4）氧分子可以失去一个电子，形成二氧基阳离子 O_2^+ 的化合物。

6.2　氧对文物的危害机理

由于氧的化学活性较强，它能够参与许多文物材料的老化变质反应，尤其是金属和有机材料文物。

6.2.1　氧对金属文物材料的影响

由氧的成键特征可知，金属文物材料的氧化主要是以氧原子为结构基础的，即氧原子从金属原子中夺取电子，形成离子性氧化物。而 O_2 分子不仅能氧化许多金属和非金属单质（直接化合成氧化物），还可氧化一些具有还原性的化合物，如 H_2S、CH_4、CO 等。例如银的氧化，将 200 目的银粉分散均匀，至于敞开体系中（含 O_2），在 235.7nm、20W 的紫外灯下照射（灯具样品 5cm），24 小时后银粉的颜色显著变深（由白变黄至棕黑色），对棕黑色银粉进行 XPS 测试表明为 AgO，其反应式为：

$$5Ag + O_2 \rightarrow Ag + 2Ag_2O$$

$$Ag_2O \rightarrow Ag + AgO$$

银的标准电位（0.7991V），比自然条件下氧的标准电位（1.229V）小，尽管银的性质很稳定，但从热力学上讲，银能被空气中的氧所氧化。

常温干燥环境下，铜不与氧发生反应，但在潮湿环境下，尤其是有 Cl^- 离子存在时，铜的氧化锈蚀速度极快，其反应式为：

$$Cu + Cl^- \rightarrow CuCl + e$$

$$2CuCl + H_2O \rightarrow Cu_2O + 2HCl$$

$$2Cu_2O + 2H_2O + 2CO_2 + O_2 \rightarrow 2CuCO_3 \cdot Cu(OH)_2$$

或在潮湿环境下，生成的 CuCl 直接与氧结合，即：

$$4CuCl + 4H_2O + O_2 \rightarrow CuCl_2 \cdot 3Cu(OH)_2 + 2HCl$$

其反应产物 $CuCO_3 \cdot Cu(OH)_2$ 或 $CuCl_2 \cdot 3Cu(OH)_2$ 都是铜锈的主要成分，从上述反应式可以看出，铜的两种生锈途径均需氧的参与才能够完成全部反应。

铁质文物在常温下也不与干燥环境中的氧（O_2）发生反应。但在潮湿环境下，铁质文物首先发生电化学腐蚀而形成 $Fe(OH)_2$。形成的 $Fe(OH)_3$ 疏松地覆盖在铁器表面，进一步脱水形成 $\alpha - FeO(OH)$、$\beta - FeO(OH)$、$\gamma - FeO(OH)$、Fe_2O_3、Fe_3O_4 等各种铁锈化合物。其反应式为：

$$2Fe + O_2 + 2H_2O \rightarrow 2Fe(OH)_2$$

当 O_2 和 H_2O 侵入时，腐蚀进一步加剧：

$$4Fe(OH)_2 + O_2 \rightarrow 2Fe_2O_3 \cdot H_2O + 2H_2O \text{ 或 } 4FeO \cdot OH + 2H_2O$$

$$4Fe^{2+} + O_2 + 4H_2O \rightarrow 2Fe_2O_3 + 8H^+$$

在中性或碱性溶液中腐蚀时，其阴极反应是溶解氧的还原反应：

$$4Fe^{2+} + O_2 + 6H_2O \rightarrow 4(\gamma - FeOOH) + 8H^+$$

腐蚀反应速度与氧的扩散速度有很大关系。由上述讨论可以看出，金属文物发生腐蚀反应，空气中的氧（O_2）和高 RH 是两个必须的条件（对于银而言，还必须受到强紫外线的辐射）。过去，人们往往把注意力放在了高 RH 这一因素上，而对氧有所忽略。

6.2.2 氧（O_2）对有机质文物材料的影响

由表 6-10 可知，处于激发单重态的 O_2 由于能量较高而具有较强的化学活性，可以同各种不饱和的有机化合物反应，发生有限而特殊的氧化过程，最典型的反应是 Diels – Alder 型的 1，3 丁二烯的 1，4 加成反应。此时单重态的 O_2 分子的反应实际上是光氧化反应，在有敏化剂存在时成为光敏化的氧化反应。由氧的成键特征，有机文物材料的光氧化反应是一个游离基的链式反应，即：

$$RH + hv \rightarrow R \cdot + H \cdot$$
$$R \cdot + O_2 \rightarrow ROO \cdot$$
$$ROO \cdot + RH \rightarrow ROOH + R \cdot$$
$$ROOH + hv \rightarrow RO \cdot + \cdot OH$$
$$或 ROOH + hv \rightarrow R \cdot + \cdot OOH$$

游离基 R· 一旦形成，将立即与氧分子结合形成过氧化原子团 ROO·，由于 R· 与 O_2 的引力非常大，这种反应不需要任何条件，即能自发完成，这个过氧化原子团又与材料分子反应，生成新的游离基。只要初次光化学反应导致材料内部产生游离基，即使停止光辐射，但只要环境中存在氧（O_2），材料老化反应仍持续下去。

7　考古现场文物保护环境对策

考古现场保护是做好文物保护最初的、也是最重要的一个环节，这一问题解决的好坏直接影响到文物保护的最终结果，目前其重要性越来越受到文物保护专家、考古学家的重视。环境因素对发掘现场保护的影响实际体现在防与治两方面，具体表现为三个步骤：首先环境调查；其次尽可能创造和控制良好的外部条件和适宜的保存环境；再次是现场抢救性保护修复。

考古发掘现场的环境问题研究包括两方面的内容，其一是指发掘前文物埋藏于地下的状况，即埋藏环境，由于长时间处于较为恒定的封闭状态，在缺氧条件下，加之土壤酸碱度、压力、温湿度等因素较为恒定，这种长期形成相对稳定的文物埋藏环境，使文物遭受腐蚀的速率逐渐趋缓，相应起到了保护文物的作用；其二是指从发掘工作开始以后文物暴露在大气自然环境中，此时对出土文物产生作用的外部变化因素，包括温湿度、光照射、微生物等等都是需要了解的内容，研究它们的存在、发生与变化的规律对文物产生的影响，从而制定相应的对策。

由于发掘工作的进行，地下文物原有的稳定、平衡的环境遭受破坏，这一环境骤变过程直接产生有机质文物腐烂、灰化等现象，无机质文物存在酥解、破损等，如果没有有效的现场保护工作将会使一些极为重要的遗物遗迹仅仅存在于绘图、照片之中。

现场保护工作就是采用必要的技术手段和适当的保护材料，在第一时间内有效控制危害文物保存的环境因素，如临时性加固、环境控制、器物科学起取等，为进一步的实验室保护修复奠定基础。

7.1 考古发掘现场的环境控制

考古发掘现场受周边复杂外部因素的影响比较明显、直接，从文物保存环境角度，及时掌握文物所处环境及周边相关因素的影响，可综合评价造成文物破坏的外部因素及目前文物状况，并采取针对性的措施。

随着发掘的进行，文物保存环境的固有平衡被破坏，特别是温湿度骤变、光辐射、氧气的突变过程，导致文物毁坏，加之出土后环境条件的反复波动，增大了对文物的破坏。由于考古发掘是一个相对缓慢的过程，从文物保存环境角度考虑，应创造一个相对稳定的环境。

从稳定的文物环境所产生的实际效果，可以通过汉阳陵南区从葬坑8号坑的文物考古发掘现场保护示范工程中表现出来。8号坑由陕西省考古研究院与斯洛文尼亚文物保护机构共同建造，按照最初的设计方案，在封闭条件下采用控制温湿度、冷光源照明及空气过滤与交换系统等技术手段，为其中现场清理出土的文物营造稳定的环境条件。但由于资金问题，目前8号坑仅为封闭条件，未安装使用其他环境调控设备。虽然如此，由于它达到了阻止温湿度的剧烈波动，且长期保持着高湿度，经过近十年的时间，其出土文物与没有采用此措施的出土文物比较，保存状况相对较好，二者差别明显，仍然起到了很好的保护效果。

汉阳陵从葬坑博物馆的设计方案，将重点放在为现场出土文物营造一个较为稳定的保存环境方面，包括下沉式的地下现场展示、钢结构框架支撑的加温玻璃封闭、顶棚的玻璃钢瓦能有效防止雨水直接冲刷和阳光曝晒。

7.2 有机材质文物出土后的除氧充氮保护

有机材质的文物为天然周围纤维或动物蛋白质类的有机高分子材料，极易在氧气和水解作用下发生老化变质，并易滋生霉菌和遭受虫害的侵蚀，致使纤维形貌和强度损失、颜色褪变。有机材质文物由于经历了长期的埋藏环境腐蚀,其本身材质已经遭受不同程度的损害,出土之后又遭遇了环境因素的剧烈变化和影响作用,因此对其保护处理的技术难度和保存收藏的要求都很高。目前,一方面限于现有的保护处理技术发展水平和经济基础条件,许多出土有机材质文物还没有来得及进行保护处理,迫切需要采取有效的保护措施加以妥善保存,为日后的保护处理创造良好条件;另一方面由于环境污染呈加剧趋势,空气污染物和装饰材料污染物等环境因素,正在加速出土文物尤其是以天然有机材料为原料的有机材质文物的老化腐蚀,因此有必要选择优化出土文物保存微环境的技术措施,对有机材质文物进行有效的保护,尽可能防止和减缓其老化。

氮气保存技术,就是应用氮气优良的化学稳定性能来形成无氧封存保护的技术,通过对保存环境中温度、湿度、氮气、氧气浓度等的控制,延长保存寿命,它是出土文物保存和虫霉防治的安全、有效、环保的技术。将氮气保存技术应用于有机材质文物的保护,可以防止空气中的氧气和污染性酸性气体、氧化性气体对文物的氧化和酸化等腐蚀破坏,防止虫霉的孳生,为后续的实验室修复留下足够的时间。

国外的文物无氧保存技术应用研究比较早,基础研究和技术方法也较为先进。如保存于美国国家档案馆的《独立宣言》早就采用了无氧保存技术方法。美国盖蒂文物保护研究所 1987 年以来有专人长期系统地专项开展文物无氧保存技术研究和应用实践,1998 年发表了《Oxygen - Free Museum Cases》一书,2003 年还总结出版了一本有关的专著《The Use of Oxygen - Free Environments in the Control of Museum Insect Pests》。现在埃及、印度等国的博物馆也已经应用美国盖蒂文物保护所的氮气除氧技术保存古尸和重要的有机类文物。另外,意大利、德国、法国、日本、澳大利亚等国家的文物保护技术人员在无氧条件对文物的影响性、无氧保存的相关参数、容器的密封性及其材料、充氮操作方式、文物无氧储存专用柜等方面,都曾开展了不少专题研究。日本方面,在除氧剂和指示剂的研究开发方面具有比较先进的研究基础。

国内这方面的研究也正在积极开展,故宫博物院的《清明上河图》即将采用具有恒温恒湿和氮气保护功能的密封陈列柜展出,上海博物馆正在研究银币的无氧保存问题。国内在文物无氧保存技术应用上已经有了一些实例，早在1979年就有有关环境封存保护文物的有关介绍，此后秦始皇兵马俑博物馆在展出出土的铜车马时，也采用了环境封存法，即将铜车马展柜中的氧（O_2）抽除，为了避免因氧（O_2）的抽除导致展柜内空气压力改变而对文物产生新的不良影响，而在展柜中充以化学活性很弱的氮（N_2）。此外，湖北荆州博物馆的丝绸陈列柜和部分漆木器保存柜、北京房山云居寺"99石经回藏"储存都已经应用了氮气保存技术。

上海博物馆在文物无氧保存技术方面进行了多方面的应用和研究：1997年对展出的新疆古尸设计了密封陈列柜，率先采用了充氮大幅度除氧和除氧剂消除微量氧并存的无氧保存技术，以及湿度调节剂调控的保护措施，确保了面部清晰的新疆婴尸、穿着有鲜艳色彩毛织物和丝织物的古尸在上海地区高湿度环境下长达半年的安全陈列展示；1998～1999年在对2000多支饱水竹简处理后，在陈列和库藏中采取了有机玻璃密封盒充氮保存方法，至今文物状况良好；以后又为其他博物馆的漆木器进行了充氮保护处理；2003年结合文物消毒设施建立了一套自动制氮系统；对库房调整过程中的书画文物、纺织品文物等采取了密封袋除氧剂无氧保护，确保了文物的保存安全；2004年对来沪展出的法门寺地宫出土的大红罗蹙金锈衣采取了控制湿度的氮气保存技术；2005年又结合银器文物保存对策研究开展了充氮技术参数的研究工作。

除氧充氮技术具有如下特点：

1）由于不在文物本体上添加任何化学试剂，满足了文物保护中应遵循的最低限度干预原则，不破坏文物所蕴含的潜信息，为今后研究揭示这些信息创造了良好条件。

2）适用范围较广，不但适用于金属文物保护，而且可以用于有机材料等其他文物材料的防氧（O_2）保护上。

但环境封存法实施时需要一定的技术设备，同时对用于放置文物的盒匣和展柜材料及密封性都有较高要求。国内外包装密封材料研究经过多年的发展，各种复合材料在包装业得到了广泛应用并正向高阻隔性、功能性、智能性等方面发展。铝塑复合包装材料的性能优越，但却不透明，新出现的一种高阻隔新型材料，它的其他性能等于或优于铝塑复合包装材料。因此，包装密封材料的迅速发展，为我们筛选无氧保存用封装材料提供了良好的基础，使得馆藏文物保存应用氮气等无氧保存技术更为便利。

鉴于除氧充氮法保护文物所具有的优点，今后应加大这方面的研究，以解决有关技术问题，并在考古现场文物保护中推广使用。

7.3 现场文物保护修复

随着科技的发展和认识的不断提高，国内外文物保护专家普遍认为文物应该保存在一个温湿度相对稳定的洁净环境中。考古现场即使安装了工作棚等建筑，也无法完全防止环境因素的变化。为了保存文物，必须选择适当的材料对文物本体进行加固，以提高文物自身抵御环境变化的能力，是考古现场文物保护常用的技术手段。

但是在现场加固中，应考虑加固材料的合理性与适用性，以汉阳陵木质及木质彩绘遗迹的加固为例，由于木质的腐朽，埋藏环境中的土壤颗粒或矿物质成分在水及其他地质营力的作用下逐渐地填充到木质糟朽降解以后留下的空间中，形成仅有器形的土质车辆及马匹等遗迹，由于上述土壤化过程使其质地结构疏松、脆弱且不定型，现有条件根本无法从现场提取出来，只有在现场保留下来。

第7章　考古现场文物保护技术

1　概述

　　文物是先祖遗留给我们的珍贵资产，是全人类的共同财富。文物保护、修复工作者为了更好地守护这份世界人民共有的珍宝，殚精竭虑、不懈努力，力争将其完好地移交到下一代人手中。

　　早期的文物保护，其工作重心主要是在实验室。因此，传统的文物保护主要是指在实验室中对文物进行的保护、修复工作。近年来，随着相关研究的不断深入，保护工作者逐渐意识到，文物遭受腐蚀破坏最严重的阶段，或者说文物出土后腐蚀速率最快的时间段是在考古发掘现场，即文物刚刚出土时。例如秦始皇兵马俑表面的彩绘，如果不在考古发掘现场立即进行保护处理，由于环境湿度、温度等因素的影响，表面的漆层很快就会出现卷曲、剥落，导致彩绘的消失。而真正能够在不实施任何保护处理的前提下被完好运送回实验室中的文物，多数其实已经比较稳定了。例如"绿漆古"的青铜器，由于其表面包裹的致密锈蚀产物将外部环境与青铜本体很好地隔绝开，因此外界环境变化对其产生的影响微乎其微，该类文物在考古发掘现场一般不需要进行过多的保护处理。

　　这就启示文物保护工作者，要想更加有效的保护文物，将那些原本无法保留的历史信息更加完整的保存下来，考古发掘现场是一个非常重要的阵地。由此考古发掘现场文物保护应运而生，并且近年来越来越受到学界的重视。

1.1　考古发掘现场文物保护的基本理论

　　考古发掘现场文物保护（简称考古现场保护）是文物保护工作者在考古发掘现场，从文物及其他考古资料刚刚暴露于大气环境到被转移至实验室进行科学保护前，对文物及其他考古资料进行的样品采集、数据记录、抢救性保护及后续处理等一系列工作的统称。

从考古现场保护的定义（以下简称定义）可以看出，考古现场保护的主要工作人员是文物保护工作者。当然并不是说其他工作人员如考古工作者不能参与，其实恰恰相反，如果考古发掘现场文物保护有专门的考古工作人员参与，那么将大大有利于现场保护的顺利进行。所谓的主要工作人员应为文物保护工作者是指主持现场保护的人员或者现场保护的骨干人员必须是文物保护的专业人员。这是因为考古发掘现场文物保护所面临的问题十分复杂，相关的影响因素也非常多，从一定程度上来说其难度不亚于现有的实验室保护工作。

定义还指出现场保护工作的时间范围是从文物及其他考古资料刚刚暴露到被移交至实验室。其实对更广义的现场保护而言，其时间范围应该是在考古勘探时就介入，只不过那时的工作仅仅是现场保护的一些预测及准备工作，并不涉及实质性保护内容。而实质性的现场保护工作始于文物或其他考古资料刚刚"露头"，终于将文物从考古发掘现场运送回文物最终存放地附近的条件较好的实验室（并不是现场工作站建立的临时实验室）。实际上，现场保护工作还经常会包括一些在实验室中协助实验室保护工作者打开运输或储存包裹，以及一部分实验室保护修复工作。

另外，定义还明确了现场保护的工作内容主要包括样品采集、数据记录、抢救性保护及后续处理等一系列工作，有关这些内容将在后面详细介绍。

考古发掘现场文物保护的主要目标就是在保留出土文物信息资料的完整性和现场保护技术措施不影响实验室后续保护处理两大前提下，尽量减缓甚至停止新环境对文物材料产生的侵蚀，从而在这一时间段内使文物得到临时性的、抢救性的保护或维护。

从主要目标中可以看出现场保护有两大前提，即保证文物信息资料完整和不影响后续实验室保护。保护文物信息资料完整所涵盖的内容非常丰富，这里指的文物信息资料既包括实体性的如文物个体的完整性，也包括很多数据性的如埋藏深度、埋藏环境等。总之和出土遗迹、遗物相关的一切有利于考古学及文物学研究的相关信息，考古发掘现场文物保护工作者都应该尽可能将其保存下来或提取出来。

另外，早期的现场保护研究学者认为，现场进行的所有保护处理在之后的实验室保护中都是要进行去除的，而后再利用实验室的优良条件对文物进行再次保护处理。之所以有这种认识是因为考古发掘现场文物保护大都是在条件恶劣、材料短缺的情况下进行的临时性保护处理工作。但从近年来的文物保护发展趋势及现场保护实践来看，这种传统观点对错参半。观点中正确的部分是，考古现场保护处理过的文物到实验室后多数都需要进行后续的保护工作。需要指出的是，现场保护的处理并不一定都是实质性的，很多处理其实仅仅是对文物存放环境的干预。例如对保存较好的饱水漆木器的现场保护，其实主要就是进行保湿的包裹以及一些防霉处理，多数情况下并不涉及脱水、定型等，而后期的脱水、定型、加固都是需要在实验室中完成的。当然除此之外现场保护也有实质性的保护内容，如对脆弱文物的提取、加固等。其实这就引出了传统观点中错误的部分，即所有考古现场进行的保护处理在实验室中都要去除。以考古现场最常采用的保护方法——加固为例。众所周知，当前几乎没有哪种文物保护材料能够做到完全的可逆，尤其是对多孔介质而言，因此也就不可能在实验室将现场进行的加固处理完全去除。另外，还有一些现场进行的保护处理在实验室中不必也不能去除，例如对完全矿化成粉状锈蚀产物的青铜器，现场保护的做法一般是利用树脂溶液对其进行渗透加固以保留其外部形态。这类器物如果在实验室想要将对其进行加固的树脂完全去除，势必会损伤文物的外部形态。总之，现场保护处理并不一定需要可逆，只要可再处理就行，换言之就是不影响后续实验室保护处理即可，这也就是前提的第二点内容。

　　除定义与目标外，平衡状态理论也是考古发掘现场文物保护的重要理论基础。平衡状态理论认为每一种材料对其所依存的环境均有一种稳定的形式，借用化学、物理学的概念将其称之为平衡状态，文物也不例外。当一件文物刚刚埋入地下时，它就被置于一个新的微环境（埋藏环境）中，而这个环境可能与其先前所处的环境（使用环境或制作环境）大为不同。这样，构成这一文物实体的材料就被迫开始适应新的环境。在这个过程中，文物会同保存环境中的部分物质发生较为强烈的物理、化学及生物作用。例如大多数石质会受到酸、地下水及土壤的侵蚀；纺织品、皮革会受到生物降解、地下水及酸或碱的破坏；玻璃、釉及金属都易与土壤发生化学作用从而产生较为强烈的侵害等。如果这一环境条件较为稳定，文物材料就会经历一个向着与周边新环境达到平衡的改变过程。在这个过程中，文物的腐蚀速率是较快的。但一旦达到平衡状态后，文物材料的变化速率就会逐渐降低甚至停止，文物就会处于一个相对稳定的状态。这种状态在文物还处于较为稳定的埋藏环境中时会持续存在。例如，在大多数腐蚀性较低的土壤中，青铜器平均腐蚀速率为 $0.05 \sim 4 \mu m /$ 年。而当埋藏时间大于 20 年后，这个腐蚀速率就会逐渐降低，最终趋于停止。

　　一般埋藏较深、密闭性较好的墓葬，其内部环境受外界的影响较小，在封闭后较易于达到平衡状态，因此埋藏的文物能够较好的保存下来。马王堆汉墓就是这种环境的典型例证。而那些埋藏较浅、密闭性不好的墓葬，其内部文物和埋藏环境虽然也有达到平衡状态的趋势，但是由于受外界环境的影响较大，其平衡不断被打破，因此埋藏的文物一般而言保存状况较差。

　　但不论是哪种埋藏环境，在人们将文物从地下发掘出来的那一刻，文物就又突然被置于一个新的环境中，而这个新环境和原本文物的地下埋藏环境将会有很大的差异。这时文物与埋藏环境原本形成的平衡就被彻底打破，文物的改变又重新开始。文物材料就又会经历一个向着与新的周边环境达到平衡的改变过程。也就是说从文物被暴露到空气中的那一刻开始，它所遭受的侵蚀又重新开始了或者说侵蚀速度又重新被加快了。有些材料对这种改变比其他材料更为敏感，例如有机材料，这一过程非常快，因而导致在数小时内有机质就崩解了。而其他一些材料如石质及烧制较好的陶质，侵蚀会较小。另一方面，即使新的平衡状态在文物发掘出土后能够达到，但由于文物出土前都已经历了成百甚至上千年的侵蚀，其自身的强度多数已经很低。有些材料自身剩余的强度还能够支撑这种改变，那么它就能保存下来。而有些材料自身剩余的强度已经无法承受这种变化，那么它就彻底崩解了。这就是为什么在考古发掘现场常常会出现文物刚刚出土时光鲜亮丽，短短几分钟之后就彻底土崩瓦解的原因。其实，不论材料自身的强度以及对环境的敏感程度如何，对大多数材料而言，各种形式的侵蚀在文物出土时环境突变的瞬间都不可避免地发生了，只是这种损害或侵蚀不一定能够立即用肉眼观察到而已。另外，传统的考古发掘现场文物保护只强调了文物出土瞬间环境突变对其材质的影响，使得文物出土后环境的变化对文物造成的破坏往往被人们忽略。实际上，出土后环境的波动对文物的现场保护效果在一定程度上影响也很大。

一些文物虽然经受住了出土时环境突变对其造成的影响，但如未能控制好随后的保存环境，现场保护的成果很有可能会付之东流。因此，现场保护工作不仅要考虑出土时环境的突变缓冲，还要考虑文物出土后稳定环境的营造与维持。

　　以上就是考古发掘现场文物保护的基础理论，我们称之为平衡状态理论。考古发掘现场文物保护的一切工作都是基于该理论展开的。简言之，考古发掘现场文物保护就是立足于解决或缓解环境的突然变化对文物产生的影响及造成的考古信息的损失。

1.2　考古现场保护应遵循的原则

1.2.1　少干预原则

　　少干预原则是考古发掘现场文物保护的基本原则。其含义是指进行考古现场保护工作时，在保证文物安全的前提下，尽量少采取直接的保护处理措施。也就是说，如果一件文物出土时状态良好且不经任何处理亦可很好的保存，那么就不要对它进行任何处理（甚至包括最简单的表面清理）。其实少干预是文物保护学科的总原则之一，在考古发掘现场文物保护中要格外强调少干预，除了一般文物实验室保护要求少干预的原因之外，还因为现场保护的各方面条件较差，一般无法在处理前对文物的材质及各方面信息进行彻底的探究，只是凭借经验及一些简单的方法对文物的相关情况进行判定，从而进行保护处理。因此这些处理有可能出现偏差。例如在考古发掘现场对一件表面布满致密锈蚀产物的鎏金青铜器进行除锈，但是由于锈蚀产物的覆盖，一般在现场很难确定该器物是鎏金器还是普通青铜器，贸然的清理很有可能会导致鎏金信息的完全丧失，此时最少的处理就是最好的处理。但需要强调的是，少干预原则一定是建立在确保文物完好的基本前提下。如果在考古现场，文物不进行直接保护处理就无法提取或可以预见到会遭受严重损害，那么应毫不犹豫的采取相应的保护处理措施。

1.2.2　可再处理原则

　　可再处理原则是基于可逆原则的基础上提出的。所谓可逆是指对文物进行的处理能够日后在不对文物产生任何损伤及改变的前提下去除。

　　但是，随着对文物保护材料研究的不断深入，人们逐渐发现真正意义上的可逆几乎是不存在的。尤其是当材料施加到文物上一段时间以后，许多原本可逆的处理方法或材料实际都很难达到完全的可逆（由于光老化、文物表面的多孔特性等原因）。以当前文物保护中最常使用的材料 Paraloid B72 为例，该材料在单纯的可逆性测试中表现良好，但当它施加到文物表面并发生了一定程度的光老化后，可逆性就会出现大幅降低。

因此，人们在可逆原则的基础上提出了可再处理原则。所谓可再处理就是指保护处理过的文物还能够毫无障碍的进行再次保护处理的特性。换言之就是不影响后续保护处理的方法及材料。

考古发掘现场文物保护应遵循可再处理原则，而不应局限于可逆原则。例如对于饱水的木质文物如果用不可逆材料硅油进行预处理的可再处理性要比用一些"可逆性材料"（如聚乙二醇）更好。那么在考古现场遇到类似情况时，就应更倾向于选用可再处理性较好的硅油。

1.2.3　少量原则

少量原则也是考古发掘现场文物保护的一个重要原则。所谓少量原则就是指在确保文物安全的前提下尽可能少的使用文物保护材料。对考古发掘现场文物保护而言，保护处理往往是在不十分理想的条件下不得已而进行的，这种情况下滥用文物保护材料很有可能会导致日后实验室保护工作量的增加以及对文物的损害。

另外由于考古现场往往地处偏远，保护材料不易获得。少量原则也有助于将有限的保护材料用于更多的、更急切需要进行的保护处理中。同时对保护材料的节约使用还可以降低考古发掘现场文物保护的成本，但其前提是要确保文物的安全。

1.2.4　事先采样原则

考古发掘现场任何的保护处理，甚至仅仅是对文物表面的清洗都有可能会污染文物，最终导致科学分析结果的无效。因此如果能够预见到日后需要进行某种科学分析，那么在进行任何保护处理之前就应该采集有代表性的样品并将其保存好，以待分析之用。这是考古发掘现场文物保护的一个特殊原则。例如近年来对彩绘类文物胶料的研究逐渐成为文物保护研究的一个热点，但是胶料分析有一较大的难题就是对切割搬迁过的壁画胶料的鉴别。其原因在于壁画搬迁时一般都需要进行贴布以保护画面层，贴布处理使用的胶料（一般为桃胶）会直接污染并覆盖原本壁画表面使用的胶料信息，造成分析结果出现偏差甚至彻底错误。这种结果的产生就是因为当初处理壁画之前未对其采样。另外，如果遇到那些在现场无法采样但又必须进行保护处理的文物，那么日后在将文物送检的时候，应该同时附上一份完整的该文物考古发掘现场保护档案。

1.3 考古现场保护的基本步骤

一次完整的考古发掘现场文物保护一般包括前期调查、制定预案、建立临时实验室、现场提取保护、临时性保护、储存、运输等基本步骤。需要说明的是，这七个基本步骤是理想的考古发掘现场文物保护所应该具备的，但是在实际工作中由于现场情况复杂多变，因此往往需要根据各方面情况综合考虑以确定保护步骤。例如临时实验室的建立，如果保护经费有限，同时发掘时间紧迫，那么有时该步骤就会被迫跳过。

1.3.1 前期调查

所谓考古发掘现场文物保护的前期调查主要是指在考古调查及勘探进行的过程中，考古发掘现场文物保护工作者对即将发掘的考古遗址的历史信息、周边环境、埋藏环境等进行的调查研究。

对周边环境的调查可以采用实地监测与在当地气象部门调取资料相结合的方式进行。主要调查的内容包括温度、湿度、降雨量、日照时间、空气污染物等。周边环境的调查对考古发掘现场文物保护的预案制定及日后的保护工作都非常重要。例如在对北方某地区考古发掘现场周边环境的调查中，发现该地区在考古发掘期间白天的平均气温高达32℃。因此在即将进行的考古发掘现场文物保护工作中就应该避免使用挥发速率较快的溶剂——丙酮，同时对于那些玻璃化转变温度较低的保护材料（如聚醋酸乙烯酯），也应尽量避免使用。

历史信息的调查可以通过与考古学家交流、查阅相关历史文献和对勘探结果进行分析等方式进行。这类工作主要是通过了解发掘目标的历史时期以及埋藏情况，预计可能出土的文物材质种类，从而为考古发掘现场文物保护的预案制定及准备工作奠定基础。例如，发掘目标是春秋战国时期以前的墓葬，那么铁质文物的保护就不应作为一个重点进行准备。因为这个时期的墓葬中铁制文物出土的可能性极小。再如对发掘目标的勘探过程中，探铲带出的埋藏土中包含有漆木器残块，那么就必须针对漆木器进行现场保护的准备工作。

　　埋藏环境的调查可以通过对探铲勘探获得的埋藏土样的 pH 值、含水率、孔隙率、可溶盐等特性的分析进行。通过事先对埋藏土样的分析，可以探知埋藏环境，推测地下文物的保存状况，从而更有针对性的制定考古发掘现场文物保护预案。例如，对埋藏土样品的分析发现，地下文物的埋藏环境为酸性，含水率较高。同时在土中发现了大量青铜锈蚀痕迹。这就说明发掘目标中可能埋藏有青铜文物，但其保存状况十分不佳。因此，在准备考古发掘现场文物保护的过程中就应将腐蚀严重的青铜文物的加固、提取作为重点之一。实践证明，考古发掘现场文物出土时的保存状况与埋藏环境的土质状况直接相关，一般情况下二者之间的关系见表 7 − 1。

表 7 − 1　埋藏环境土质状况对文物材质保存状况的影响

文物材质		埋藏环境				
		半干旱半潮湿环境			饱水环境	
		酸性环境	碱性环境	富含可溶盐环境	酸性环境	碱性环境
无机质文物	铁器	严重侵蚀	保存较好	严重侵蚀	保存较好	保存较好
	青铜器	严重侵蚀	保存较好	严重侵蚀		
	铅器	中等侵蚀	中等侵蚀	少量侵蚀		
	银器	中等侵蚀	保存较好	低盐度时保存较好；高盐度时中等侵蚀		
	陶器	少量侵蚀	中等侵蚀	中等侵蚀	少量侵蚀	中等侵蚀
	玻璃及釉质	少量侵蚀	中等侵蚀	中等侵蚀	少量侵蚀	中等侵蚀
	石质	保存较好（但对大理石及石灰岩会造成侵蚀）	保存较好	中等侵蚀	中等侵蚀	中等侵蚀
有机质文物	泥塑及草泥地仗壁画	中等侵蚀	保存较好	中等侵蚀	严重侵蚀	严重侵蚀
	骨角器及象牙	中等侵蚀	保存较好	中等侵蚀	中等侵蚀	中等侵蚀
	皮革及毛纺织品	少量侵蚀（蛋白质缓慢退化）	中等侵蚀	极端情况下由于脱水可能只产生少量侵蚀	保存较好	保存较好
	木质及棉麻织品	中等侵蚀	中等侵蚀			

需要说明的是，表7-1中列出的保存状况与埋藏环境的关系只在一般情况下成立。因为首先，文物的保存状况除了受到埋藏环境的影响外，还与文物的制作工艺、埋藏组合等其他因素相关。例如，由表7-1可知，棉麻织品在半干旱半潮湿的碱性环境下会产生中等程度的侵蚀。因此，如果墓葬或遗址的时代较早，棉麻织品在该类环境下出土的可能性就非常小。但是笔者曾经在一座春秋时期的墓葬（半干旱半潮湿碱性环境）中发现了一块保存完好的麻布。之所以产生这一现象，是因为这块麻布出土于一件青铜鼎的内部，铜的锈蚀产物有效地起到了防腐的作用。此外，文物的地下埋藏环境也不是均匀的。探铲勘探带出的埋藏土只是地下埋藏环境的一个局部样本，并不能代表整个墓葬或遗址每一个位置的情况。笔者就曾遇到过同一个墓葬出土了两件保存状况截然不同的青铜器。那是两件类型一致的青铜削，一件位于墓主人身上，另一件位于墓室侧面。出土于墓主人身上的青铜削锈蚀严重，已完全矿化。但出土于墓室侧面的青铜削却保存得非常完好。这是因为墓主人尸体的腐败过程造成了地下埋藏环境局部酸度的提高，而这个微环境直接作用到了其随身携带的青铜削上，导致这件青铜器的严重侵蚀。

1.3.2　编制预案

在前期调查的基础上，将调查得到的周边环境、历史信息及埋藏环境等相关信息综合分析，预计文物发掘过程中可能面临的保护问题，针对这些保护问题与各个专项的文物保护专家协商、讨论并制定有针对性的保护预案，同时按照保护预案准备必要的设备和材料。一份完整的考古发掘现场文物保护预案一般应包括如下几个部分：

1.3.2.1　总则

总则是对预案的一般性介绍，主要包括编制目的、编制依据、理论基础及工作原则和适用范围四部分内容。

1.3.2.2　预案

这是现场保护预案的主体部分，主要应包括遗址概况、预计保护问题以及应对预案三部分内容。其中遗址概况应包括对遗址地理位置、历史沿革、区域环境、埋藏环境以及预计出土文物种类的介绍，这里用到的所有资料基本上都是在前期调查中获得的。在接下来的预计保护问题部分，就应根据遗址概况中的内容推测可能出现的保护问题，并针对这些问题制定有针对性的应对方案。

1.3.2.3　预算

根据保护预案的内容进行现场保护所需经费的预算。

1.3.2.4　修订

这部分内容主要是说明在什么情况下，前面制定的预案需要进行修订，同时由谁修订的问题。

1.3.3　建立临时实验室

在考古发掘初期，一般需要进行现场保护的遗迹遗物并不多。但此时并不是考古发掘现场文物保护的闲时。现场保护工作者应利用这段时间，在发掘现场附近建立临时实验室。临时实验室的建立是为了给即将出土的文物提供一个更加易控的环境空间，同时为现场保护中较为细致的保护处理提供相对较好的处理条件。如果工作站距离考古现场不远，那么临时实验室最好能够设立在工作站中，这样既有利于统一的管理和物资调配，又可以最大限度地保证文物的安全。

临时实验室并不需要太多的复杂仪器设备，一些简单的温湿度计、显微（放大）操作台面、常用的工具、常用的保护材料和溶剂以及良好的照明就基本可以满足要求了。如此“简陋”的布置是因为临时实验室只是应对那些在现场没有办法或时间进行的简单保护处理，绝不是在实验室进行的那些复杂的保护处理。

1.3.4　现场提取保护

随着考古发掘工作的进展，遗物或遗迹开始出现，这时就需要进行现场提取保护。所谓现场提取保护主要是指在文物出土地点对文物进行的保护处理。这时的处理条件往往十分简陋，环境也不易控制，因此该保护处理的目标仅仅是能够将文物完好的提取回临时实验室，是临时性的、抢救性的保护。

对于保存状况较好的文物，该过程可能仅仅就是一个提取及微环境控制的过程。而对于保存状况较差的文物，该过程除微环境控制和提取之外可能还要涉及表面清理、加固等步骤。总之，现场提取保护就是在相对较短的时间范围内，在尽可能维持文物原始的埋藏环境的同时将文物提取出考古现场并将其运至临时实验室的过程。

1.3.5　临时保护

当文物在出土地点经过现场提取保护处理后，被运送至临时实验室，这时各种条件较文物出土地优越一些，同时环境也较易控制。因此可以在临时实验室中对文物进行更多的保护处理，如表面的清洁、简单的粘接、必要的加固以及精细的干燥或保湿等等。把一些易于操作的、对文物安全保存或运输比较重要的保护问题在临时实验室中解决掉，而那些十分复杂的、难度较大的工作及文物保护研究则应在后期的实验保护中进行。

1.3.6　临时储存

从考古发掘现场文物保护的角度而言，文物的临时储存主要涉及储存微环境的营造与维持。因此，临时储存的重点是通过对文物进行包裹，在包裹内部营造并维持一个相对较密闭的稳定微环境（如干燥、潮湿等）。这种包裹可以保证文物在临时储存的一段时间内，处于较稳定、适宜的保存环境中，从而减缓环境对文物的侵蚀作用。

1.3.7　包装运输

包装运输的重点是保证文物处于一个力学的缓冲体系中，将运输过程中震动对文物的破坏降到最低。文物以运输为目的的包装往往是在储存包裹的基础上进行的，这样在运输过程中既可以缓解震动对文物的影响，同时也可以维持文物保存环境的相对稳定。

2　前期调查和预案编制

出土文物现场保护是在特定环境下开展的专业性技术工作。为了确保该项工作的顺利进行，尽可能在考古现场抢救保护更多的文物，必须在考古发掘开始之前就制定好详细的现场保护预案。但要制定切实可行的保护预案，就必须建立在对考古发掘现场前期调查的基础上。前期调查与预案制订密不可分，前期调查是保护预案制定的基础与依据，而保护预案是前期调查的目的与延伸。

2.1　前期调查

2.1.1　考古发掘现场的自然环境调查

对已经确定的保护对象制定预案，首先要全面了解考古发掘现场的自然环境信息，这是制定现场保护预案的关键依据之一。考古发掘现场的自然环境包括地形地貌状况、生态环境、气候变化、温湿度变化、太阳辐射量以及日照时间、主要风向、土壤特性、地下水水位、干旱、暴雨和霜冻等自然灾害情况等。这些信息可以通过实际调查获得，也可以到当地的水利部门、气象部门进行调研和收集整理，还可以查阅当地地方志进行收集。通过对当地自然环境的了解，可以预计考古发掘过程中可能会出现的文物保护问题以及可能用到的预防性保护措施，从而更有针对性的制定保护预案。

　　文物埋藏环境的调查包括文物所处的地质环境调查和埋藏结构调查两方面内容，它是前期调查工作的核心内容。地质环境调查主要包括对埋藏土性质、地下水水位、可溶盐含量及种类等信息的分析研究。这些信息都可以为文物保存状况的预估提供依据。例如北方地区尤其是中西部土壤呈碱性，相比较而言，土壤中的有害离子对金属文物的腐蚀作用不很明显，文物受到的腐蚀危害较轻。南方地区土壤呈酸性，不利于金属文物的保存。在南方如果地下水位较高，水的 pH 值偏碱性或者接近中性时，就比较有利于漆、木、竹器和纺织品的保存。此外，埋藏结构调查主要包括对埋藏深度、埋藏空间的密闭性等信息的收集。埋藏的深度和空间密闭性对埋藏环境的稳定性及平衡状态的形成至关重要。一个埋藏较深且经过密封处理的墓葬，其内部文物保存的状况将非常乐观，甚至很多由不稳定材质构成的文物都有可能会保留下来。但同时由于埋藏环境的密闭，出土时环境的突变对该类墓葬中保存的文物将构成更大的威胁。

2.1.2　考古遗址的相关信息调查

　　在考古发掘开始前，尽管无法对即将出土文物的种类及数量进行准确的估计，但仍然是可以通过对遗址相关信息的调查，推测可能出土的文物种类及数量的。这种调查可以通过与考古学家讨论、通过考古钻探以及了解该地区往年的发掘结果等方式进行。通过调查的结果可以对即将发掘遗址的文化性质、分布范围、可能出土的文物种类、数量等情况做出更加符合实际的推测。再结合考古现场自然环境的情况，对文物的埋藏条件、出土时的保存状况、尺寸大小和数量以及可能出现的保护问题等做出切合实际的估量。从而使现场保护预案的制定、经费的预算、保护人员的配备、保护材料设备的准备更具有针对性。

2.1.3　其他方面的调查

　　除了以上提到的制定现场保护预案最重要的两个调查内容外，还需要了解其他的一些情况，这些情况包括：考古发掘现场的交通状况，当地购买保护材料的便捷程度，文物接收单位与发掘现场的距离，接收单位的文物保护实力（是否有专业的文物保护实验室、是否有文物保护从业人员）等。这些因素对于考古现场文物保护预案的制定也十分重要。例如，如果文物接收单位距发掘现场较近，且拥有一定的保护实力，那么在考古现场进行的保护工作可能就只包括对出土文物的微环境营造，对脆弱文物的必要加固和科学提取，其他的保护工作就可以放在接收单位的实验室进行。否则，大量的室内工作可能都需要在现场开展，这样就需要在考古现场建立临时文物保护实验室，造成现场保护所需经费及人员配置的增加。再如，若调查发现考古现场交通非常不便，机动车辆及机械无法到达发掘位置附近。那么在考古现场进行的大体量文物或遗迹的整体提取就应首选将其分割成小块后分别提取的方式。

2.2 预案主体涉及的内容

考古现场文物保护强调的是第一时间及时介入，从技术层面做好考古发掘现场的环境控制，缓冲埋藏环境与出土环境因素间的巨大差异，抢救性的保护出土文物。这些工作对于考古发掘中文物信息的保存和脆弱质文物的稳定而言，具有决定性作用，同时也为后续考古学研究和实验室文物保护、修复赢得时间和机会。因此在前期调研结果的基础上，预案的主体部分主要围绕文物保护问题的预判以及提出有针对性的解决方案。建立一套有针对性的现场文物保护预案，是考古现场保护工作顺利开展的重要保障。一般情况下，考古现场保护工作预案会涉及如下内容：

2.2.1 可能出土文物材质及保存状况的预判

无论哪类文物，经过长时间的地下埋藏，受埋藏环境中不同物质的影响，都会发生不同程度的变化或侵蚀。因此，根据以往的发掘经验或考古勘探发现的情况，初步掌握可能出土文物的材质种类，将其一一列举出来。同时分门别类对文物的可能保存状态做出初步判断，如金属文物腐蚀状况、竹木漆器糟朽的程度等等。这是制定有针对性的保护措施、确保现场保护工作顺利进行的保障。

2.2.2 考古发掘现场局域环境因素的控制方法

由于发掘工作的开展，文物由埋藏环境到出土后保存环境，这种因环境改变产生的作用会影响到文物的保护，因此，在现场保护预案中要充分考虑和应对环境条件改变带来的影响。针对出现的情况，如现场温湿度的剧烈变化、紫外线照射、降尘与风沙、空气污染物的吸附等现象，提出具体的缓解办法和应对措施。

2.2.3 考古现场文物保护的具体措施

考古现场文物保护的措施包括不同材质文物保护的具体技术细则，以及什么情况下需要在现场进行保护处理，保护处理应进行到的程度，什么情况下应直接提取等内容。当然，考古现场保护的具体方法很多，应依据可能出土文物材质及保存状况的预判，结合考古发掘现场局域环境因素的控制方法进行选择，或者对已有的保护方法依据调查结果进行适当的改进。这一部分应尽可能详细的计划保护措施的每一个步骤，争取做到即使预案制定者无法亲临考古现场，其他保护工作者也可依据该部分内容展开相应的现场保护工作。

2.3　预案实施的支持与保障

考古发掘中出现的情况往往难以预见，出土文物的状况也极为复杂。因此，除了在技术上做好相应准备外，还需在人员、经费、保障、安全等方面进行积极的筹划，以保证现场保护工作的顺利开展。

2.3.1　人员配备

依据保护人员在考古发掘现场的介入程度，可将现场保护工作分为三类。第一类是在长期、有计划进行的考古发掘中，为配合大量出土文物的保护工作，保护专业人员从考古发掘开始就进入现场，始终参与其中，称作全面保护。第二类是根据考古工作的内容及进度，保护人员不定期的前往考古发掘现场，对考古学家感兴趣的部分文物进行保护处理，称作选择性保护。第三类是保护工作者仅检查出土文物是否有活性的腐蚀产物，并给出储存建议。或者对考古工作者进行短期的培训，文物出土后通过远程协助的方式开展工作。这类介入程度的保护称为非主动性保护。

这三种介入程度的现场保护工作对人员配备的要求也是不同的。全面保护一般需要由若干保护人员构成保护团队。而选择性保护则对人员的需求就相对较小，一般情况下只需 1~2 名现场保护人员即可完成。非主动性保护对人员的需求最小，甚至现场保护人员不亲临现场就可进行一些工作。当然，不论是哪种介入程度，当在考古发掘现场遇到一些重要文物的复杂文物保护问题时，还可以考虑邀请化学、物理、生物、环境、地质等专家到现场会诊，与保护专家共同研讨解决问题的方法。

决定文物保护在考古发掘中的介入程度，需要考虑考古发掘的规模、经费的保障情况、发掘现场的地理位置、发掘方的文物保护实力等多方面因素。这些都是制定保护预案时需要考虑的问题。

2.3.2　物质保障

即便现场保护工作者在考古发掘之前做了最充分的准备工作，也无法保证在现场保护的实际工作中不出现那些"未预见到"的情况。产生这一问题的原因是考古发掘本身就具有一定程度的"不可预见"性。因此，在考古现场保护的物质保障部分，不仅要为预案设计的具体保护工作准备相关保护材料、工具设备等，还需要为那些"不可预见"的情况预留出操作空间。这样才能做到"不打无准备之仗"，在意外情况出现时不至于措手不及。

2.3.3　经费预算

考古发掘项目经费中包含有专项的现场文物保护经费。因为，一定量经费的投入是考古现场保护工作顺利开展的基础。现场保护的直接花费主要由以下项目构成：前期调查费、材料费、设备及工具费、分析测试费、交通费、人工费等。在文物保护预案中，需要根据前期调查的已有花费结合预案主体涉及的工作内容，对现场保护的总体花费有一个预算。

2.3.4　安全保障

考古现场保护中，安全保障是一个需要格外强调的问题。因为，在现场保护介入之前，单纯的考古发掘涉及的安全问题，尤其是化学品安全问题，并不多见。因此，许多考古工作者对这一类的安全问题并没有清晰的认识。但保护工作不可避免地会给考古现场带来一些安全隐患，例如现场保护使用的有些化学试剂具有可燃性、易爆性、腐蚀性或毒性。因此，这类物品从运输、使用到废料处置都要严格按照规定执行，操作时还要注意避免发生意外，遇到紧急情况要有防范能力和应对措施。总之，现场保护涉及危险物品的运输、使用、废弃的操作规程，在现场的人身安全、仪器设备及工具的使用安全以及其他安全注意事项等，都要在预案中有所体现。所有涉及相关问题的现场保护工作都要严格按照预案安全保障部分中的规范操作方法执行。

3　档案记录

考古发掘现场文物保护是文物保护工作者接触文物的最前线，因此档案记录工作尤为重要。完整的、详尽的记录下文物出土后的一系列改变以及对文物所采取的所有保护处理措施，对后期的实验室保护及考古学研究都会产生非常积极的作用。

从时间的角度而言，出于考古发掘现场文物保护目的而进行的档案记录工作应该在考古发掘现场随时进行并贯穿现场保护的始终。现场保护的档案记录应从文物刚刚发现时就开始，直到文物被运送回博物馆库房或实验室后结束。

从内容的角度而言，考古现场文物保护的档案记录不仅要记录文物出土的位置、编号、属性等田野考古学信息，还要记录文物出土时的保存状况、文物的现场保护方法、文物的临时储存方法、运输方法以及文物采样的部位及采样方法等一系列内容。总之，现场保护档案记录的重点是要将在任何地点（考古现场也好、临时实验室也好）采取的任何形式的保护处理，都详细、精确地记录下来。这些记录不仅要包括文字的描述还应该配有相应的照片或图表资料。

考古发掘现场文物保护档案应一式两份，一份由现场保护工作者保存，另一份在现场保护工作结束后交由文物接收单位与文物一同保存，作为文物进一步保护修复的基础资料以及文物档案的一部分。

考古发掘现场文物保护档案可参照表 7-2（《考古发掘现场文物保护处理技术档案》）。该档案由三部分组成，分别是封面部分、表格主体部分及附录部分。

3.1　封面部分

封面左上方为档案编号，由现场保护工作者按保护顺序自由编排，主要是为了便于档案查找及管理。

封面正中文物名称及编号应与考古学定名及编号一致，以便与文物一一对应。

3.2　主体部分

表格主体部分文物基本信息中，材质栏应填写文物的质地，如青铜、金、银等。对于现场无法确认质地的文物，填不明。质量栏中应填写出土文物经过初步清理后的重量，特大件文物无法现场称量的可暂不填。数量是指同一编号的一组文物的数量或者破碎文物的碎块数量。出土位置是指文物的出土层位以及在探方/墓葬中的相对位置。发现时间一般应精确到小时。

相关环境信息部分，埋藏环境栏中的温度是指文物周边埋藏包裹物（一般为土质）的温度，其温度值一般与文物出土时的初始表面温度一致。含水率及 pH 值亦是针对文物周边埋藏包裹物的。埋藏深度是指文物出土位置距离现代地表的高度。发掘出土环境中的现场温度及湿度日变化记录应填写文物出土位置局域空气的温湿度日变化，一般记录极值（最大值和最小值）及其出现时间，以及日平均值即可。照度水平是指文物出土位置可见光的照度值。考古发掘现场其他防护措施主要是指现场是否有大棚或其他临时性防护设施。

样品采集信息栏主要由两部分组成，分别是环境样品部分和文物样品部分。在现场无论对环境还是文物本体进行的采样都应当详细记录。记录的内容主要包括样品的编号，该编号应与样品包装容器上的编号一致，以便于日后将分析结果与文物对应；样品照片编号，该编号应与附录中样品采集照片中的样品照片一致，最好为照片电子版文件名，以便于查找；采样部位，要求简单描述采样点在文物或者环境中的位置信息，如底部，该部位应与附录中采样前后文物/环境照片相对应，这样有利于对日后样品分析结果的解读；采样方法，要求记录具体的采样工具及采样手段，如采样钻孔等；采样量，要求记录所采集样品的质量或体积。

文物保存现状主要是描述文物出土时的保存状况，如文物是否完整，破损具体程度等信息。在该部分描述中，文物表面任何脆弱的区域、裂缝以及与此类似的其他情况，都应该明确记录下来。该内容作为文物基本信息的补充，同时作为保护处理前的原始资料，并配有相应照片，在这里只标明照片编号，具体照片粘贴在附录中。

现场保护处理方法及步骤栏，主要填写考古发掘现场对文物进行的所有保护处理的详细记录，包括表面清理、提取、黏结、加固以及储存包裹等。应该明确、清楚的记录下保护工作者对文物进行了哪些处理，如何进行的以及在什么状况下进行的。这部分的记录应尽可能详细，一些在发掘现场看似显而易见的保护处理也不可忽略不计，因为这些看似理所应当的处理对后期的实验室保护而言却并不一定是这样的。实验室的保护工作者需要花费大量的时间和精力去避免这里所无法一一提及的各种可能对文物产生损害的因素，而如果考古现场进行了详细、恰当的记录，这些都是可以避免的。

文物临时储存微环境变化记录栏，主要填写针对文物营造的局域气候微环境的监测情况，以观察文物所处微环境是否稳定。对于没有营造密闭微环境的文物，该栏中填写的内容为文物临时储存库房的温湿度变化情况。

文物包装和运输方法及步骤栏，主要填写以运输为目的的文物缓冲包装方法及文物运输的手段、方法。

保护处理所使用的化学材料及试剂栏，要详细填写现场保护中所使用的所有化学材料及试剂，同时要标明其用途，例如用于表面清理或是加固剂溶剂等。对使用的化学材料要写明其品牌、级别、商品名、使用浓度及溶剂种类，对溶剂要标明其纯度。

保护处理所使用的其他材料栏，主要填写现场保护处理使用的缓冲材料、包裹材料、标记材料、工具等，要标明这些材料的质地、种类、商品名等信息。

文物接收单位为现场保护结束后接收文物的单位名称，在交付文物时由接收单位或接收单位文物负责人签章。

3.3　附录部分

附录中的表格数量如不够可再添加。其中，文物保存现状照片主要粘贴文物刚刚出土、保护处理前的照片，以配合表格中文物保存现状的描述。如果有必要，可以在照片上标出文字记录中所描述的那些脆弱的区域或裂缝。照片编号应与表格正文中的相关描述相对应，同时最好与电子版照片的文件名称一致，以便日后查对。

文物样品采集照片应包括采样前文物局部、采样后文物局部以及样品的单独照片，照片编号应与表格正文中一致，同样最好也与电子版照片的文件名称一致。

文物现场保护处理照片栏，保护处理方法是指对文物采取的保护处理手段，如表面清理、加固、粘接等。照片内容应与方法相对应，编号也应与电子版照片的文件名相一致。

样品分析检测结果栏，检测目的是指分析的意图，如成分鉴别、年代确认等。检测方法是指采取何种检测手段，如 X 荧光光谱分析、气相色谱质谱联用分析、热释光分析等。样品种类填写文物样品或环境样品。样品用量为本次分析所使用或消耗的样品质量/体积。检测结果为检测分析的主要数据与结论。

最后，一定要确保这些记录与处理过的文物一起配套保存，这样当文物移交到实验室保护工作人员手中进行下一步处理之前，他们就能够掌握所有进行过的现场保护的相关信息。与此同样的信息还应该编入考古发掘报告或输入档案系统中，如此一来这些相关信息就会成为永久的处理记录。

表7－2　考古发掘现场文物保护处理技术档案

档案编号：_____

考古发掘现场文物保护处理
技术档案

文物名称：_____

文物编号：_____

保护时间：_____

记　录　人：_____

文物基本信息	名称			编号	
	材质			尺寸	
	质量			数量	
	出土位置			发现时间	

相关环境信息	埋藏环境	温度	含水率	pH 值	埋藏深度	其他
	发掘出土环境	现场温度日变化记录				
		现场湿度日变化记录				
		照度水平				
		考古发掘现场其他防护措施				

样品采集信息	环境样品	样品编号	样品照片编号	采样部位	采样方法	采样量
	文物样品	样品编号	样品照片编号	采样部位	采样方法	采样量

保护处理人员		技术负责人	

文物保存现状:

_____

现场保护处理方法及步骤:

_____

文物临时储存微环境变化记录:

_____

文物包装和运输的方法及步骤:

_____

续表

保护处理所使用的化学材料及试剂：

保护处理所使用的其他材料：

文物接收单位：
（签章）

备注：

附录

文物 保存 现状 照片	照片编号：	拍摄时间：	拍摄人：
	照片编号：	拍摄时间：	拍摄人：
	照片编号：	拍摄时间：	拍摄人：
文物 样品 采集 照片	采样前文物/环境局部 照片编号：	拍摄时间：	拍摄人：
	采样后文物/环境局部 照片编号：	拍摄时间：	拍摄人：
	样品照片 照片编号：	拍摄时间：	拍摄人：

文物现场保护处理照片	保护处理方法：		
	处理前		
	照片编号：	拍摄时间：	拍摄人：
	处理前		
	照片编号：	拍摄时间：	拍摄人：
	处理前		
	照片编号：	拍摄时间：	拍摄人：
文物现场保护处理照片	保护处理方法：		
	处理后		
	照片编号：	拍摄时间：	拍摄人：
	处理后		
	照片编号：	拍摄时间：	拍摄人：
	处理后		
	照片编号：	拍摄时间：	拍摄人：

样品分析检测结果	检测目的		检测方法	
	样品种类		样品用量	
	检测结果：			
	检测单位：		检测人：	
	检测目的		检测方法	
	样品种类		样品用量	
	检测结果：			
	检测单位：		检测人：	

4 文物标记

4.1 常用的文物标记材料

4.1.1 Paraloid B72

Paraloid B72（简称 PB72 或 B72）是当前世界文物保护领域中使用最广泛的一种聚合物材料。该材料由罗门哈斯（Rohm&haas）公司生产，是一种无色、透明的热塑性树脂，具有较好的稳定性及可逆性，可以用作文物保护加固剂、黏结剂、封护剂等。Paraloid B72 是由 66％的甲基丙烯酸乙酯和 34％的丙烯酸甲酯构成的聚合物（图 7 - 1）。

最初，PB72 出厂时是一种白色的不规则团块状、有轻微的丙烯酸气味的物质。这种最初的 PB72 是由 68％的甲基丙烯酸乙酯和 28％的丙烯酸甲酯构成的。1976 年，PB72 产品改为一种透明的、无味的小球状物质。现在市售的 PB72 有两种形式，一种是固体小颗粒，还有一种是 50％的甲苯溶液（最近已经开始有其他浓度出售）。PB72 的玻璃化转变温度是 40℃，折射率为 1.479 ~ 1.489，可溶于甲苯、二甲苯、丙酮、四氯化碳、丁酮，微溶于异丙醇，不溶于脂肪族烃、水、油和油脂，1976 年以后生产的 PB72 可溶于乙醇。在文物标记中该材料主要用于将标记油墨或颜料与文物本体隔离。

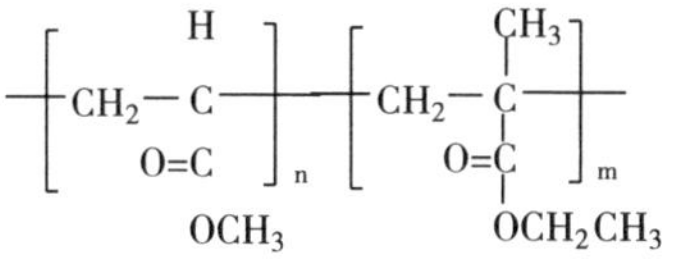

$$\begin{bmatrix} CH_2-\underset{\underset{OCH_3}{O=C}}{\overset{H}{C}} \end{bmatrix}_n \begin{bmatrix} CH_2-\underset{\underset{OCH_2CH_3}{O=C}}{\overset{CH_3}{C}} \end{bmatrix}_m$$

图 7 - 1　PB72 主体材料的结构式

4.1.2　无纺布标签

无纺布又称免织布，是由定向的或随机的塑料纤维构成，具有防潮、透气、柔韧、轻质、不易滋生微生物、耐久性好、价格低廉等特点。多采用聚乙烯、聚丙烯等热塑性树脂颗粒为原料，经高温熔融、喷丝、铺纲、热压生产而成。因具有布的外观和某些性能而称其为布，但不经纺织故称其为无纺布。

无纺布在考古发掘现场的用途之一是制作无纺布标签。传统的标签为纸质标签，在实验室中，纸质标签具有良好的适用性。但在考古发掘现场，纸质标签则显现出许多弊端。如纸质容易滋生微生物，从而导致其表面的标记内容模糊甚至消失，同时也会将微生物引入与其接触的文物表面；另外，纸张不耐水，水浸后强度急剧降低，稍有不慎就会因为标签破碎而造成其表面标记信息的丢失；再加上纸质标签容易受到污损，操作者手上的灰尘或者文物表面的泥土都很容易沾污纸质标签表面，从而使得标记变得模糊不清。这些都是纸质标签在现场常常出现的问题。而无纺布标签由于其本体为树脂材料，具有强度好、防水透气、柔韧、不易滋生微生物等特点，因此该类标签能够抵御多种侵蚀，从而对标签上的信息起到非常好的保护作用，普遍适用于各种考古发掘现场的标记。

4.1.3　油性标记笔

油性标记笔，又称记号笔、马克笔，具有附着力强，不脱色等特点，可在纸、塑料、玻璃、金属等大部分固体表面上书写，墨迹可以用酒精等有机溶剂擦除。油性笔是相对于水性笔而言的，最大的特点就是书写后的墨迹遇水之后不会像水性笔那样变得模糊，便于保存，不易褪色。能够做到这一点是由于油性笔所使用的油墨不溶于水，仅溶于有机溶剂。因此油性标记笔所使用的墨水其实就是油墨的有机溶液，当然其中还添加了少量成膜物质如丙烯酸树脂。该类笔的着色原理是，书写后随着有机溶剂的挥发而使油墨与成膜树脂一起沉积在标记物表面。由于油性标记笔常用的有机溶剂如酒精、乙酸乙酯，其挥发速率大于水，因此在实际使用中，油性标记笔书写墨迹的干燥速度会较水性笔快（根据《油性记号笔用墨水》行业标准，一般在1分钟以内）。此外，该类笔如果因笔盖没有盖严而无法正常书写，可将笔头拔掉后加入一些酒精，将油墨稀释后便可再次写出。

4.1.4 墨汁

墨汁的主要原料为炭烟（其主要化学成分为碳）、胶料、添加剂和溶剂等，一般经由机械加工而成。炭烟的种类繁多，主要由各种植物及动物原料经燃烧或热分解而成。传统工艺制备的墨汁，其胶料主要使用皮胶或骨胶及蛋清的混合物，另外再加入榉皮汁、朱砂、麝香等添加剂以水为溶剂制得。现代工艺制备的墨汁，其胶料常使用阿拉伯树胶或者如聚醇树脂等现代树脂材料替代传统的动物胶，添加剂多使用现代化工材料，添加剂的种类也有所增加。

不论是传统工艺制作的墨汁还是现代工艺制作的墨汁都可应用于现场保护的标记。对现场保护的标记而言，墨汁本身的种类并不重要，重要的是使用墨汁标记前后的处理工艺。只要是市售的质量合格的墨汁都可以使用。

4.2 考古现场保护中的文物标记方法

对现场保护而言，标记主要有两种方法。其一是直接在文物表面进行标记，其二是将标记记录在与文物一同保存的标签上。不同的文物保存状况及文物种类适用不同的标记方法。

4.2.1 在文物表面标记

当一件文物从地下提取出来并进行过初步的表面清理后，依据标准的考古发掘步骤就该对这件器物的注册号码和它的出土地点编号进行标记了。在文物表面标记的方法对考古学者而言再熟悉不过了。因为早期的考古学者就是使用油漆等材料，将文物编号等重要信息直接书写在文物表面上的。但是出于考古现场保护的目的，不建议使用油漆。因为，首先油漆不稳定，使用它书写的标记很容易因为油漆材质的老化而破损、剥落，不利于信息的长期保存；其次，油漆的使用很容易沾污文物的表面，而且这些污染很难彻底从文物表面去除干净，尤其当油漆老化后。因此，现在常常使用墨汁替代原本的油漆对文物进行标记。

从上面的介绍可知，墨汁的主要成分是炭黑，其化学稳定性非常好，不会由于老化而出现褪色、消失的现象。但墨汁和油漆一样也容易污染文物的表面，尤其对于那些多孔文物（如陶器），由于墨汁的黏度一般小于油漆，因此它会渗透到多孔文物的孔隙内部，造成文物表面的深度污染，日后想要将这些墨迹完全去除难度很大。因此在使用墨汁对文物进行标记时，要采用特殊的处理办法。

在文物表面标记的第一步就是要确定文物的标记区域，即选择在文物表面的哪一块区域进行标记。一般的原则是选择一块不引人注目的同时也容易找到的地方，这样既不会影响文物的外观也容易为研究者所辨读。标记应避免在那些有装饰或彩绘的部位进行。同时也不要在任何有片状剥落、有较厚土质或锈蚀产物结壳的表面进行，因为那样很有可能会由于后期细致的文物表面清理或者其他原因而导致标记脱落。对于有底的器物，尽量在器物底部进行标记而不要在其口沿或侧壁进行。如果一件文物，破碎成许多块，并且这些碎块最终都将要粘接、修复起来。这时不需要对每一块碎块都进行标记。只用在底部碎块的底面进行标记，并在一些文物体部碎块的内表面进行标记，然后将这件文物的所有碎片包装在一起以防和其他文物相混淆即可。

在直接对文物表面进行标记时，一定要确保欲标记区域完全洁净并干燥。如果有必要，事先应使用潮湿的棉签清洁预标记部位以确保去除表面所有的灰尘。然后在欲标记区域完全干燥后，用10%的PB72在该区域涂刷一层条带状覆盖层。如果文物的孔隙率较高，可以适当提高PB72的浓度直至15%，并使用挥发速率较快的丙酮作为溶剂。这样做是为了尽量减少PB72在文物本体中的渗透深度，使更多的树脂停留在文物的表面。这与文物保护中渗透加固的目的及效果恰恰相反，因为PB72涂层在这里只是作为文物本体与墨迹的隔离层，而并不是文物加固剂。这个条带状涂层的尺寸应该与标记区域的尺寸相称，不要太大更不能太小。当PB72覆盖层完全干燥后，就可以用墨汁在覆盖区域上进行标记了。但是使用墨汁进行标记有一个很大的缺点，那就是墨汁易溶于水且其堆积厚度远没有油漆厚，因此墨汁容易受水或其他磨蚀作用而变得模糊不清，为了防止这种情况的发生，一般在墨汁完全干燥后再在墨汁上施加一层 PB72 覆盖层。通过这种方法，标记的数字就不容易被蹭掉或被水溶解掉。但事后如果需要去除标记，可以用蘸有丙酮的棉签将其擦拭掉。

对于表面色调较暗的文物本体标记，还可以使用白色墨水替代一般黑色墨水进行，这样做可以使标记更加醒目，二者的标记方法完全相同。

另外随着标记材料的发展，出现了一种荧光墨水，这种墨水在自然光下呈现无色透明状，而在紫外线照射下则呈现出特定的荧光。因此这种墨水标记后的文物在平时看来并没有任何标记的痕迹，当需要辨读标记时，使用紫外线照射标记区域就可以使标记的文字显露出来。但这种标记材料现今较少应用于现场保护。

4.2.2　附加标签对文物进行标记

这种方法其实也是田野考古中常常使用的标记方法。田野考古在文物出土后常常将文物的出土位置等信息书写在一张纸质标记卡上，然后将其装入文物内部或者与文物一起装入另一个容器中。

现场保护的附加标签标记方法和一般田野考古中的主要有两点不同：1）对潮湿文物标记所采用的材料和传统考古学不同。传统考古学主要使用水性笔或中性笔如签字笔、钢笔等，在纸质标签上书写标记内容。这种书写方式极易由于水、微生物等因素的作用而导致标签表面字迹模糊、标签破损等问题。而现场保护则一般使用油性标记笔在无纺布标签上书写标记。这种标记方法字迹附着力强，不会受水的影响而导致字迹模糊。同时由于标记的标签为聚乙烯或聚丙烯材质，其强度不会因为水而降低。更重要的是在潮湿环境中，其表面不会滋生霉菌。2）现场保护标记的内容与传统考古学略有不同，具体见标记内容部分。

在考古发掘现场，使用标签标记法既可以在文物的包裹盒子或袋子外面也可以在其内部进行。如果文物的包裹袋是外部有标签位的聚乙烯袋，在袋子外的标签位上用标记笔直接书写标记即可。如果袋子表面没有标签位，那么最好将外部无纺布标签与聚乙烯袋热封在一起。对于多层袋子包裹的文物，一般将标签面部向外粘贴于最外层袋子的内部。如果是采用透明盒子对文物进行包裹，一般在盒子侧壁或顶部内表面粘贴无纺布标签（标签面部向外），这样在不打开盒子的情况下就可以透过侧壁或盒盖读取标签信息。如果用不透明盒子包裹，一般采用的方式是在盒子外面用标记笔直接书写标记和在盒子内部放置标签的双重标记方式。这是因为盒子表面较光滑，标记笔的墨迹易由于刮蹭、光照或特殊溶剂而褪色，双重标记方式最大限度地保证了标签内容的安全。对于大件物体可以将标签用涤纶线拴在文物上，但最好用聚氨酯泡沫衬垫在线和文物之间，以防系紧标签时涤纶线割伤文物表面。当饱水文物被置于塑胶网中时，标签往往可以系在这个网子上。

4.3　考古现场保护需要标记的内容

在考古发掘现场文物保护中，文物本体表面直接进行标记的内容与田野考古中的完全一致，主要是文物的出土编号。而使用标签标记的内容，二者则有很大不同。这是因为田野考古中标签的目的是记录文物出土的第一手资料，为日后文物整理及本体标记做准备。而现场保护标签标记的目的是明确储存包裹物的内涵以及包裹环境的要求，记录环境维持情况。因此考古发掘现场文物保护中标签标记所应包含的内容除了文物的基本出土信息外，还应包括文物的材质、环境控制要求、特殊包装材料及其更换时间等内容（见表 7 - 3）。

表 7 - 3　现场保护中标签标记的内容

遗址名称：	× × 遗址 M1005	
文物材质：	铁质	
文物名称及编号：		
铁剑　M1005：64		铁块　M1005：70
铁斧　M1005：66		
铁钉　M1005：67		
环境控制状态	干燥，相对湿度低于20%，湿度指示卡指示	
检查时间	2009 - 5 - 15，2009 - 6 - 15，2009 - 7 - 15，2009 - 8 - 15，2009 - 9 - 15，2009 - 10 - 15	
硅胶更换时间	2009 - 5 - 15，2009 - 7 - 15，2009 - 9 - 15	
特殊包装详情	无	
备注	无	

5 文物操作规程及方法

5.1 考古现场保护中文物操作的特点

考古现场保护中的文物操作是指在现场对文物进行的拿放、搬运、移动等工作的统称。在考古发掘现场对文物进行操作与实验室保护中的文物操作有很大差异。这是因为在实验室保护中，各方面条件都相对较完备，真正可以做到对文物的最少操作甚至零操作。另外由于实验室保护一般在时间及仪器设备方面没有太大限制，因此在对文物进行保护处理前，往往是已经充分掌握了文物的保存状况，如文物的锈蚀程度、文物的脆弱部位等信息。而在考古发掘现场这一切则完全不同。

第一，在考古发掘现场保护中不存在对文物的零操作。恰恰相反的是，考古发掘现场保护中对文物的触摸、拿放、搬运等操作是必不可少的，并且拿放操作会贯穿考古发掘现场文物保护的几乎每一个阶段。

第二，考古发掘现场由于时间、设备等各方面条件的限制，在文物刚刚出土时就将文物的基本保存状况了解清楚几乎是不可能的，有些时候甚至确定文物的构成材质都是一件比较困难的事情。在这种情况下，文物底层是否有裂隙、文物是否完全矿化、文物的脆弱部位在何处等信息均无法获知。

第三，考古发掘现场文物出土时往往带有附加物或包裹物，如容器内部的土质、多孔材质内部孔隙吸收的水分等，这些附加物都使得原本就已十分脆弱的文物本体，被迫支撑着比自身实际重量重得多的重力，因此对这类文物进行拿放、搬运等操作时更加危险。

由此可见，现场保护中的文物操作规程对发掘现场文物的安全至关重要，错误的操作方式对于刚刚出土的、保存状况不是十分清楚的文物非但不会有任何保护作用，反而可能会导致文物的人为破坏。

5.2 考古现场保护中文物操作的原则

文物操作的基础是对文物保存状况的认知。在考古发掘现场，所有的出土文物几乎都遭受了一定程度的侵蚀退化，而这种侵蚀退化最直接的效果就表现在文物本体强度的丧失，有些文物出现开裂、变形甚至粉化。还有些文物原本起黏结作用的胶料已经流失殆尽，仅仅依靠附着作用或者土壤的黏附作用而连接在一起。无论是什么原因，重点是这些考古发掘物一般都处于一种脆弱的状态。因此对它们进行操作时要非常小心。然而如前所述，在考古发掘现场完全了解文物的保存状况几乎是不可能的。因此在现场保护中，一般比较安全的做法是假定所有的发掘出土文物都处于一种非常脆弱的状态，我们称之为假定脆弱原则。当然这种脆弱的状态在文物的表面并不一定都是显而易见的，一些文物可能看起来比较结实坚固，但实际上在泥土和锈蚀产物的下面可能已经布满了裂隙。这些被遮蔽的或只有显微镜才能看到的裂隙仅凭肉眼的简单观察是无法发现的，但它们的存在直接导致了器物机械强度的大幅降低。

在考古发掘现场，虽然无法做到对文物的零操作，但也应遵守最少操作原则。这一原则不仅在文物刚从地下出土时应遵守，在文物的表面清理、保护处理、观察研究和包装等过程中都应该遵守。

5.3　考古现场保护中文物操作的方法

即便充分了解了以上两大原则，在实际的考古发掘现场保护中，对文物的触摸、拿放、搬运等操作往往还是不可避免的。在必须接触、拿放、移动、搬运文物的时候，操作应该采取以下方法。

在考古发掘现场对文物进行操作时最好穿戴手套，尽量不要徒手拿放文物。这样做的目的一方面是保护文物不受污染，另一方面是保护工作人员自身的身体健康。

在必须要对文物进行操作时，应该轻而稳的拿放，对文物的抓握力度应适当，不可过松亦不可过紧。过紧的抓握易导致文物的突然断裂，而过松的抓握则易导致文物从手中的滑落。

在操作文物时，手接触的部位应选择在文物上最厚重、最坚固的部分，通过这种方法可以较安全的平均分散掉文物自身重量产生的重力。

对于重量轻且体型小的文物，操作时一般用一只手捉握文物的同时，用另一只手从下部保护性地拥住或支撑住文物，这样可以防止文物意外滑落。这种操作方式在拿起状态下转动小件器物时尤为适用。

对于重量较重且体形较大的文物，操作时一般用两只手一起稳固地托起文物，但要注意在那些较为脆弱的部位不要施加太大的压力，以免对文物造成损坏。

对于有把手的器物，在操作时决不可抓握把手部分，而应该用双手支撑在器物主体的下半部分将其捧起。

长而薄的器物，如玉圭或骨针，操作时应尤其注意。对体量较小的该类文物，应该从其中部拿起，而体量较大的则应该双手从其中部两侧的下方将其托起，尽量不要从一端拿起该类文物。

对于那些有韧性的材料如纺织品、金属薄片要避免反复的弯曲。因此这种材料更应该尽可能少的操作。为了使操作这类文物更容易，通常把它们放在一片有一定强度的聚乙烯泡沫板上。这样在需要拿放或移动该类文物时，对聚乙烯泡沫板进行操作就可以了，从而避免了对该类文物的直接触摸及可能带来的损坏。

其实这种方法可以推广到考古现场保护中所有脆弱文物的操作。为了进一步减少对脆弱文物的直接拿放频次，可以在观察研究和保护处理文物前，将文物先放入一个坚固的容器中或支撑物上。这样就为文物的操作创造了一个替代品，可以通过对容器或支撑物的拿放来代替大多数对文物的直接操作。

此外当文物在拿起状态时，应该始终使它们处于桌子或者柔软表面的上方，并且要尽量减小文物与桌面间的距离。这样要求是为了减少文物万一从手中滑落而对其产生的损害。如果文物从手中意外滑落，当其掉落到另一物体表面（如桌面、毡垫表面等）时，其接触到软表面产生的冲量要远比接触硬表面产生的冲量小。表面越软，缓冲时间越长，文物遭受损害的可能性就越小。文物从手中掉落后到其接触桌面或其他物体表面前，会经历一个近似于自由落体的运动。自由落体运动的距离（即文物距桌面等物体表面的高度）越大，接触桌面时文物的速率也越快，产生的冲量也将越大，文物遭受损害的可能性就越大。再加之由于文物遭受高冲量后很可能发生破碎，碎块会四下散落。文物与桌面等物体表面接触的一瞬间产生的冲量越大，其赋予碎片的初始速率也越大，碎块散落的距离也将越远。因此，这样要求一方面是为了防止器物从高距离掉落到硬表面上产生破碎，另一方面是为了防止器物破碎时，其碎片弹出距离过远，以至于弹到黑暗的角落或者一般触及不到的地方。

在文物操作的结束阶段即将文物放下的时候，一定要在确认文物已安全地放到桌子上或者架子搁板上，并不会出现任何移动或滚动后，再缓缓松开文物。这一点对于那些圆底或小底的长而笨重的器物尤为重要。在操作过程中，文物放置时的稳固是第一位的，如果一件器物在其竖直放置时不是十分稳固，这时就应将它侧放，并同时在器物下面放置褶皱棉纸或泡沫以安全固定其位置，防止文物滚动。当然也可以把这类器物放入和其体形相称的坚固的容器中。无论如何放置，需要注意的是决不要把文物放置在桌子或者架子隔板的边缘，以防止文物的意外滑落。

在考古发掘现场文物保护中，如果能够将操作过程中对文物产生的威胁减到最少，那么就可以避免一些对文物没有必要的损坏。

6　文物表面清理

6.1　文物表面清理的定义

文物表面清理是指对文物进行的去除诸如表面泥土等一系列附着物工作的统称。考古现场保护中的文物表面清理包括在文物出土位置为了将文物从包裹物中提取出来而进行的初步清理，也包括为了进一步保护处理而对文物进行的细致清洁工作。

6.2　考古现场保护中文物的表面清理方法

在考古现场保护中，文物的表面清理依据文物不同的保存状况及保护处理阶段，可分为以提取为目的的清理、文物的细致清理及文物的浸水清洗三种。这三种清理因其清理目的及对象的不同，一般会采取完全不同的清理方法。

首先是以提取为目的的清理。在考古发掘现场对一件文物进行清理的最初阶段，往往是将文物从包裹物（常常为泥土）中清理出来。当一件文物刚刚被发现时，它的表面清理工作也就随即开始了。这种清理工作，如果不涉及其他保护问题，其目的往往仅是将文物提取出来。因此，该工作一般不要求将文物表面清理得非常干净，甚至可以在文物表面保留部分泥土。但需要注意的是清理过程需仔细、谨慎，防止工具对文物产生的物理损害。这种仅以提取为目的的清理工作一般分两步进行，第一步只着眼于文物周边大块泥土的清理，在紧挨文物的表面保留一层厚度大约 1cm 左右的泥土。文物周边大块泥土的清理主要使用手铲、手术刀等金属工具进行，这样可以保证高的清理效率。同时由于在文物表面保留了一层泥土，从而降低了金属工具与文物表面刮蹭而对文物造成物理损害的概率。第二步就是着眼紧挨文物那一层

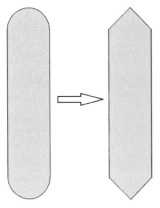

图 7 - 2　木质压舌板工具
加工方法示意图

泥土的清理了。这一步的清理工作因为会直接暴露文物的表面，因此需要更加小心、细致。使用的工具也从金属工具变成了质地较为柔软的木质或竹质工具。在这个清理步骤中最理想的工具是木质压舌板，木质压舌板质地较柔软同时又具有一定的韧性，因此在保证具有能够清理掉少量泥土的强度前提下，又不会对大多数文物表面造成物理损害。

为了使木质压舌板更加易于使用，一般需要对其进行切削以形成尖状顶端（见图 7 - 2），这种形式在清理过程中非常有用。通过这两步的清理工作，文物表面的大部分泥土就被清除掉了，一般情况下就可以着手准备下一步的工作了。

接着是文物的细致清理。如果文物存在其他保护问题，或者需要进行其他保护处理，以上两步的清理就远远不够了，还需要进行更细致的工作。这种更细致的清理工作旨在尽可能将文物表面附着的泥土或灰尘清理干净，为进一步保护处理如加固做好准备。对文物的细致清理一般应从文物的上部开始逐渐向下进行，这样可以防止后期清理掉的泥土或灰尘再次沾染已经清理干净的文物表面。该清理过程并不一定需要使用水。实际上只要有可能，细致清理的过程应该尽量避免液态水的使用。如果土壤是沙质的或并不是十分紧密牢固，那么刷子的普通刷扫就足以应付大多数细致清理的初步工作了。一般需要配备几种硬度不同的刷子，先使用最软的刷子进行刷扫，然后逐步增加刷子的硬度，直到文物表面的松散大块泥土都被除去。但不要对文物进行剧烈刷扫，以免损害文物表面。

如果文物表面粘有较为致密、坚硬的土块，仅仅刷扫不可能对其进行去除。对于这类坚硬的土块，绝不要试图通过撬动或弹动的方式将其移除，因为这样做很容易使器物表面的一些信息或附属物随着土块的剥离而从器物表面掉落。取而代之的是应该用蘸有酒精或水的棉签接触坚硬的土块，让土块吸收棉签上的水或酒精。而后坚硬的土块就会变软，在潮湿状态下就可以较容易的用木质工具或微型金属工具进行清除。但是在这样处理的时候要非常小心，千万不要弄湿器物的本体。因为水会损害一些特定材料的文物，如金属、象牙、木质等。酒精也会导致一些对水敏感的有机材料如象牙、木质等过度的脱水，造成这些文物翘曲变形、出现裂痕。另外过量的水或乙醇还有可能和文物表面的泥土混合成污水在文物上流淌，这种流淌会造成污物在水或乙醇的作用下渗透到文物内部的孔隙中，给清理工作造成极大的不便。如果通过上述方法，土块还是难以去除，就说明泥土中可能混合了大量不可溶盐，这时就需要一些特殊的处理去除泥土。而这种特殊的处理在考古发掘现场一般较少使用，多数会在实验室保护处理中进行。

如果在对文物进行干刷后还有一些细小的松散灰尘残留，可以用吸耳球吹扫掉。这时如果文物表面已经比较洁净，则可结束清理工作并尽快进行下一步保护处理。但如果文物表面的洁净程度仍不是很理想，尤其是当文物表面十分不平坦、具有很多孔隙时，大量的细小灰尘很有可能隐藏在这些孔隙或下凹处，这时就需要进行进一步的精细清洁处理。具体的操作方法是使用蘸水的棉签，将其取出水后用手指轻轻挤去多余水分，使得棉签处于潮湿状态但又不会因为轻轻挤压就产生液态水的溢出（即湿水棉签）。然后将棉签的侧面接触文物表面，并在文物表面轻轻地来回滚动，这样做可以清除掉文物表层及浅层孔隙中的细小灰尘。这种清洁其实是利用水的极性将细小灰尘吸附到棉签表面从而清除，棉签必须处于潮湿状态是要保证其表面水分含量，从而保证对灰尘的极性吸附力。但水不可过多，尤其是不能出现液态水的流淌。因为如果出现液态水，就会由于文物内层的孔隙而产生毛细作用，使得液态水混合细小灰尘形成的污水被吸入文物内层，从而非但无法起到有效的清洁作用，还会给文物内部引入污物。此外，大量的液态水引入对某些文物（如金属文物、纺织品等）还会造成其他的保护问题。在清洁过程中一旦棉签沾上了泥土变脏，就应将其丢弃更换一个新的、干净的棉签继续上述操作。决不可用脏棉签继续对文物表面进行清洁，如果继续使用脏棉签，棉签上黏附的灰尘颗粒就会成为研磨材料对文物表面产生磨损。另外棉签在文物表面要进行滚动而不可擦动，因擦动会对文物表面产生较大的磨损，同时还容易将棉纤维钩挂在文物表面，造成文物表面的二次污染。

对较大面积的精细清洁，使用棉签法就显得效率过低。这时可以用另一种方法——海绵吸附法。海绵吸附法是使用一块大小合适的海绵，将其浸入水中，取出后尽可能将海绵中的水挤出，接着立即用海绵轻轻拍打文物的表面。和使用棉签一样，也不要用海绵擦拭文物的表面，同时要经常用清水冲洗海绵以去掉粘在海绵上的会对文物产生磨蚀作用的泥土。

无论使用海绵法还是棉签法，由于这种进一步清洁处理向文物表面引入了水，因此在下一步保护处理前，一定要等到文物表面的沾湿区域干燥后才可进行。

最后是文物的浸水清洗。除了以上较细致的表面清理外，在考古发掘现场还常常使用一种批量的、较粗糙的文物表面清理方法，即浸水清洗法。这种清洗一般只对大批量的陶瓷碎片进行，而且这些碎片中还不能包含表面有彩绘的或者易碎的个体。具体的做法是将陶瓷碎片放在一个用塑料网状物或塑料纱窗做成的架子上，将这个架子用支撑物支撑在盆底或者悬挂在盆的边缘，这样做可以防止小碎片在清洗过程中沉降到盆底的淤泥中。然后向盆里注入水，使水浸没陶瓷碎片，使用软质的毛刷刷掉这些碎片表面的泥土，但不要进行剧烈的擦洗。尽可能频繁更换对文物的清洗水，因为脏水本身对文物表面会产生研磨的作用。

另外，这种处理方法可以有效缓解可溶盐对陶瓷类文物的损害。可溶盐是大多数多孔材质的文物在考古发掘现场常常遇到的问题。这些盐（主要是氯化物、硝酸盐和硫酸盐）在文物埋藏过程中通过土壤中水分的运移被多孔材料吸收。大多数情况下，在考古发掘现场，陶器、石质、骨质和象牙等多孔材质的文物都是已经被这些可溶盐污染了的。但这种污染其实一般并不会对文物产生严重损害，只有在文物出土以后，由于外界环境相对湿度较低造成多孔材质中的水分开始向外蒸发后，这种损害才逐渐显露。随着文物中水分的散失，材质孔隙中可溶盐溶液的浓度急剧增高，当达到饱和点之后，可溶盐就出现结晶，这种结晶发生在文物的表面或者稍低于文物表面的下层。在固体的状态下，这些盐的晶体体积要大于它们处于溶液状态时的体积，这种体积的膨胀会在文物表面的多孔结构内部产生非常大的应力，挤压多孔材质的孔隙侧壁，造成孔隙侧壁的崩解，反应到文物表面就是使得固体的表面出现粉化现象。如果文物再度潮湿或者相对湿度的水平变得足够高，那么这些盐就会再次返回到溶液状态，然后当潮气再度离开文物即文物再次干燥时，这些盐又会再次结晶出来。这种干湿状态的循环，伴随着可溶盐的结晶—溶解—再结晶的过程，最终将会逐渐导致文物表面的脱落与消失。而浸水清洗法在一定程度上降低了陶瓷器中可溶盐的含量，从而缓解了这种病变。

但需要注意的是，对一件文物浸水清洗后，在进行进一步保护处理前一定要让该文物缓慢、均匀、彻底的干燥。

7　文物加固

7.1　物理加固

所谓物理加固就是在不对文物表面施加任何化学改变的前提下，对其本体进行的加强处理。这种处理一般只能应对文物表面的物理损害如裂隙、破损等，而对化学损害如陶器表面酥粉、金属本体腐蚀殆尽等状况则无能为力。

7.1.1　绷带包裹法

最常使用的物理加固方法是绷带包裹法。该方法一般应用于本体保存状况较好、具有一定体量、外形在三维尺度上有一定纵深的出土文物，如烧制较好的陶质容器，本体保存较好的青铜鼎、釜等。如果对象是类似容器的中空器物，则一般要求容器内部最好有土等较密实的包含物。这样在包裹的过程中，包含物可以给有裂隙的容器侧壁或碎块提供足够的支撑作用。

当一件文物出土时虽然本体强度尚可，但其表面遍布裂纹或者文物已经出现破裂，这时为了不在提取的过程中导致裂纹进一步发展或者彻底贯穿，抑或是为了在不分开文物碎块的前提下将文物提取出现场（这样做可以减少后期文物室内粘接及修复的工作量，另外对于内部有包裹物的容器类文物，这样做还将非常有利于其内部包裹物原态的保留），通常需要使用绷带包裹的物理加固，将整个器物从地下提取出来。

进行绷带包裹前，一般需要先将器物周围的泥土清理干净，但器物内部的泥土应予以保留。这样做一方面是因为容器的内部土壤中可能包含有包裹物，更重要的是因为在进行绷带包裹时内部土壤可以对器物提供支撑。如果文物已经破碎，且碎块还在原先的位置，即已经破碎的碎片还未从器物上脱落，在清理的过程中不要对碎块位置进行任何移动，更不要将碎块取下。若碎块已经脱落，则应立即将其捡起，并填补回其脱落前的原始位置。

在清理完器物周围的泥土后，就可以开始绷带包裹了。具体的做法是使用强度较好的条状纱布绷带，以螺旋的方式沿与器物轴线夹角约 $45°\sim60°$ 方

向在外轮廓表面进行紧密的包缠，螺旋间应有一定的交叠，交叠面积为绷带
宽度的1/3，即每一个螺旋的绷带应压着前一个螺旋绷带的约1/3宽，而后又
被后一个螺旋绷带压住它的1/3（图7-3a）。在包裹过程中如果一卷绷带用
完时，可以先用胶带或别针将其尾部的固定扎牢，然后用另一卷绷带的头部
叠压前一卷绷带的尾部至少5cm长度，按照上述方法继续包裹文物，直到给
文物提供了足够的支撑。但是仅仅第一层的包裹即使给文物提供了足够的支
撑也是不安全的，因为它使得文物表面受到来自45°~60°方向的一个外部的
压力，这种单向的压力会使得文物出现沿压力方向变形的趋势。为了中和这
种趋势，必须要在第一层包裹的基础上进行与其包裹方向斜纹相对的第二层
包裹（图7-3b），即其包裹方向与第一层包裹沿文物轴线呈镜面对称。毫无
疑问，第二层包裹可以中和掉第一层包裹给文物侧向带来的压力，但是，这
层包裹同时会加强第一层包裹给文物轴向带来的压力。为了避免轴向压力过
大给文物带来的变形，必须在两层包裹的基础上进行沿文物轴向的第三层包
裹（图7-3c）。只有经过这三个方向的多重包裹，才能最大限度地抵消由于
包裹带给文物的不均匀压力，从而为文物提供更好的加强效果。

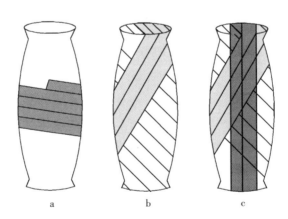

图7-3 绷带包裹文物的方法
a. 第一层绷带 b. 第二层绷带 c. 第三层绷带

如果器物体量较大或者破碎的碎块较多且较松散，那么这种绷带包裹就
不可能一步完成。遇到这种情况时，要将绷带包裹与去除文物周围泥土的工
作配合起来，多步进行。即将文物表面分为多个部分，先去除文物最上部周

围的泥土，然后对去除泥土的部位进行第一层和第二层绷带包裹；再去除文物较低部位的泥土，然后对新暴露出的文物表面再进行两层包裹；如此往复，直到将文物表面所有部位的泥土都去除掉，且所有部位都进行了分步骤的第一层和第二层绷带包裹，最后对文物整体进行第三层绷带包裹即可。

在实际操作中，出土文物的外形通常是十分复杂的，绷带包裹不可能总是整齐的螺旋形，同时包裹的纱布条也不可能总是平坦的紧贴在文物的表面。好在这些外观方面的问题并不重要，重要的是绷带给器物提供了足够、均匀的支撑力。其实并不一定必须要把文物的全部表面都包裹起来，只要对需要进行物理加固的部位进行包裹就可以了。

如果文物的体积或重量太大，普通的绷带包裹并不能给文物提供足够的支撑。这时就必须采用石膏绷带或者树脂绷带对文物进行物理加固。

7.1.2 石膏绷带法

石膏（主要成分为二水合硫酸钙 $CaSO_4 \cdot 2H_2O$）又称生石膏，呈白色固体状，难溶于水。石膏在加热时存在 3 个排出结晶水的阶段：加热至 105～180℃时，会首先排出 1 个水分子，随后立即排出半个水分子，变成熟石膏（又称烧石膏，即半水和硫酸钙 $CaSO_4 \cdot 1/2H_2O$，白色粉末状）；加热至 200～220℃时，会排出剩余的半个水分子，从而全部失去结晶水，变成无水硫酸钙。

熟石膏粉末与水混合后形成的浆状物具有可塑性，但它会逐渐凝固成硬块，从而丧失塑性。这一现象其实是 $2CaSO_4 \cdot H_2O$ 转化为 $CaSO_4 \cdot 2H_2O$ 的反应过程。该反应放出大量热，使生成的 $CaSO_4 \cdot 2H_2O$ 互相连接成固体。石膏固化后的体积会比原本的浆状物大，这种膨胀作用使得石膏能适用于翻模、制作石膏绷带等许多用途。

石膏绷带具有硬度强，干燥时间快，适应性强，耐高温、高寒，无毒，有些石膏绷带还可以控制固化时间等特点，被广泛地用于物理加固、整体提取等现场保护过程中。石膏绷带是在普通的绷带纱布中注入干的熟石膏，品质较好的石膏绷带往往是用上过浆的纱布、化学黏结剂加上优质石膏粉制成的。这种石膏绷带在浸水的过程中石膏流失量少，这就减少了石膏绷带使用过程中对环境的污染，同时也保证了石膏绷带固化后的强度。

在使用石膏绷带时，首先选择适合宽度的绷带，将绷带卷的一端打开并用手抓住，以防止末端回缩到湿的石膏绷带团中。另一手轻轻握着石膏绷带，将其以45°角浸入水中，这时石膏和水反应会冒出气泡，待再无气泡冒出后取出绷带。沿轴向由两端至中间轻轻地挤压石膏绷带，迫使多余水分自中部流出。挤出水分的多少应适度，一般不得使石膏绷带卷干瘪，也不能使其水滴依然成流，以免影响结晶作用（图7-4）。

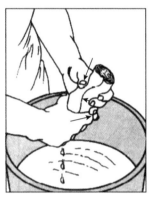

图7-4　石膏绷带浸水方法

最后按照绷带包裹法的加固方法将石膏绷带均匀的卷绕包裹在设有隔离层的文物外表面。在石膏绷带的包裹过程中，应该边包裹边用手对石膏绷带进行平整（以防止石膏绷带固化后无法整理），整个包裹过程应在浸水后5分钟内完成，否则大多数石膏绷带都会固化而无法操作。

如果没有商品化的石膏绷带，在现场可以利用纱布绷带及石膏简单的制作一些类似的替代品。具体的制作方法是，先将纱布裁剪成需要宽度的条状，而后将石膏粉和水配制成较稀浆液。将纱布条浸入石膏浆液中并搅拌浆液，使纱布上每一寸表面都接触到浆液。不取出纱布条，在浆液中将纱布条卷成卷状。这样做的目的是为了防止从浆液中取出纱布后，纱布条蜷缩成团，不好整理。然后将卷好的纱布卷从浆液中取出并按照石膏绷带挤去多余水分的方法除去多余的浆液，最后按照绷带包裹的加固方法缠绕自制的石膏绷带。在自制石膏绷带上附着的石膏浆液不可太少也不宜过多，太少的石膏浆液不能给纱布绷带提供足够的强度，使得其与使用普通绷带包裹的加固效果相差不大。过多的石膏浆液在干燥后极易从纱布表面脱落，造成文物保存周边环境的污染，同时这些过量的浆液对提高石膏绷带的强度并没有太大帮助。如果在缠绕后发现自制石膏绷带上石膏附着量过少，在纱布表面出现连续网眼的透明区域或孔洞，则可以通过向其外表面均匀涂抹稠石膏浆液的办法以加强加固效果，涂抹量应控制在将纱布网眼完全覆盖但不会彻底掩盖纱布纹理的程度为宜。

7.1.3　树脂绷带法

树脂绷带是采用热塑性树脂为主要原材料，均匀涂布于网状棉织物表面而制成的绷带。树脂绷带较之石膏绷带具有使用方便、重量轻、强度高、污染小、可反复使用等特点，是石膏绷带的理想替代材料。市售的树脂绷带种类繁多，所用树脂种类也不尽相同，但具体的操作方法基本相同。一般来说都是先将树脂绷带放入热水中软化数分钟（具体温度及软化时间视不同的树脂绷带而有所不同，使用时参照所用树脂绷带的说明），而后将软化的绷带取出，按照绷带加固的方法均匀缠绕在设有隔离层的文物表面，并尽快对绷带进行平整。室温下，大概 20 分钟以后树脂绷带就可完全固化，起到加固的作用。固化后的树脂绷带仍可通过再次软化的方法二次使用。

当然，也可以在考古发掘现场制作树脂绷带的替代品。但是由于现场的条件限制，一般无法像石膏绷带那样进行自制，常常采用的做法是在绷带包裹的基础上进行树脂加固。具体的做法是在设置隔离层的文物表面先采用绷带加固，而后在绷带外表面涂刷或喷涂树脂溶液或乳液即可。

不论使用石膏绷带还是树脂绷带，不同于普通绷带加固的是在对文物进行包裹加固前，必须为文物表面建立隔离层，这主要是为了防止石膏或树脂渗入文物表面从而污染文物。常用的隔离层材料是聚乙烯薄膜和铝箔。对于一般文物，最好使用双层隔离，即内层使用聚乙烯薄膜，外层再使用铝箔的方法进行隔离。这种复合双材质隔离层可以为文物提供相当安全的隔离效果，最大限度地防止外来污染物污染文物表面。当然有时也可以使用聚乙烯或铝箔单层隔离。但不论是双层隔离还是单层隔离，有一些问题是必须注意的。

1）不论使用哪种隔离材料，如果一层隔离材料无法完全覆盖欲隔离的文物表面，可以像绷带包裹那样采用相互间一定叠压区域的多层隔离材料连接以增大隔离面积。但两层隔离材料的叠压区域宽度应控制在 5cm 左右，这样可以保证叠压区域的密闭，最大限度地减少外界物质通过叠压区域渗入文物内部的可能。

2）如果使用复合隔离层，聚乙烯薄膜必须是内层材料，而铝箔必须做外层材料。这样做的原因是聚乙烯薄膜具有良好的贴附性，可以随文物外形紧贴其表面，从而将该材料在文物表面滑动的可能性降到最低。同时可以在文物表面形成尽可能密闭的隔离层，即使是膜与膜的接合部位也能通过自然贴附取得良好密闭效果。但聚乙烯薄膜较软，即使是小力度的剐蹭或摩擦都可能会导致其薄膜的破漏，造成隔离效果的降低。铝箔的强度相对较好，不会因为小的剐蹭就产生破漏，设置在聚乙烯薄膜外层，最大限度减少了外界剐蹭对隔离层的破坏。此外铝箔虽然具有较好的可塑性，但贴附性远不及聚乙烯薄膜，因此其单独使用的隔离效果不如聚乙烯薄膜，尤其是膜与膜的接合部位往往无法取得良好的隔离效果。另外由于铝箔贴附性较低，从而很容易在文物表面产生滑动，对表面脆弱的文物容易产生磨损。

但是有些时候是不能使用聚乙烯薄膜作为内层隔离材料的。当文物表面有彩绘或出现粉化时，就不能使用聚乙烯薄膜做内层隔离材料。这是因为聚乙烯薄膜在生产和使用过程中极易由于摩擦而产生静电。静电具有很强的吸附能力，这也是聚乙烯薄膜具有较好贴附性的原因之一。静电的吸附在将聚乙烯薄膜从文物表面去除的时候，很可能会将文物表面的彩绘颜料颗粒或者粉化物从脆弱表面吸附下来，从而造成文物表面的损害。在这种情况下，一般只能使用铝箔对文物进行单层隔离。需要注意的是为了增加铝箔，尤其是接缝处的隔离效果，一般在单层使用铝箔时必须对接缝部位用纸胶带进行固定。

3）当使用有机溶剂溶解树脂加固剂自制树脂绷带时，不能单独使用聚乙烯薄膜作为隔离层。因为树脂绷带中的溶剂很有可能会溶解掉聚乙烯薄膜，从而造成文物表面的严重污染。在这种情况下，一定要使用内层聚乙烯薄膜、外层铝箔的复合隔离层。

无论是使用石膏绷带还是树脂绷带，在提取文物之前，一定要确保石膏或树脂已经完全固化。

如果文物本体的保存状况太差，其强度不足以支持绷带加固，甚至可能在绷带的作用下导致文物破碎；或者由于内部支撑土质松散等原因造成文物绷带加固后，碎块间可能会出现相对位置的移动或摩擦。这些情况下就必须放弃绷带加固，取而代之的是化学加固或整体提取等其他保护处理措施。

7.2　化学加固

当文物埋藏于地下时，由于浸滤、离子交换或其他化学、物理过程，文物中的原本起固定、粘接作用的要素逐渐消失殆尽。这时如果文物还仍然处于地下，或许还能够保持它们原先的外形和体积。但如果要尝试将这种状态的文物直接从地下发掘、提取出来，那么它们就会立即崩溃、瓦解。化学加固就是为了解决这类问题而采取的重要文物保护手段。所谓化学加固是指对加固材料（一般为高分子聚合物材料）采用渗透、注入等方式，使其进入多孔或者脆弱文物的内部，以起到增强其强度目的，从而可以安全地被提取和进行保护操作的过程。适用于考古发掘现场文物保护的化学加固剂必须具有良好的黏结性和渗透性，优异的耐久性、稳定性和可再处理性，并且在加固的过程中还不能改变文物的外观。

7.2.1　考古现场保护中常用的化学加固剂

化学加固剂一般是指用于加强软质材料或者易碎物体强度的高分子树脂。应用于文物保护中的加固剂一般有两种形式：一种是树脂/溶剂型加固剂，还有一种是乳液型加固剂。

1）树脂/溶剂型加固剂一般有两种形态：呈球状、颗粒状、块状等固体形态，或者是这类固体树脂溶解在某种有机溶剂中的溶液形态。在树脂/溶剂型加固剂中，一般固体形态的加固剂在现场更易于使用。因为固体形态的加固剂较树脂溶液更易于运输、储存，同时也不易污染，配置或稀释时也不受原始溶剂的限制。当然，溶液形态的树脂/溶剂型加固剂在考古发掘现场保护中也可以使用。无论哪种形态的树脂/溶剂型加固剂，一般在现场以适当浓度溶解于溶剂中或采用同样溶剂稀释后就可以使用了。

2）乳液型加固剂是通过分散、悬浮树脂/溶剂溶液于水中而形成的，因而该类加固剂常常是一种特殊的乳白色液体。在乳液型加固剂干燥之前，它们都是可溶于水的。但一旦该类加固剂完全干燥后，它就只能溶解在其本体树脂所能溶于的溶剂中了。乳液型加固剂属环境友好型试剂，运输及使用过程都较树脂/溶剂型加固剂更加安全。在使用乳液时必须非常小心，所有的乳液都有随着时间的推移化学性质改变或者产生交联的趋势。这就会导致乳液表现出越来越不易溶解的性状。这种情况产生的原因是在乳液中存在着添加剂，这些添加剂是保证树脂能够在水中分散、悬浮所必需的。如果交联大量产生，树脂将会变得不可溶。许多乳液当暴露在阳光下时还会变黄。

一般乳液型加固剂多用于加固潮湿的文物材料，而树脂/溶剂型加固剂多用于加固那些比较干燥的文物材料。

7.2.1.1　聚醋酸乙烯酯（简称 PVAc）

聚醋酸乙烯酯又称聚乙酸乙烯酯，是一种由醋酸乙烯聚合而得的无定形聚合物，属热塑性树脂，分子量在 2 万~20 万之间。随聚合方法不同可制得无色胶乳或无色透明珠状固体。固体相对密度 1.19，折射率 1.47，玻璃化转变温度 16~29℃不等，吸水性 2%~5%。可溶于乙醇或丙酮、甲苯、乙酸乙酯、醇类溶剂（有部分水存在）等。

该材料曾经被广泛应用于考古现场保护中。后来被 PB72 所代替，因为 PB72 比 PVAc 更加坚固、更不易变形、具有更强的渗透性。PVAc 还有一个最主要的缺点就是它的变软问题，由于它的玻璃化转变温度过低，因此当处于热的环境中时，PVAc 就会产生一种流动的趋势，故而它不能在较热的气候环境下使用。PVAc 形成的膜较 PB72 形成的膜柔软，这一点在对需要刚性支撑的物体进行处理时算是缺点，但对于处理那些柔软的有机材料时又是优点。因此至今为止 PVAc 仍在考古发掘现场保护中使用。

PVAc 的优点有：膜无色，透明度高，耐开裂和黄变能力强，透过水蒸气的能力强，耐磨；另外它对光老化稳定，虽然有一定程度的氧化，但是没有明显的交联现象。它的缺点有：具有较大的吸湿性，在水的作用下可以溶胀，变为乳白色，干燥后重新变为透明；此外如前所述，由于树脂的玻璃化转变温度较低，在环境温度较高的情况下容易黏附灰尘，同时在受被黏物应力的影响时易发生蠕动，使粘接失效；该材料还不耐霉菌和地衣的侵蚀。

除了树脂/溶剂形式以外，PVAc 还可以乳液形式使用。聚醋酸乙烯乳液胶粒的粒径在 0.1μm，这种粒径使它能够渗入低孔隙率的物体中。这种乳液的黏度一般很低，所成的膜柔软，但是耐水性差。乳液在储存过程中不稳定，会释放醋酸气体，醋酸与文物反应，会对文物产生侵蚀。为了中和醋酸，有时向其乳液中加入碳酸钙。聚醋酸乙烯乳液固化后，膜的老化变黄快于树脂，这是由于乳化剂的影响。

不管是树脂形式还是乳液形式的 PVAc 都具有非常广泛多样的商品名和类别，所有这些商品名和类别都具有各自不同的特性，在使用时应遵从其各自的使用说明。但不论是何种 PVAc，研究表明该类材料不适于做长期的文物保护材料。在考古发掘现场文物保护中，直接将该材料应用于文物加固或黏结的做法越来越少，在当前的实际操作中，PVAc 在考古现场更多的作为辅助或者备用材料。

7.2.1.2　Paraloid B72

见 4.1.1 部分。

7.2.1.3　环十二烷

环十二烷（分子式为 $C_{12}H_{24}$）是一种固态环烃，呈半透明蜡状白色结晶。易溶于非极性溶剂及芳香烃溶剂，难容于极性溶剂。因此该材料不溶于水，表现出很强的疏水性。它不溶于丙酮、乙醇和水，酸和一些其他基础元素也无法穿透它。环十二烷在室温下呈固态，其熔点为 58~61℃，沸点为 243℃，密度为 0.863g/cm³。它是一种稳定的、可燃的固体，不适宜与强氧化剂一起保存。如果将该材料持续暴露在空气中，它将发生升华而最终消失。和其他蜡状烃相比，环十二烷具有较低的溶解度参数以及较低的表面能值。熔化了的环十二烷在冷却时会快速凝固成一个相对坚固的蜡状物质。

自从 1995 年以来，环十二烷就逐渐开始被应用于考古现场脆弱材料的临时加固和化学保护中。环十二烷的升华较为缓慢。Hans Michael 曾经介绍说环十二烷固态薄膜挥发速率是每 24 小时挥发 0.03mm。有研究表明，大约 0.08mm 厚的在玻璃上施加的环十二烷固体薄膜，在 20℃ 的环境下，一天之内就开始挥发并逐渐消失，三天之内就全部彻底的升华消失。在 38℃ 的环境下，同样厚度的薄膜在一天内就完全挥发消失。

环十二烷固体薄膜既可以通过冷却溶化了的材料获得也可以通过溶液中溶剂的挥发而获得。所形成的环十二烷薄膜，其特性依据两种施加方法、基层材料的孔隙率以及该膜形成速度的不同而有所不同。有研究者在相对湿度为 45%，温度为 21℃ 的条件下对环十二烷的成膜特性进行了测试。他们采取的施加方式是在不经加热的载玻片上涂刷环十二烷的石油醚溶液，让石油醚正常挥发以形成环十二烷的固体薄膜。最终发现以这种方式形成的环十二烷固体，其晶形均为大块的针状结晶；而如果以熔融的形式涂刷而形成的薄膜，其晶形则是小块的晶体。初步的试验表明，通过熔融而形成的环十二烷的薄膜是较通过溶液挥发而形成的薄膜，在保护对水敏感介质时能够为文物提供更好的屏障。

从已发表的资料可知，环十二烷也有一些缺点。例如，它会使五倍子酸铁墨水变得易于剥落，它还会使纸张变脆的情况更加恶化。产生这些问题的原因至今还仍在研究中。

总而言之，环十二烷为考古现场保护未来加固材料的研究指明了一条全新的途径。但是由于它在性质方面以及在文物保护中应用的利弊方面都有许多问题还没有研究透彻，因此，现阶段在考古发掘现场文物保护中的应用仍不广泛。

7.2.1.4 Primal AC33

Primal AC33 是一种白色的丙烯酸共聚物乳液，其溶液呈弱碱性，具有较好的渗透能力，固化后能形成一层无色透明的薄膜，广泛用于文物保护的各个领域。该材料在老化过程中的颜色变化非常缓慢，分子内部即使已经发生部分交联，也不易出现变黄等现象。施加前后对文物表面的颜色改变也比较小。但是该材料固化后的耐水性较差。笔者曾对 PB72 和 Primal AC33 加固后的石膏样块进行抗水性的喷淋对比实验，喷淋前样块的状态见图 7-5a。喷淋后，PB72 加固的样块无明显变化，但 Primal AC33 加固的样块却出现了严重的侵蚀（见图 7-5b）。这说明使用 Primal AC33 加固后的样品会由于水的冲刷及浸泡导致加固效果的急剧降低甚至消失。近年来，该材料已经被在其基础上改进的产品——Primal SF016 所替代。

图 7-5　PB72 和 Primal AC33
加固喷淋对比实验
a. 喷淋前　b. 喷淋后

7.2.1.5 Primal WS-24

Primal WS-24 也是一种常用的文物加固材料，它是一种中性的白色丙烯酸乳液，其分散胶粒尺寸较小，因而具有较好的渗透性。固化后该材料能够形成一层无色透明的薄膜，对文物表面原状的改变较小。Primal WS – 24 的原液固含量为 36%，玻璃化转变温度为 46℃。

7.2.2　化学加固剂加固

7.2.2.1　考古现场保护中化学加固应遵循的原则

在考古发掘现场对文物进行化学加固剂加固处理时，应遵循如下原则：

1）虽然文物加固剂有一定的可逆性，但在实际工作中一般是无法将已施加到文物上的加固剂全部去除的。此外考古现场很难在加固前对文物进行彻底的清洗，这就导致了加固剂加固会给日后的实验室保护中的文物清洗带来更加棘手的、繁重的工作。因此，考古发掘现场文物保护中的加固剂加固，是在迫不得已的情况下才采取的处理。任何一件文物，只要能够在不进行加固的前提下安全的提取并进行保护处理操作，就不要对其进行任何化学加固处理。

2）凡是准备进行分析测试的文物样品，都不要对其进行任何形式的化学加固处理。因为施加的化学加固剂很有可能会污染样品，进而影响分析结果，甚至使样品彻底失去分析的意义。

3）在考古现场对文物进行加固时，加固剂的用量应该尽量保守、尽量节制。在现场保护的加固工作结束后，决不能在文物表面留下一厚层、有光泽的加固剂。

具体到加固剂的选择及加固方法，一般而言，不论使用何种加固剂，一定要记录下使用的加固剂的种类，包括加固剂的商品名、级别和使用时的溶剂。具体见档案记录部分。

通过仔细的观察、讨论，认为某件文物如果没有外来增加的支持力，就无法完好的将其从地下提取出来，这时这件文物就需要进行加固。

7.2.2.2　考古现场保护中的加固剂种类选择依据

对加固剂种类的选择应依据文物出土时材料的含水率状况而定。如果文物出土时比较干燥（含水率较低），这时树脂/溶剂型加固剂就可以满足要求。但如果文物材料比较潮湿（含水率较高），那么这时就必须使用乳液型加固剂。

这样选择是因为，加固剂在文物中起作用是依靠试剂在文物内部产生一定渗透深度，在这一定的渗透深度中发生聚合、粘联，从而对文物起到加强作用。如果加固剂无法在文物内部取得渗透，都富集于表面，那么在其聚合或溶剂挥发后必然会在文物表面形成一层加固剂树脂壳，这层树脂壳非但不会给文物提供太多的加固效果，还会彻底改变文物的原始外观并产生一系列保护问题。

如果在含水率较高的文物上施加树脂/溶液型加固剂会遇到两种情况：

1）加固剂的溶剂和水不相溶。这时文物的内部孔隙多被水所占据，加固剂只能在溶剂的携带下填充到文物中少数没有水的孔隙中，而大量加固剂则无法进入文物内部，随着溶剂的挥发或聚合作用的发生，加固剂最终只能在文物表面形成一层树脂壳，对文物几乎无法起到任何实质性的加固作用，同时还彻底封堵了文物内部与外界环境进行适应、交流的通道，埋下了产生一系列后续保护问题的隐患。

2）加固剂的溶剂与水相溶。在这种情况下，加固剂中的溶剂首先与文物孔隙中的水混合形成混合溶剂，然后在孔隙内外加固剂浓度差所产生的压力下，将加固剂带入孔隙中。通过这种作用，加固剂虽然取得了一定的渗透深度，但是由于树脂/溶剂型加固剂的自身性质，它无法在水存在的情况下进行良好的聚合或粘联，因此也就无法为文物提供应有的加固效果。同时在文物表面还会形成白色的云状树脂残留物。虽然这种表面的白色树脂残留物在日后一般可以通过使用未被水污染的溶剂予以除去，但要将文物内部所有的这类树脂全部除去，则不太可能。

在对含水率较高的文物使用乳液时往往可以获得一定的加固效果。这是因为乳液是通过悬浮树脂/溶剂溶液于水中而形成的，可以简单将其理解为以水为溶剂的加固剂。对这类加固剂，其溶剂本身就是水，在潮湿材料上自然就较易引入并扩散到文物的孔隙中，从而获得较好的渗透性。

但如果文物材料太过于潮湿或者甚至已是饱水状态，这时即使是使用乳液型加固剂，加固过程也不可能取得成功。这是因为，乳液型加固剂在这种情况下虽然能够取得一定的渗透效果，但是水其实仅是该类加固剂的分散介质，它的固化或粘联还是通过水蒸发后，悬浮在其中的树脂/溶剂溶液乳粒破裂，而后再经历与树脂/溶剂型加固剂类似的聚合物聚结过程来实现的。因此，如果文物材料太过于潮湿或者甚至已是饱水状态，加固剂将无法充分干燥，从而无法对文物形成任何的加强强度。另外，加固剂的干燥必然会伴随着文物自身的干燥。很多材质的文物都存在湿胀干缩的现象，如果加固剂没有完全渗透文物，那么在干燥的过程中在文物内部会形成已加固和未加固两种材质区域，失水干缩的现象将会在这两个区域的接触面上产生应力，从而对文物产生不可挽回的损害。因此对于那些极度脆弱且饱水或接近饱水的文物就不能在考古现场对其进行加固处理，取而代之的应该是进行整体提取。

虽然乳液型加固剂对于含水率较高的文物比树脂/溶剂型加固剂具有更好的渗透及加固效果，但在一些情况下乳液型加固剂则不能使用。几乎所有的金属文物在考古发掘现场都不使用乳液型加固剂进行加固。这是因为金属文物尤其是铁质或青铜质文物对水都十分敏感，额外的液态水的进入会加快其锈蚀速率。因此即使该类器物出土时含水率较高，也不能使用乳液型加固剂加固，取而代之的是使其缓慢干燥后用树脂/溶剂型加固剂进行加固处理，当然这不包括完全矿化的该类器物。乳液型加固剂由于以水为分散介质，水的蒸发速率要远比丙酮或甲苯等有机溶剂慢得多，而且如前所述乳液要经过分散剂挥发和聚合物聚结两个阶段。因此在使用乳液时，很难确定最少多长时间乳液就能够完全固化。一般情况下在考古发掘现场使用乳液时，宁可给它留出过长的干燥时间，也不要急于一时，在其可能还未完全固化时就进行下一步操作。从固化时间的角度而言，乳液型加固剂的加固效率要远低于树脂/溶剂型加固剂。为了缩短乳液型加固剂的固化时间，往往将该类试剂和热风机配合使用，即采用热风机产生的热空气吹淋文物表面以帮助材料固化。此外，由于乳液型加固剂的乳粒会因重力作用产生沉积，有聚集于容器底部的趋势，因此在稀释或使用之前必须将其振荡或者搅拌均匀。另外有些乳液型加固剂长时间放置还会遭到微生物侵蚀，出现霉变等问题。

但树脂/溶剂型加固剂也有缺点，由于挥发速率过快，其溶质的返迁效果明显，容易在文物表层形成树脂密集区，造成加固效果不均匀。其次，由于该类加固剂使用的溶剂（如乙醇等）会造成一些有机质文物的脱水，因此对于潮湿的有机质文物应慎用。部分溶解能力较强的有机溶剂对某些材质的文物可能还有溶解的作用（如琥珀），即使其溶解能力有限，在现场施用该类加固剂时也应慎重。

不管使用任何种类的加固剂对任何文物进行加固处理，关键问题都是在对文物进行下一步提取或其他任何的保护处理，一定要等到加固剂完全干燥后再进行。一般认为，文物中的加固剂如果还未完全干燥，这时的文物比未加入加固剂前还脆弱易碎。

7.2.2.3 考古现场保护中的化学加固方法

在对文物进行化学加固之前，首先要用软毛刷及洗耳球对欲加固文物表面进行彻底清理。要移除器物表面及其边缘所有的泥土以防在加固过程中将大块泥土黏附到文物表面上。具体方法参见文物的表面清理。

加固剂的施加方法很多，在考古现场保护中使用较多的主要有喷涂法和点涂法。

1）喷涂法，一般应用于大面积加固时。在考古发掘现场保护中喷涂的具体施加方法是，将雾化器喷头沿欲加固文物表面斜向上呈45°角，匀压喷射加固剂的雾化液滴，使雾化液滴弥漫在欲加固文物表面的正上方，利用液滴自身的重力，使试剂均匀沉降在欲加固文物的表面。由于一次处理的面积能够很大，因此喷涂可以有效提高加固过程的工作效率，节约加固处理的时间。喷涂法以匀化雾滴的形式施加保护材料，其加固剂施加量的均匀性是其他加固处理方法所无法比拟的。更重要的是喷涂法不会和文物表面发生直接接触，加固剂液滴对文物表面的冲击仅仅是其沉降作用的结果，这种沉降的冲击只要喷涂工具的雾化能力足够好，对文物表面的影响就微乎其微。喷涂法是当前现场保护中对脆弱文物表面干扰最小的加固方法。但喷涂法也很多缺点。（1）喷涂法对加固剂的利用效率较低，很多加固剂并没有施加到欲加固文物的表面，而是沉降或吸附到环境周边的物质表面造成了加固剂的浪费。这种浪费由于考古现场保护中加固剂购置及运输等条件的限制，显得尤为突出。也正是因为这个原因在进行喷涂加固前，一定要对欲加固文物周围的其他文物或不需加固的表面进行临时性遮蔽，否则会造成周边环境及文物的污染。（2）喷涂法在现场往往不太适用于树脂/溶剂型加固剂。该类加固剂一旦采用喷涂工艺，其雾化成的液滴会急剧增大加固剂溶液与空气的接触面积，使得加固剂溶液在还未沉降到欲加固文物表面时，就已出现溶剂的大量蒸发，从而使得真正接触到文物表面的加固剂浓度要高于配置浓度，造成加固剂渗透效果的降低。这种情况在气温较高的考古发掘现场尤为明显。同时大量有机溶剂在空气中的蒸发也容易造成安全事故。（3）树脂/溶剂型加固剂需要特殊的喷涂设备，一般喷雾器无法满足要求，而且喷涂法对操作人员的身体健康也会产生威胁。

2）点涂法是现场保护中最常采用的一种加固方法。这种方法需要加固剂施加工具和文物表面的直接接触，但正确的点涂方法可以将加固处理对脆弱文物表面的干扰降到最低。在现场保护中，点涂法一般使用毛笔、画刷或棉签等工具蘸取加固剂溶液或乳液来进行。正确的做法是将蘸有加固剂溶液或乳液的棉签和文物表面接触，利用毛细作用及重力作用使得棉签上的加固剂被吸入文物材料中。但点涂法也有几点需要注意的：（1）加固剂施加过程中，棉签等工具尽量不要在文物表面有任何滑动或滚动，任何的滑动或滚动都会给文物表面带来不必要的摩擦损害。（2）用棉签等工具蘸有加固剂的量不可过多，一般来说，应控制在将棉签提出加固剂溶液后不会出现液滴滴落的状态。这样可以有效避免加固剂在文物表面的流淌现象。（3）棉签多次接触文物表面的间距应控制得当且距离均匀，这样有助于保证加固效果的均匀。

加固剂的浓度会影响聚合物渗入文物的深度。高浓度的加固剂意味着高黏度以及较差的渗透性。因此不论是使用点涂法还是用喷涂法，如果发现加固剂在文物表面的渗透效果不是十分理想，就需要对加固剂进行进一步的稀释，以提高其渗透性。从而不仅使得文物的表面被加固，文物的内部也被加固。具体判断渗透性好坏的方法是首先用棉签在文物表面沾滴少量的加固剂，观察文物材料对加固剂吸收的难易程度即吸收的速度。如果棉签上的加固剂沾到文物表面几分钟后，文物表面被浸湿的痕迹才逐渐消失，就说明渗透性并不好，需要对加固剂进行稀释。

对考古发掘现场保护而言，若干次稀释的加固剂的累积加固效果，要优于一次浓稠的加固剂的加固效果。但是过低浓度加固剂的加固效果并不理想，要达到浓度较高加固剂的加固强度，往往需要多次累积施加。这种多次施加不仅浪费大量时间，同时也浪费了大量的溶剂。因此在考古发掘现场，有时也采用梯度浓度法对文物进行加固处理。所谓梯度浓度法是指，在加固的初始阶段采用低浓度加固剂进行施加，然后使用中等浓度进行渗透加固，最后以正常浓度进行一次加固即可。这种做法既保证了加固剂具有一定的渗透深度，同时也减少了加固剂的施加次数，缩短了处理时间。

在加固剂施加的间歇中，要空留一定的时间以允许加固剂溶剂（或乳液中的水）有一定程度的蒸发，但是不要让溶剂或水完全蒸干。因为如果前一次的加固剂溶剂或水完全蒸干，就会对随后施加的一层加固剂的渗透产生阻碍效应。

　　如果在干旱、炎热的气候环境下使用树脂/溶剂型加固剂，那么实验室保护中的最佳溶剂——丙酮往往就不适用了。这是因为丙酮的挥发性较强，在这种环境下，其挥发速率被进一步加快，造成它所溶解的加固剂还来不及渗透入文物内部，丙酮就挥发掉了，从而导致加固的结果是仅仅在文物的浅表形成一层加固层。在这种干旱炎热的环境下，使用挥发性比丙酮低的其他溶剂，如甲苯等是一种更好的选择。如果在考古现场只有丙酮可以使用，那么进行加固操作的过程就必须选择在空气温度尽可能低的时间段进行，比如把加固过程选择在清晨进行。在加固完文物以后，用一片铝箔松散地搭盖在文物的上方，从而在文物上方的局域空气中营造较高的溶剂蒸汽分压，这样也有助于减缓溶剂的挥发。

　　树脂/溶液型加固剂干燥过程中，环境湿度不易过高。太高的环境湿度会导致水蒸气在某些冷表面产生凝结（文物表面往往会成为这种冷表面），形成液态水。如果在树脂/溶液型加固剂干燥前文物表面发生了这种凝露现象，就会产生使用树脂/溶剂型加固剂加固含水率较高文物遇到的同样的问题。

　　如果需要加固的文物体量很大，那么要尽量在一次加固过程中将文物上需要加固的各个部位都进行完，而不要进行分区的加固处理。因为如果清理完文物的一块区域就局部进行一块区域的加固，那么就会在文物已加固的区域和未加固的区域间产生应力，易导致文物的变形和破裂。迅速且仔细地对大块文物整体施加一层加固剂（一般采用喷涂法），然后用同样的方法再向文物上施加几层加固剂，是一种较为安全的加固方法。

　　在加固剂干燥的过程中，尽可能保证文物周围区域没有灰尘。在有风的天气下尽量避免对文物进行加固，以免风将灰尘、沙子以及其他的杂物碎屑吹到加固过的、正在干燥的文物表面。在加固文物的表面上轻轻覆盖一层铝箔可以起到阻止风带来的灰尘沾染文物表面的作用。但不要让铝箔和加固区域发生直接接触，以免铝箔被加固剂粘到文物表面。另外一个可供选择的方法是，用一个盒子盖住文物。但不要使用塑料袋包裹正在加固的文物，因为塑料薄膜可能会被加固剂的溶剂溶解从而沾染到文物的表面。

　　在加固剂完全干燥以后，就可以按照一般的提取及操作方法对文物进行其他保护处理了。但对加固后的文物万不可错误地认为它已经比较安全了。虽然加固后文物比加固前的强度的确有所提高，但由于需要进行加固的文物往往都是极度易碎的，其本身强度极低，即使通过加固有所提高，但比较起那些自身强度较好、没有加固处理的文物往往仍是较脆弱易碎的。因此，即使是加固后的文物也应尽量少的对其进行操作。当必须要对文物进行操作时，动作一定要温柔、缓和。

8 文物提取

8.1 文物的常规提取方法

文物的提取是指将文物从地下迁移出来的过程。如果欲提取的文物过于脆弱、易碎，就需要在提取之前对文物进行加固，这些加固材料要么给文物提供了一定的自身强度，要么给其提供了一定的支撑。具体提取方法的选择取决于将要提取文物的强度、大小尺寸、重量、结构成分和文物的保存状况，同时也取决于土壤的状况。

提取工作的第一步是对器物进行仔细检查以确定其保存状况。在提取器物前要确定器物表面是否有已经脱落或即将脱落的颜料层、装饰层或其他部件。提取前必须对重要的器物进行拍照或者绘制草图。这些数据的记录对后期的保护修复非常重要，尤其是当同一位置出土了多件放置错综复杂的文物时。

提取工作最重要的一点规则就是，任何时候对任何文物都绝不能通过撬动或者抽动的方式进行提取。在文物完全和土质分离前，任何的撬动或抽动都很有可能造成提取过程的失败，给文物产生不可挽回的损失。只要遵循如上规则，大多数的文物都是可以通过一定的方法安全提取的。

文物的常规提取方法具体包括，首先按照表面清理的方法仔细清除文物周围的泥土，最终使文物独立处于一个土质基座或土质台基的上面。这时文物大部分外表面都暴露出来，其大概的外形和尺寸就可以确定了。清理到这个程度后，一般情况下文物还仍会有一个面与土相连，这时需要依据文物的类型种类，大概判断一下文物上是否有可能有一些突出的部分延伸到了泥土中还并未被清理出来。如果文物与地面相接的部位不会有突出部分，即未清理部分为一个扁平的平面，那么提取工作就非常简单了。沿着文物底面的两边将与其相连的泥土掏除掉，然后用手托住器物的两边，将力量均匀分布在器物的周围，轻轻移开它即可。最后将其放入一个聚乙烯袋或刚性的、衬垫良好的适当容器中。

如果发现器物可能有一些突出的部分延伸到了地下泥土中，这时就需要在提取前对器物进行进一步的精细发掘。若不把文物上突出的部位从泥土中释放出来，那么在提取文物的时候，这些突出部分就很容易出现断裂。具体的发掘办法视对文物外形的确定程度而定。如果没有办法确定延伸到泥土中的部位在文物底部的具体位置，这时就需要使用木质工具从承载文物的土质台基一端沿文物的底面逐渐向内部掏挖，掏挖一段深度后，用一个柔软的垫子填充进掏挖出的文物底面与地面间的孔洞中，从而将暴露出的文物表面支撑起来。然后再从土质台基的另一面采用同样方法进行掏挖，一定深度后同样用垫子衬垫。再返回首次掏挖的那一面，将垫子取出，继续掏挖。如此往复，直至文物底部的突出部位被完全暴露出来后，将文物提取出来即可。但这样发掘的效率太低，如果能够事先确认文物突出部位的位置，则可采取另一种较快的方法。即从土质台基的一端，沿文物底部进行掏挖，但不将与文物底部相连的泥土全部取出，仅去除文物突出部分投影位置的泥土，而其两侧的泥土予以保留（图7-6）。同样先从土质台基的一面进行掏挖，当遇到文物突出部位后即停止，改从与其相对的另一端采用同样方法进行掏挖。直至最终文物的突出部位完全从泥土中释放出来，这时文物其实是处于一个"U"型土质基座的支撑上，最后将文物提取出来即可。不论是采用垫子衬垫还是"U"型土质基座，其目的都是为了防止在清理的过程中，当文物突出部位的一端从土壤中释放出来后，由于来自清理方向的土质支撑的消失，造成文物底部，尤其是突出部位与底部相接处的受力平衡被打破，导致该部位承受额外的压力。

不论是文物的提取还是表面清理，都不应对容器内部的土质进行去除。因为这些土壤中常常会有一些包含物，这些包含物对日后确定该器物的用途及其他考古学信息非常有用。即便是文物破碎了，也应尽可能在提取的同时采集位于容器底部的土壤样品以备日后分析。

如果文物发现时已经破碎，这时应仔细对周边进行清理，争取找到所有的碎块，然后按照上述的提取方法将其提取并保存在一起，这样有利于日后

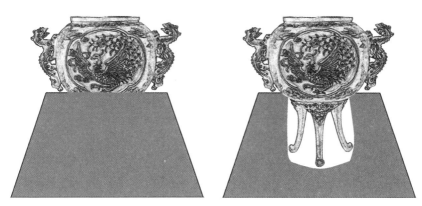

图 7-6 考古现场探明文物整体轮廓时支撑文物的土质底座

的实验室修复及研究工作。但是如果文物破碎的碎块数量众多，或者几件文物破碎在同一个区域，那么在现场将所有碎块分别提取同时确定其各自的归属将是一件难以完成的任务，这时就需要对这些碎块进行整体提取。

8.2 考古现场保护中文物的整体提取

在考古发掘现场保护所涉及的保护方法中，整体提取是使用概率较高的一门技术，是提取技术中的一项重要内容。对该技术的掌握程度将对考古发掘现场出土文物最终的保护效果产生直接的影响。

8.2.1 整体提取的概念

整体提取是指将文物及与其所直接接触的包裹物（一般为土质）一起提取、搬移的过程。所谓整体就是指文物及与其直接接触的包裹物所构成的整体。换言之，整体提取也就是在不完全去除文物出土时的包裹物的前提下将文物提取的过程。

8.2.2 整体提取的使用条件

整体提取作为一种考古发掘现场较为复杂的文物提取方法并不是在任何时候都需要使用的。不顾文物保存状况及土壤情况，一概对文物进行整体提取，不仅会拖延考古工作的进程，同时还有可能对文物本身造成损害。在决定对出土文物进行整体提取之前，一定要明确该文物是十分需要进行整体提取的。一般状况下，当文物遇到如下两种情况时，需要进行整体提取。

8.2.2.1 文物破碎严重且碎块分布复杂

文物出土时如果破碎非常严重并且碎块之间的关系没有办法立即整理清

楚，就需要对这些文物碎块进行整体提取，以确保在提取过程中碎块不致遗失且碎块之间的关系不被打乱。通过整体提取将繁杂的文物清理、拼对、保护等工作转移至环境条件较好的室内进行，从而降低文物遭受损伤及工作出现失误的概率。举世闻名的秦始皇兵马俑博物馆的两件铜车马就是该类型的典型例证。1980 年冬，两件铜车马出土时均破碎十分严重，其中仅二号铜车马就碎为 1555 块，且碎块分布关系非常复杂。经过专家们的反复论证，最终决定对两件铜车马进行整体提取，将其运送回实验室后再进行进一步的清理。正是因为当初的这个决定，才成就了今天两件精美文物的完整。

8.2.2.2　文物极度易碎

除了文物破碎严重的情况外，还有一种情况需要使用整体提取技术，这种情况就是文物出土时极度易碎，无法单独提取。这时整体提取的技术可以使脆弱文物在损坏危险最小化的前提下从考古发掘现场被提取并运送回实验室，确保文物能够享受一个条件优越的、极度细致的实验室清理过程，从而将提取过程中文物损毁的概率降到最低。我们在进行一座先秦时期墓葬的考古发掘现场文物保护工作时就遇到过类似的问题。当时墓室中出土了一件漆盘，由于年代久远，出土时漆盘的木质胎体已经完全腐朽，仅残留有原本表面的漆皮，漆盘外形及残留漆皮完全依托于土质之上，漆盘极度易碎，无法单独提取。经过慎重考虑，我们决定对漆盘进行整体提取，将其运送回临时实验室中再进行进一步清理及保护处理。最终，漆盘被完好的保存了下来。但当时若不采用整体提取，漆盘存留的概率将微乎其微。

在进行整体提取时，提取块的重量往往是一切成败的根源。一定要对将要进行的提取块重量有一个估算，大而潮湿的土块是非常重的。被提取文物体积越大，那么整体提取时提取的土块也就越大，相应的提取的重量也就越重。在进行整体提取之前，一定要明确所能成功操作的最大限度，也就是说要明确最大能成功提取多大的土块。如果现场实在没有条件进行如此大规模的整体提取，那就必须将原本的一大块整体提取块分割成若干小的块再进行整体提取。

8.2.3　整体提取的技术方法

在考古发掘现场文物保护中应用的整体提取技术纷繁复杂，种类众多。但从提取的方式、方法及使用的主要提取材料方面可将其分为四类整体提取方法。即基本提取法、背衬提取法、套箱提取法、石膏提取法和聚氨酯泡沫提取法。

8.2.3.1　基本提取法

基本提取法是整体提取中最简单的一种提取方法。该方法几乎不借助任何提取材料，完全依靠土壤自身的强度对文物进行整体提取。因此该方法只适用于土壤自身强度较好的情况。但由于土壤自身结构的限制，即使是强度很好的土壤，对于体量（体积和重量）较大的文物也不足以提供一个完全安全的支撑，因此该方法的另一个必要的适用条件就是文物体量不大。基本提取法的具体提取步骤如下：

1）去除文物周围泥土。整体提取中的所谓去除文物周围泥土并不是将文物周围泥土完全去除，而是指将包裹文物的土质的周边泥土去除掉，从而使文物处于一个土质台基上（图 7 - 7）。基本提取法中承载文物的土质台基的剖面一般为矩形。但当土壤强度十分好时，也可以将其做成剖面为倒梯形的土质台基（图 7 - 8）。这样可以减少后续底切处理步骤的工作量。但必须要注意的是，倒梯形侧边与地面的夹角应该控制在 80° 左右。这是因为如果角度太大则底切工作量的减少不明显，如果角度太小则上层架空土质坍塌的危险就会增加。同时应控制文物边缘距离土质台基边缘有 4 ~ 5cm 距离，且土质台基的高度（或文物底部距离土质台基底部的距离）最少为 5cm 以上。

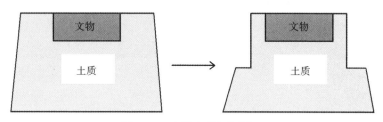

图 7 - 7　去除文物周围泥土

2）周边加固。周边加固是指使用加强材料对土质台基的周边进行简单的、临时性的加固，从而为之后的底切处理步骤提供一个更加坚固的承载文物的土质台基，以确保文物的安全。在基本提取法中周边加固的具体做法是采用一定宽度的纱布绷带沿土质台基底部紧密的将土质台基侧面螺旋式包缠起来，从而利用纱布绷带自身的强度对土质台基产生一个加强的作用（图 7 - 9）。还可以使用石膏绷带及树脂绷带替代纱布绷带，以提高周边加固的效果，但用石膏绷

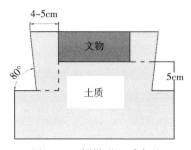

图 7 – 8 倒梯形土质台基

带和树脂绷带前需要对土质台基缠绕隔离层（具体内容见物理加固部分）。

如果绷带包裹也不足以提供足够的内聚力以支撑这个提取过程，可以采用加固剂加固周边包裹土的方式进行周边加固。这时可以先小心地在土质基质上扎一些小洞，然后将加固剂注入这些小洞，一般使用的加固剂

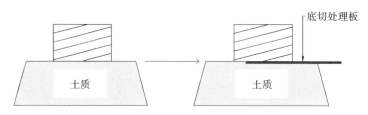

图 7 – 9 基本提取法的周边加固和底切处理

浓度大约在 5% ～ 10%，这样这些土质的强度就会被加强从而能够支撑整个整体提取过程。在注入加固剂的时候要小心加固剂深入的深度以防止加固剂通过土质接触到文物表面。

3）底切处理。据统计，失败的整体提取过程 80% 的问题均出自底切处理。因此底切处理是整体提取的关键步骤。不仅对基本提取法，对其他整体提取方法亦是如此。具体的底切处理步骤是用一端带刃的金属板、锯或一段金属丝线沿承载文物的土质台基的底部水平对土质台基进行切割，从而最终使承载文物的土质台基与地面完全分离。需要注意的是在整个底切处理的过程中决不要试图通过翘动或晃动的方式促使土质台基和地面分离。因为即便土壤强度再好，土质台基也无法承受翘动或晃动所产生的力量。底切过程中的翘动或晃动必然会导致土质台基的崩解，造成整体提取的失败。

4）刚性支撑。在基本提取法中之所以最好采用一端带刃的金属板（面积略大于土质台基的底面积）进行底切处理，是因为该金属板在底切处理之后还可用作土质台基的刚性支撑。一般的整体提取过程在进行完底切处理之后均需要将整体提取块（提取材料包裹的承载文物的土质台基）滑移到刚性支撑板（多为厚度较厚的木板或其他刚性较强的板状材料）上，而后利用刚性支撑板对整体提取块的支撑力将文物连同土质台基一起提取出考古发掘现场。

但在基本提取法中如果采用一端带刃的金属板进行底切处理，在处理结束之后即可直接使用底切处理板作为刚性支撑（采用基本提取法提取的文物体量一般较小，因此底切处理板的强度一般能够提供足够的刚性支撑）。从而省去了刚性支撑这一步骤。也就是说在底切处理结束后，直接利用底切处理板对整体提取块的支撑将文物提取出考古现场。这样既减少了基本提取法的工作步骤，提高了工作效率，同时也符合考古发掘现场文物保护中的处理最少化原则。

8.2.3.2　背衬提取法

背衬提取法也是一种简化的整体提取方法，它主要用于表面平坦的、需要支护的文物（大的片状文物如壁画、马赛克等）的提取，以及破碎严重且碎片分布的纵向深度较浅（分布于一个平面或较浅的一层）的文物的提取。这种提取能够最大限度保护文物的平坦表面或保留碎片的原始分布关系，为后期的保护、修复、研究奠定基础。

1）去除文物周围泥土。背衬处理中的去除文物周围泥土与基本提取法大为不同，背衬处理需要将文物的一个侧面完全暴露出来，同时往往需要对文物的这个侧面进行细致清理，具体方法参见细致清理部分。

2）背衬。使用高浓度的加固剂涂刷清理暴露出的文物侧面，一次涂刷的面积依据将要背衬的纱布绷带条的长度及宽度而定。之所以要使用高浓度的加固剂是因为，高浓度加固剂的渗透性较差，而该层加固剂的施加目的是将文物表面与将要背衬的纱布黏合起来，因此希望更多的加固剂能够停留在文物表面而不是大量渗透到文物或土壤中。但因为这一层直接和文物接触，为了减少接取背衬时的工作强度，第一层高浓度加固剂在保证粘接效果的基础上，不要涂太厚、太多。然后用一条长度略比文物长一些的纱布绷带平整贴附于刷胶区域，并用刷子刷扫绷带表面，尽可能使绷带紧贴文物暴露表面，不要在绷带及文物间留下空隙。接着用同样的方法再增加一条绷带，但要注意最少要让它们的边缘有 1cm 的交叠。这样直到物体的整个表面完全被覆盖住（图 7-10a）。而后在垂直于第一层绷带的方向上施加第二层绷带，具体的方法同前（图 7-10b）。如果觉得两层绷带的强度仍不够支持下一步的提取工作，可以在两层绷带的基础上使用麻布或其他强度更高的纺织材料进行进一步的背衬。背衬处理全过程中使用绷带或其他材料覆盖的时候，一定要将器物的边缘也覆盖起来，并将绷带沿着器物的边缘轮廓推进下去，即对器物的边缘也进行背衬。在进行下一步操作前，一定要等到用于背衬的加固剂彻底干燥后。

3）底切。当背衬的加固剂完全干燥后，就可以对背衬文物进行底切处理了。进行底切前应事先探查清文物的厚度或碎块的纵向分布深度。底切的深度应比文物厚度或碎块纵向分布深度略深一些，保留文物下面直接与文物相接的一段土。这样既可以保证底切不会伤及文物本体，又可以防止可能存在的未黏附到背衬纱布上的文物下层碎块的散落。具体的底切方法同基本提取法。

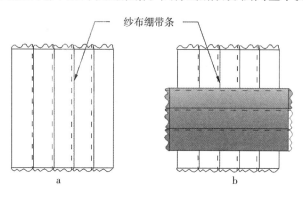

图 7 - 10　绷带背衬顶视图
a. 第一层绷带条　b. 垂直于第一层的第二层绷带条

4）刚性支撑及翻转。底切处理结束后，在背衬物的背衬表面覆盖一层比文物略大的刚性支撑板，这时背衬文物就处于刚性支撑板和底切处理板的包夹状态。在保持这种包夹状态的前提下将背衬文物进行翻转，使背衬的绷带处于文物底部。然后移除底切处理板即可。这时整个文物都处于刚性支撑板及背衬绷带的支撑下了。最后利用刚性支撑板的支撑力将背衬的文物提取出考古现场（图 7 - 11）。

另外一个可供选择的制作背衬的材料是熟石膏。石膏背衬与树脂背衬略有不同，其具体的做法是：首先仔细的清除器物欲暴露表面一侧的泥土，直到确保露出器物的边缘。然后用薄膜和铝箔将器物覆盖若干层以作为隔离层。接着调和石膏水溶液，搅拌后静置直至达到十分稠密（即将固化）的状态。然后将石膏用勺舀取或倾倒在器物外表，形成厚度大约为 1cm 的一薄层石膏。在石膏还保持潮湿时，将一片纱布绷带或者纱布网覆盖在石膏的上面。紧接着再倒一薄层石膏，然后用更多的纱布绷带覆盖，如此往复直到物体被增加的石膏均匀覆盖。采用这种方法，如果需要背衬的区域过大，则必须在石膏

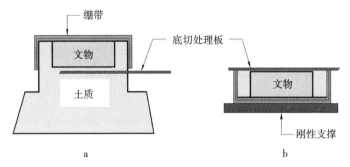

图 7 - 11　对物体进行背衬的方法
a. 物体侧视截面图　b. 提取后的物品处于刚性支撑上

中加入薄木条以增加石膏的强度（主要是韧性）。等到石膏完全固化后，就可以按照前面提到的底切处理和刚性支撑的方法将文物提取出来。

8.2.3.3　套箱提取法

套箱提取法也是整体提取方法中较简单的一种提取方法。该方法利用木质框架对土质台基周边进行加固，因此提高了土质台基自身在整体提取过程中的稳固性，较基本提取法更加安全。该方法适用于土壤自身强度较好但提取物体量略大的情况。具体的提取步骤如下：

1）去除文物周围泥土。同基本提取法，但仅采用剖面为矩形的土质台基而不采用倒梯形土质台基。

2）周边加固。套箱提取法的周边加固是使用木质框架将土壤紧密的包围起来（图 7 - 12）。如果现场没有办法构筑大小合适的木质框架，也可以用表面平坦的木板包围土壤，然后在其外部用绷带在适当的位置进行紧密牢固的绷扎。在周边加固的过程中一定要确保加固土质台基的木板内侧与土质台基侧面紧密接触。

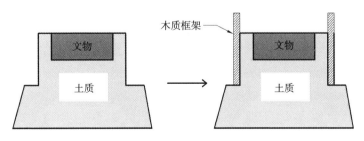

图 7 - 12　套箱提取法的周边加固

3）底切处理。同基本提取法，但当提取物体量较大且土质较坚硬时还可采取另一种底切处理方法——掏空插板底切法。掏空插板底切法的具体操作步骤是：沿木质框架底边向内平掏，去掉泥土后插入底板（若干具有一定宽度的板条，长度略大于木质框架的宽度）。操作时先掏空两端，插入底板，用砖垫实以防木质框架内泥土漏出。再依次将底部的泥土掏空并插板。当土质台基底部全部掏空、底板插满后，用绳或铁丝将各底板与木质框架绞紧即可（图7－13）。

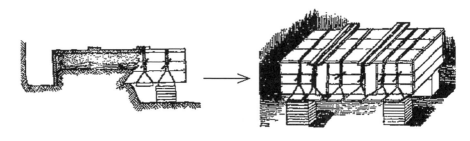

图7－13　套箱提取法的掏空插板底切

4）刚性支撑。在底切处理结束后，将一块刚性支撑板放在与底切处理板水平的位置，而后在整体提取块的另一端施加推力，使整体提取块从底切处理板上滑移到刚性支撑板上（图7－14）。最后利用刚性支撑板的支撑将其提取出考古现场。使用掏空插板底切法进行底切处理的整体提取块，由于在底切的过程中同时对整体提取块进行了刚性支撑，因此对于该底切处理法本步骤省略。

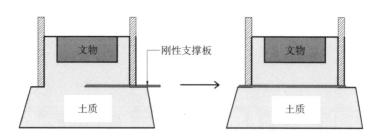

图7－14　套箱提取法的刚性支撑

8.2.3.4　石膏提取法

石膏提取法是整体提取中较为复杂的一种提取方法，该方法是完全借助于石膏的强度对文物及土质台基进行支撑，从而将其提取出考古发掘现场的一种方法。因此该方法适用于土壤自身强度不好的情况。但由于石膏自身重量较重的限制，因此该方法不宜应用于体量较大的提取过程。石膏提取法的具体提取步骤如下：

1）去除文物周围泥土。石膏提取法中的去除文物周围泥土步骤与上两种提取法不同的是在该步骤中形成的土质台基的剖面已不再是矩形，更不能是倒梯形，而应该是一个高（或文物底部距离土质台基底部的距离）最少为 5cm 的梯形土质台基（图 7 – 15）。这样做是因为石膏提取法一般

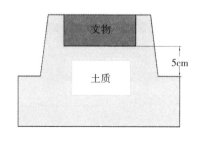

图 7 – 15　石膏提取法的梯形土质台基

应用于土壤自身强度不好的状况。对于自身强度不好的土壤，梯形的土质台基较之矩形的土质台基更加稳固，从而在石膏提取法的前期步骤中能够给文物提供一个较之矩形台基更加稳定的支撑。

2）周边加固与前两种提取方法不同的是，这里所说的周边加固并不是真正意义上的加固，而是用木质框架将整个土质台基及其周边的一定空间包围起来，而这个介于木质框架和土质台基边缘之间的空间宽度应在 2~3cm。之所以要这样做是为下一步灌注石膏预留空间。同时按照物理加固一节中使用石膏绷带前设置隔离层的方法为文物顶部设置隔离层（图 7 – 16）。

3）灌注石膏。用熟石膏填充到木质框架的围绕区域中，将文物及土质台基覆盖但不要将木质框架的围绕区域填满。等到先前灌注的石膏完全固化以后，在石膏上面放置一个由木条或其他刚性材料构成的栅格板。而后再向木质框架区域内倒入最后一层石膏，填满木质框架围绕的区域，并将石膏的顶部修整平坦即可（图 7 – 17）。在石膏中垫置栅格板是为了提高固化后石膏整体的机械强度，从而为文物及土质台基提供一个更加安全的支撑。

4）底切处理。当最后一层石膏完全固化后，按照基本提取法的底切方法对整体提取块进行底切处理，使其与地面分离。

5）翻转。从图 7 – 17 中可以看出，石膏在这种状况下对承载文物的土质台基没有任何支撑作用。恰恰相反，石膏层还是覆压在承载文物的土质台基上面的。如果这样就结束提取过程，石膏非但无法保护文物，还会对文物的安全造成威胁。因此需要进行石膏提取法的最后一步即整体提取块的翻转。

具体的做法是：在底切处理结束后，向木质框架顶端覆盖并固定一个木质的刚性顶盖。而后以底切处理板为支撑对已和地面分离的提取块进行180°翻转。翻转结束后，沿着木质框架边缘将土质台基上多余的土壤刮切掉，直到土面与木质框架的边缘齐平（图7-18）。这样一来，石膏就取代了原本的土质台基承担起支撑文物的作用，也就达到了石膏提取法的目的。

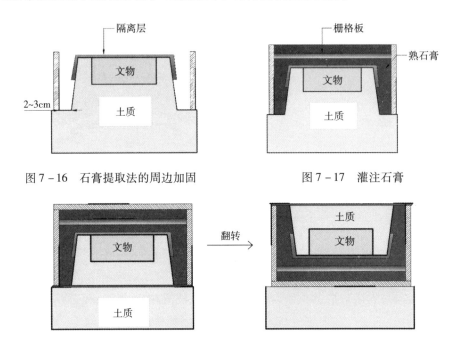

图7-16　石膏提取法的周边加固　　　　图7-17　灌注石膏

图7-18　石膏提取法对整体提取物的翻转

8.2.3.5　聚氨酯泡沫提取法

石膏提取法虽然为土壤强度不是很好的情况提供了一种较为安全的提取方法，但是石膏自身较大的密度限制了该方法的应用范围。在提取物体量较大时，如果使用石膏提取法，作为提取材料的石膏会导致提取块质量的急剧增加，从而加大整体提取的难度和危险系数。因此在提取土壤状况不佳且体量较大的文物时，就需要使用一种作用类似于石膏，但质量却远小于石膏的提取材料。聚氨酯泡沫就是针对该情况的一种适宜材料。

聚氨酯泡沫（PUF）是一种有着无数微小封闭网状结构的高分子合成材料，是一种集防水、保温隔热于一体的新型材料，它具有比重轻、强度高、导热率极小的特点。它主要由多元醇与异氰酸酯两组分液体组成，这两种液体一旦将它们混合到一起就会剧烈发泡，从而产生大量泡沫。当聚氨酯泡沫固化以后就变得十分坚固，可以为内部包裹物提供足够的支撑。在现场用聚氨酯泡沫填充一个较大空间时，最好是分几个阶段使用该材料。因为聚氨酯泡沫在其固化过程中存在着明显的收缩，使用多次灌注可以使固化过程中聚氨酯泡沫收缩所产生的缝隙被下次灌注的聚氨酯泡沫填充，从而保证聚氨酯泡沫的填充效果。尽管这种材料不可逆，但当在它和器物之间使用了铝膜及聚乙烯薄膜制成的隔离层后，便可很容易地在使用后将其切开并从被包裹材料的表面移除。另外由于聚氨酯泡沫具有一种蜂房式的结构，该结构使得它像海绵一样可以保持水分，因此本方法尤其适用于一些需要保持湿度的整体提取过程。

1）去除文物周围泥土。同基本提取法。

2）周边加固。同套箱提取法，但此时在木质框架与土质台基之间预留的空间距离应扩大到 10～15cm。这是因为聚氨酯泡沫在发泡的过程中会对木质框架内表面及土质台基侧面产生非常大的压力，留较宽的距离可以一定程度上减缓这个压力对土质台基的威胁。在灌注聚氨酯泡沫之前还应按照石膏提取法中设置隔离层的方法，使用聚乙烯薄膜和铝箔对文物施加双层隔离层。在设置隔离层过程中，连接两片聚乙烯薄膜或者铝箔时，一定要将它们的边缘接合在一起折叠两下以起到密封接缝的作用。同时在这个密封措施的基础上还应进一步使用分色胶带对接缝进行粘接密封，从而确保隔离层彻底将聚氨酯泡沫与文物完全隔离。

3）灌注聚氨酯泡沫。按照购买聚氨酯泡沫时配套的使用说明书中介绍的配比将两个组分混合起来，并在聚氨酯发泡之前进行快速的搅拌。一旦发泡开始，就要迅速进行操作（将泡沫混合物灌注到木质框架与土质基坐之间的空间里），因为整个混合物将会像爆破气体一样迅速膨胀，变成泡沫。根据周围环境温度的不同，材料的发泡过程将会在初次发泡开始后的大概 15 分钟内结束并固化。

当泡沫彻底固化后，对刚性泡沫的顶部进行平整、切割，以使其平坦且与木质框架的边缘齐平。然后使用一块较厚的面积较木质框架略大的刚性支撑板将顶部覆盖并固定。

4）底切处理。按照基本提取法方法或套箱提取法中的掏空插板底切法对整体提取块进行底切处理，使其与地面分离。

5）翻转。如果现场有条件对提取后的文物进行翻转，那么最好将其翻转。这样聚氨酯泡沫就完全承担起了对文物的支撑作用。如果现场没有条件对大块提取块进行翻转，那么就将提取块从底切处理板上滑移至一块强度较好的刚性支撑板上并固定，利用刚性支承板及木质框架构成的整体将提取块提取出考古现场。

值得注意的是，一般来说聚氨酯泡沫在低于10℃的环境下便无法正常发泡，因此该方法在低温环境下并不适用。此外聚氨酯泡沫在发泡过程中还会释放出大量的热和有毒气体，因此在使用过程中要注意安全防范。同时由于一般的聚氨酯泡沫易燃，故而在使用该方法的全过程中，一定要远离火源和直接的热源。

8.2.3.6 托板法

托板法又称插板法，是指在需要提取的文物及其包裹物下插入薄板，而将其提取的方法。该法通常用于水坑墓或积水墓中体积较小、重量较轻、纵向深度较浅的文物提取。之所以用于积水墓是因为在这种墓室中，文物往往埋藏于淤泥之中。这类淤泥含水量高、强度差，难以采用其他的提取方法。托板法在这时是最有效的一种整体提取方法，其具体做法是：使用一端较锋利的、有一定硬度和韧性的金属板或塑料板，将其平插入文物下方的淤泥中，然后以插板为支撑将文物提取出墓室即可。在这类提取过程中，为了对文物进行保湿处理，往往还使用潮湿的麻纸等吸水物质对文物表面进行紧贴覆盖，同时也能起到一定的固定作用。从这一点可以看出，其实托板法就是背衬法的一种变形。

此外在这种淤泥为包裹物的遗迹中，提取文物常常还会使用另一种方法——托网法。在实际中，需要完整起取的文物，往往并不是安置在一个平面上，在这些文物之下还会有一些不能损坏的遗存，在这种情况下就不宜使用插板的方法，而应改用托网法。托网法具体的做法是：在需要起取的文物下面，用细铁丝按照文物的实际形状逐一插入，最后将这些铁丝编结在外围的粗铁丝上形成网状，利用网的支撑托起需要提取的文物。托网法的好处在于可以利用较小的缝隙插入承托物，由于铁丝具有良好的韧性，可以随形而曲，这样就可以尽量避免对下面或周边的遗存造成破坏。托网法其实也是插板法的一种变形。

无论采用任何一种整体提取方法提取的文物，在整体提取工作结束后都应尽快将整体提取块运送回实验室，并尽快去除文物外部包裹的提取材料及文物周边的泥土，对文物进行进一步的保护处理。决不要将包含有文物的整体提取块长时间储存。

此外，不论采取哪种整体提取方法，在考古发掘现场文物保护中，该步骤都是一项对人力、物力消耗较大的工作。对于保护条件较为简陋的考古发掘现场，这样的工作只有在十分必要的前提下才进行。应严格遵守整体提取的两大使用条件，能够安全的单独提取的文物决不要进行整体提取。而对确实需要进行整体提取的文物，应根据其土壤状况、自身体量大小等实际情况选择适当的提取方法。

除了上述的几种整体提取方法外，实际使用中还有许多其他的整体提取方法。但其原理都基本相同，多数其实就是对上述方法的某种综合或改进。例如，冻结提取法，其实就是针对土质含水率较高，无法直立，但又需要提取在这类土质上保留的遗迹时的一种特殊提取法。该方法先利用液氮将土质表面冻结成冰，使其具有一定直立性后营造土质台基，再使用聚氨酯泡沫提取法进行整体提取。整体提取的方法有如此多的变化，是因为考古发掘现场所遇到的情况千变万化，没有办法完全规定一种或几种特定的整体提取方法，在实际的整体提取中，往往需要对上述方法根据实际情况进行适当的改进，甚至将几种方法结合使用。

9 文物临时粘接

在考古发掘现场文物保护中，除非有特殊的需求，一般不对文物进行黏结处理。因为如果在现场进行黏结，常常会由于条件的限制而导致粘接效果不佳。这样，当文物到达实验室后，就必须对已粘好的文物碎块拆开并重新进行黏结。每一次将粘接在一起的文物拆分开，除去原本的黏结剂，都会使文物粘接的茬口边缘发生一定量的损失，接下来的粘接就会变得更加困难，且更加不美观。因此，细致的黏结工作一般应在各方面条件均较完备的实验室中进行。但由于考古学研究及留取资料等原因，有时必须在现场对一些器物进行黏结。

9.1 考古现场保护中常用的粘接材料

几乎所有用于化学加固的树脂/溶剂型加固剂都可应用于黏结。只是在用作黏结剂时，其浓度一般较用于加固时高。之所以使用树脂/溶剂型材料而不用乳液型的主要原因有二。首先，乳液型试剂由于生产过程中加入了乳化剂等添加剂，使得其耐老化性能比起同等材质的树脂/溶剂型材料要逊色，因此乳液型材料较易发生老化，从而使得原本可再次打开的接缝由于材料的不可溶而无法轻易打开。其次，乳液分散介质——水的干燥速度太慢，再加上树脂自身的固化时间，乳液型试剂产生初步黏结效果的时间（简称初黏时间）往往远长于树脂/溶剂型黏结剂。尤其是对现场保护的黏结而言，操作者总是希望黏结剂能够尽快达到黏结效果。

现场使用的黏结剂一般有两种，一种是膏剂型，一种是溶剂型。大多数情况下，膏剂型对现场保护而言更易于使用。因为膏剂型胶黏度高、不易渗透、不流淌、初黏时间短，这些都是现场保护所需要的特点。而溶剂型黏结剂一般黏度较低，这一点虽然可以通过提高树脂浓度予以克服，但比较膏剂型，其黏度仍显不足。由于黏度低，因此溶剂型黏结剂在对多孔介质粘接时，大量黏结剂会被文物本体吸收，而停留在黏结面上的胶量将相对较少，从而降低了黏结强度。也正是由于低黏度，溶剂型黏结剂更容易出现在文物表面流淌的现象，对文物造成污染。因此具有可逆性的膏剂型黏结剂是现场保护的最佳选择。

很多溶剂型黏结剂现在都可以购买到其膏剂形式，如 Paraloid B72。但也可以通过溶剂型在实验室自制膏剂形黏结剂。如将 Paraloid B72 固体树脂溶解在丙酮溶剂中制成浓度为50%的溶液。向每100ml 的溶液中加入大约5g 左右的硅粉（又称白炭黑，无定形微细粉状物）并充分搅拌。硅粉在这里作为填料，可以有效增强对黏结剂流动性的控制。当硅粉与树脂溶液混合均匀后静置，使其中的溶剂自然挥发，直至溶液质量大约为原先质量一半，这时溶液呈现出类似膏体的非常黏稠的状态，然后盖上容器的盖子备用。这样原本溶剂型黏结剂就变成了膏剂型，使用时用刷子将黏结剂从容器中沾出或者将其倒出即可。

9.2 考古现场保护粘接前对文物的处理

为了保证黏结效果，在黏结处理前往往需要对欲黏结的文物茬口及周边区域进行清理。清理主要分三步进行，第一步是采用干刷扫的方式用软刷子刷掉茬口上及周边区域可能黏附的大块泥土，而后用洗耳球吹扫；第二部是采用湿水棉签滚动吸附掉茬口上及周边区域黏附的灰尘；第三步是在经过第二步处理的茬口干燥后，采用蘸有丙酮等有机溶剂的棉签（有机溶剂在棉签中的饱和量同湿水棉签，即棉签处于潮湿状态但又不会因为轻轻的挤压而产生液态溶剂的溢出）在茬口处滚动清洁，这样做的目的是为了清除掉茬口上可能黏附的有机质，以保证粘接效果。以上三步清理的具体操作方法同文物的细致清理部分。

在对茬口进行完清理后，就需要对茬口的强度状况进行评估。如果文物茬口处本体保存较完好，强度较高，就可以直接对文物进行下一步的黏结工作。但是如果茬口已出现矿化或侵蚀，本体保存不好，强度较差，则往往在粘接前需要对茬口及周边区域进行加固处理，否则极易在粘接后，由于茬口部位的受力造成茬口周边区域的再次破裂。具体的加固方法同加固剂加固部分。

在进行完上述处理后，要仔细观察茬口部位，一定要等到黏结茬口及附近区域已经完全干燥后再进行黏结处理。如果在文物的黏结茬口仍处于潮湿状态时就对其进行粘接，粘接材料会由于文物潮湿而呈现出乳白色，在这种情况下黏结剂将无法完全干燥或正常固化，从而导致黏结强度不足，黏结好的文物易于垮塌。

9.3　考古现场保护中文物的粘接方法

在上述工作结束后，使用毛笔或刷子蘸取膏剂型黏结剂，将黏结剂均匀涂抹在一个茬口上。如果有可能应尽量将黏结剂涂抹在茬口断面的中间 1/3 处，而后将两个茬口渐渐地压对在一起。同时用手指在粘接的茬口接缝处滑摸，以确保粘接的碎块处于平齐。如果感觉有磕碰或不平坦，就稍微调动一下碎片的位置，直到粘接部位感觉平滑。

在使用黏结剂粘接文物时，应使用足够量的黏结剂以保证粘接效果。但黏结剂的量也不能过多，一般不应出现在粘接过程中沿着粘接缝有大量的胶被挤出的现象。将黏结剂涂抹在茬口断面 1/3 处正是为了防止黏结剂在合缝过程中的溢出。黏结剂的流动性较差，在施胶过程中涂抹的胶层其实并非一个平面，而是具有一定高度的。这样在合缝过程中，由于受到茬口断面的挤压，施胶区域会出现拓展，如果只涂抹茬口中间 1/3 处，挤压过程中胶会拓展到两边的未施胶部分。而如果将茬口涂满，则挤压过程会造成大量的黏结剂溢出，从而导致材料无谓浪费及文物表面的污染。

如果粘接过程中由于种种原因施胶量已然过多而被挤出，不要试图去将其立即擦拭掉，因为此时的擦拭只会造成文物更大面积的污染。在这种情况下，对挤出的胶应不作任何处理，任其自然干燥一段时间（大约 5 ~ 10 分钟），直至被挤出的胶变成类似橡胶般有弹性时，再用手术刀等金属工具将多余胶料小心剔除。

粘接好的碎块一般很快就会达到初粘，这时虽然黏结剂已经将两块碎片初步黏合起来，但只要稍加外力就会使原本黏合的茬口再次分离或产生形变。因此这时如不对碎片进行固定，极易由于碎片自身重力或其他外力，导致粘接变形。故而发生初黏后的两块碎块应对其采取适当的固定措施。在考古发掘现场，最简单的固定粘接后碎块的方法是，将粘接好的碎块埋入沙箱中，利用沙子易塑形的特性将碎块支撑起来。但是这种做法常常会由于接缝处溢出胶料清理得不彻底，而导致沙粒被黏附在文物表面的接缝位置。因此，如果能够使欲粘接的一对碎片中的一片，其下部插入沙子中，粘接茬口的两侧均暴露于空气中，而另一片位于其正上方，完全暴露于空气中。调整文物在沙箱中的插入方向，使得上部完全暴露于空气中的碎块的重心尽量垂直于茬口断面。这样既起到了固定的作用，又可以防止沙子在黏结剂固化的过程中黏附到接缝处。当然，能够进行这种理想固定的文物较少，在现场大多数情况下还是将文物埋入沙箱中进行固定。

如果欲粘接的文物破碎的碎块较多（一般 5 ~ 8 块以上），这时的粘接就必须在事先确定各自碎块的相对位置（即修复中的"找对"）的基础上再进行。这种情况的文物，一般不建议在现场进行粘接。

对文物进行粘接的一般规律是，从底部开始，沿着器形的轮廓逐渐向上一块接一块的进行，这种粘接方法要优于随意地将一些文物的碎片粘成一些大的碎片，然后再将大的碎片整合成一件完整器的方法。

此外，无论在文物表面使用任何黏结剂，都必须进行详细的记录，具体的记录内容参见文物标记及加固剂加固部分。

10　文物临时储存

从考古现场文物保护的角度而言，文物的临时储存主要涉及在储存过程中如何为脆弱文物营造适宜、稳定的环境条件。一般的考古现场条件有限，无法实现文物临时库房温湿度等环境参数的整体调控。因此，为脆弱文物营造适宜的局部环境成了首选的临时储存方法。这种局部储存环境的营造一般建立在对文物进行包裹的基础上，因此常常又称之为考古现场保护中的文物储存包裹。

考古现场保护中的文物储存包裹可以定义为，采用各种环境隔离及环境控制手段为文物营造适宜储存的微环境（主要是湿度环境），同时为文物提供适当的支撑和防护。

在考古现场对文物进行包裹的所有材料都必须经过严格的筛选，尽管有些材料在现场可能很容易得到，但这些材料并不一定适合于文物包裹，因为它们和一些特定材质的文物长时间的接触后可能会对文物产生损害。只有那些"惰性"的材料，如脱酸棉纸、聚乙烯等，才能和文物直接接触，尤其是和有机质或金属文物直接接触。而像那些染色的棉纸以及卫生纸等都不能直接应用于文物包裹，因为它们中的添加剂对文物有害。

10.1　考古现场保护中临时储存的常用材料

10.1.1　聚乙烯（简称 PE）

聚乙烯无臭，无毒，手感似蜡，具有优良的耐低温性、化学稳定性及耐侵蚀性。常温下聚乙烯不溶于一般溶剂，吸水性小，电绝缘性能优良。聚乙烯因其密度不同可分为低密度（简称 LDPE）、中密度（简称 MDPE）和高密度（简称 HDPE）三种。一般来说，低密度聚乙烯由于其柔软而有韧性，往往使用其薄膜形式，用以作防潮薄膜。另外还有一种线性低密度聚乙烯（简称 LLDPE）是低密度聚乙烯的一种替代材料，除了具有低密度聚乙烯的所有特性外，它的强度比一般低密度聚乙烯更高。而中密度和高密度聚乙烯，由于其密度更大，具有更高硬度及强度，因此常常用以制造中空容器。

作为包裹材料，聚乙烯的主要缺点是对氧气、二氧化碳、氮气等气体的阻隔性欠佳，故不宜用作隔氧包裹和充气包裹。由于聚乙烯的表面是非极性的，所以黏合剂和油墨难于附着，不利于标记。此外聚乙烯对油脂的稳定性较差。

聚乙烯膨胀泡沫柔软、清洁、具有韧性和弹性，是一种非常有用的包裹材料。同时，它还具有非常好的吸收震动的特性。因此，除可用于对饱水器物的包裹和储存外，还常用于文物的包装运输中。

聚乙烯袋在包裹考古现场出土文物上具有不可替代的作用。在现场保护中应该准备多种大小尺寸及厚度的聚乙烯袋。这样在工作的时候就可以针对不同文物的大小尺寸及重量选择适合的聚乙烯袋进行包裹。因为装有出土文物的聚乙烯袋在对文物进行研究的过程中很可能被多次打开，所以如果袋子可以很容易打开并可以再次密封，将会节省很多时间。自封袋正是为这种需求而生产的，因此考古现场保护中配备一定数量的聚乙烯自封袋将会对工作大有帮助。

10.1.2　聚丙烯（简称PP）

聚丙烯具有高的机械强度及拉伸弹力，摩擦系数低，耐磨性好，比重小，透明度高（较聚乙烯好），无毒、无味，密度小（比聚乙烯轻），强度、刚度、硬度耐热性均优于低密度聚乙烯，常见的酸、碱及有机溶剂对它几乎不起作用，可用作制成容器或薄膜。

聚丙烯薄膜具有良好的湿气阻隔性，气体透过性低，防潮、防水性能好，耐酸、耐碱及耐油性能均良好。

聚丙烯的耐应力开裂性能比聚乙烯、聚苯乙烯好，耐热性较好，热合温度比聚乙烯高10℃左右，封合牢度不如聚乙烯好。和聚乙烯相比，它具有较大的刚性和表面硬度，耐磨性也较好。化学稳定性好，对除浓硫酸外的大多数酸碱都很稳定。对氧气、二氧化碳气体的阻隔性较差。

聚丙烯材质的袋或盒子在考古发掘现场常作为聚乙烯袋及盒子的替代品。

10.1.3　聚对苯二甲酸乙二醇酯（简称聚酯、PET）

聚酯是一种无色透明，具有光泽的薄膜，可透过90%以上的可见光。与其他薄膜相比较，具有较强的韧性，弹性率大，抗张强度大（是聚乙烯的5～10倍）等优点。

聚酯的耐热性及耐寒性均较好，可在 -70～150℃ 范围内使用。具有良好的气密性和防潮性，耐油、耐酸性均好，可耐有机溶剂及油脂类的侵蚀，但不耐强碱。

在现场保护的包裹中，主要使用聚酯复合膜（因为聚酯材料未经涂布其他热封塑料层的薄膜不能热封），其阻透性非常强，氧气、二氧化碳等气体的透过量较低，但成本较高。

10.1.4 铝箔

铝箔是厚度小于 0.15mm 的金属压延片材。具有极好的阻隔性，较厚的铝箔对水、水蒸气、其他气体、光照的透过率均为零。常常和其他包裹材料一起配合使用。

10.1.5 聚氨酯

聚氨酯是由多异氰酸酯和聚醚多元醇或聚酯多元醇或/及小分子多元醇、多元胺或水等扩链剂或交联剂等原料制成的聚合物。通过改变原料种类及组成，可以大幅度地改变产品形态及其性能，得到从柔软到坚硬的最终产品。聚氨酯制品形态有软质、半硬质及硬质泡沫塑料、弹性体、胶粘剂、弹性纤维等。其中软质聚氨酯海绵常用于保湿包裹，硬质聚氨酯泡沫常用于整体提取及缓冲包裹。

10.1.6 硅胶颗粒

硅胶颗粒（简称硅胶）属非晶态物质，是一种高活性吸附材料，通常用硅酸钠和硫酸反应，并经老化、酸泡等一系列后处理过程而制得，其分子式为 $mSiO_2 \cdot nH_2O$。它不溶于水和任何溶剂，无毒无味，化学性质稳定，除强碱、氢氟酸外不与任何物质发生反应。如吸收水分，吸湿量约达 40%。

硅胶根据其孔径的大小分为：大孔硅胶、粗孔硅胶、B 型硅胶、细孔硅胶。由于孔隙结构的不同，因此它们的吸附性能各有特点。粗孔硅胶在相对湿度高的情况下（80% 以上）有较高的吸附量；细孔硅胶则在相对湿度较低的情况下（60% 以下）吸附量高于粗孔硅胶；而 B 型硅胶由于孔结构介于粗、细孔硅胶之间，其吸附量也介于粗、细孔之间。大孔硅胶一般用作催化剂载体、消光剂、牙膏磨料等。文物保护中一般使用细孔硅胶。

硅胶在使用过程中因吸附了介质中的水蒸气或其他有机物质，吸附能力下降，可通过再生后重复使用。吸附水分后的硅胶一般通过热脱附方式将水分除去，以达到再生目的。加热的方式有多种，如电热炉、烘箱及微波炉加热等。对硅胶焙烧再生时，温度过高会引起硅胶孔结构的变化而明显降低其吸附效果，影响使用价值。脱附加热的温度控制在 120～180℃ 为宜，对于变色硅胶则控制在 100～120℃ 为宜（脱附再生的温度若超过 120℃，则会因显色剂逐步氧化而失去显色作用）。另外，烘干再生时应注意掌握逐渐提高温度，以免剧烈干燥引起胶粒炸裂，降低回收率。再生后的硅胶，其水分一般控制在2%以下即可重新投入使用。

变色硅胶（也称蓝胶）是以细孔硅胶为基础原料经过深加工制成的指示型吸附剂。生产方法是以细孔硅胶（孔径 $2\sim3nm$，比表面 $600m^2/g$ 以上）为载体，将氯化钴（$CoCl_2$）通过一定的工艺步骤结合在硅胶内部孔隙的表面上。其主要的特点是，具有细孔硅胶对介质中水蒸气的极强吸附性的同时，又能通过所含氯化钴结晶水数量变化而显示不同的颜色，即由吸湿前的蓝色随吸湿量的增加逐渐转变成浅红色。

但使用氯化钴变色硅胶时存在潜在的健康、安全隐患，因为氯化钴是一种潜在的致癌物质。虽然这种硅胶并没有被禁止使用，但在使用时必须采取必要的预防措施，这些措施包括作废硅胶的有控制处理，防止吸入硅胶灰尘（使用一次性手套和适当的口罩）。另外还可以使用一种替代品，这种替代品也是一种变色硅胶，只是当吸水后会变为橘红色，这是因为它使用的指示剂是一种对湿度敏感的铁化合物。不要将文物直接和硅胶接触，因为那样易吸湿的颗粒会将水分转移到文物表面。也可以使用那些较便宜的无色硅胶，将这些硅胶装入一个合适的袋子中以减少其灰尘的产生，然后将其连同湿度指示卡片一起装入一个密封的容器中。

由于蓝胶并不是一吸水就变成粉红色，而是当它和周围环境达到平衡后同时周围环境的相对湿度大约在35%以上时，蓝胶才会变为粉红色。因此蓝胶的这种颜色的改变对于储存湿度要求低于35%的文物包裹是没有用的。这时最好使用在容器内封装湿度指示卡片以指示湿度。

除了干燥剂以外，硅胶还是一种湿度缓冲材料。

硅胶是一种具有开放的网状结构的结晶化的化合物，它可以依据外界空气中的水分含量及自身的水分含量，通过其自身的结构从空气中吸收水分或者向空气中释放水分。硅胶可以通过加热从而达到脱水的目的，经过这种脱水处理后的硅胶，放入空气中就会从空气中吸收水分直到达到平衡状态。或者如果硅胶本身已经吸收了大量的水，如果这时将其置于干燥的空气环境中，它会向空气中释放水分直到达到平衡状态。这种为了达到与其周围空气环境湿度平衡而产生的既能干燥空气又能对空气进行保湿的能力，使得硅胶可以用于控制密闭环境的相对湿度，或对环境湿度的变化产生缓冲作用。

10.1.7 湿度指示卡

湿度指示卡又称湿度显示卡、湿度卡、HIC，是用来显示密封空间湿度状况的一种卡片。在这种卡片上有一个或一排圆圈，圆圈中固着有湿度敏感薄膜，其上方或侧方的百分率数据是对应薄膜指示的相对湿度数值，可以直观地从湿度敏感薄膜的颜色变化来判断湿度状况。最常见的湿度指示卡是氯化钴湿度卡，它的变色原理同蓝胶，干燥时湿度卡呈蓝色，如果圆圈内的颜色从蓝色变化到粉红色，表示包装内的湿度达到或超过了圆圈对应的相对湿度数值。

湿度指示卡也是可逆变化的。湿度超过对应的湿度值，颜色从蓝色变为红色；如果湿度低于对应的湿度值，已经变粉的湿度卡可以变回蓝色。只是从粉红变化回蓝色需要更长的时间及更多的干燥剂。

10.2　考古现场保护中文物的临时储存包裹

储存包裹的目的主要有两点：第一，为其内部的包裹物营造稳定的微环境；第二，为其内部包裹物提供一定的物理防护。

10.2.1　目的及一般性原则

在考古发掘现场对文物进行储存包裹时，应将不同材质的文物分开包裹。例如，不要将铁质文物与玻璃器包裹在一个盒子或袋子中。这不仅是因为沉重的铁器会打碎玻璃器，还因为每一种材料都有其所适宜的不同包裹和储存条件。如果将所有同一材质的文物包裹在一起，就较易于给它们营造、提供特定的文物存放环境条件，以确保它们的安全。如果条件允许，最好将每一件重要文物单独包裹在衬垫良好的刚性容器中。

此外，在储存包裹过程中凡用到聚乙烯、聚丙烯或其他材质塑料的袋子营造密闭环境时，其封口最好采用热封合。这是因为热封合具有最好的密闭效果，且封口较结实。但如果是封口需要反复打开的情况，自封袋则较实用。

10.2.2　包裹方法

10.2.2.1　干燥包裹

在考古发掘现场，出土时处于干燥状态的大部分文物以及处于潮湿状态的金属文物都需要进行干燥包裹。干燥包裹一般包括如下方法：

1）袋包裹法。袋包裹法一般只应用于自身强度较好的文物的干燥包裹。这是因为袋包裹无法给其中的包裹物提供足够的支撑力，因此要求其包裹的文物自身具有较好的强度。同时不论是聚乙烯还是聚丙烯，其薄膜自身的强度有限，无法承受保湿包裹所要求加入的大量包裹材料的重力，因此该方法一般只能应用于干燥包裹。另外袋子的隔离效果较差，包裹结束后需要经常检查袋内的环境维持效果并更换干燥剂。但是袋包裹法也具有其不可替代的优势，那就是原料便宜、易于实施、节省空间等。因此袋包裹法是现场保护中最常采用的一种包裹方法。

最简单的袋包裹法是使用牛皮纸信封对文物进行包裹。该方法一般只适用于文物从考古现场至临时存放地或临时实验室间路程上的暂时包裹。这种包裹是为了对文物进行真正意义上的干燥包裹而进行的准备工作，主要用于出土时含有一定量水分的文物。在这种情况下，往往需要在现场对文物进行一定的干燥处理后再进行包裹。但干燥的速率又不能过快，否则极易由于不均匀干燥导致文物的开裂。采用牛皮纸信封对文物进行暂时包裹，由于纸信封的吸湿、透气特性，不会阻止文物的干燥，但同时其包裹又可以减缓文物的干燥速率。更重要的是，它为文物从发掘现场到临时实验室的短途运输过程提供了临时的包裹，成了袋包裹技术中最简单也是最常用的一种临时包裹技术。

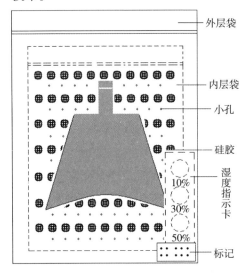

图7-19　袋包裹法干燥包裹

对于那些已经干燥了的或者出土时即为干燥状态的本体保存较完好的文物，可以直接使用袋包裹技术进行包裹。具体做法是在确保文物已经完全干燥后，将文物放入较结实的聚乙烯或聚丙烯袋中。然后用针将另一个稍小的聚乙烯或聚丙烯袋上扎满小孔，向其中加入硅胶并将其密封。接着将这个包装有硅胶的稍小袋子放入承装有文物的袋中，并向其中放入湿度指示卡后将袋子密封。最后在袋子外表面进行标记即可（图7-19）。

不论使用哪种材质的袋子，单层的袋包裹往往都无法取得理想的密闭效果。不需太长时间的储存后，便常常会发现袋子中的湿度上升、硅胶需要更换。为了增加袋包裹的气密性，延长硅胶的使用时间，在考古发掘现场经常使用三层袋包裹来增加该方法的微环境维持效果。具体的做法是在单层袋包裹的基础上，将装有文物的袋子口部朝下装入一个稍大的袋子中，并对袋子进行密封，从而形成双层袋包裹。而后再将这个双层袋子的最外层袋子口部朝下装入一个更大一些的袋子中，同时将书写好的标签正面向上也装入这个袋子中，最后将袋子密封即可。这种包裹方法其实是通过多层包裹增加袋子的厚度，从而减缓外层空气中的水汽及氧气向袋子内部的渗透速率。同时这种包裹方法还有效预防了由于某一层袋子的渗漏而造成内部环境受外部影响的问题。之所以将前一个袋子的口部装入外一层袋子的底部是因为袋子的封口处是最易出现漏洞的地方。这样做即使某层袋子的封口不严，也能起到一定的密闭效果。

采用袋包裹法包裹的文物虽然本体都保存较完整，具有较好的强度，但有些文物由于其外形的特点还是较为易碎的，如削、圭等扁平的器物。对于这类器物的袋包裹往往需要聚乙烯泡沫板的支撑。具体的做法是将聚乙烯泡沫板剪切成略小于包裹袋的尺寸，达到可将泡沫板装入袋中，但同时又不会在袋子边缘留下空隙的状态。用针将袋子表面扎满小孔，然后将泡沫板及器物一同放入袋子中，并将袋子口部密封。之后将这个包裹有文物的袋子装入另一个略大的袋子中，并向其中加入干燥的硅胶及湿度指示卡。最后将袋子密封即可。如果觉得这样的密封效果不理想，还可以在这个包裹的基础上如前法追加两层袋子，形成三层袋子的包裹体系。这种包裹在给文物提供干燥微环境的同时还给其提供了一定的刚性，进而使得袋子可以一个个直立放置，节省了储存空间。

无论使用何种袋包裹法，都必须使用较厚规格的塑料袋以防袋中包裹的文物将袋子切开或者戳破。还要确保当袋中装满文物后的重量不可太重。尽管将一个大的堆积中的所有同类材料一起保存在一个袋子里相对而言较为方便，但是使用许多稍小的袋子分别包装这些材料会更加安全，因为如果当袋子装得太满时会由于文物自身的重量将下层文物压碎。而且当包装的袋子过重时，装有文物的袋子也就变得笨重且难以操作，袋子自身也容易破裂。

还需注意的是，无论哪种袋包裹法，在密封任何一层袋子前都应尽量将袋子中的多余空气排出。这样一方面避免了由于挤压造成内部气压增大，最终导致袋子爆破的危险，另一方面也有利于接下来可能需要进行的进一步包裹及储存。

2）容器包裹法。容器包裹法的适用面较袋包裹法宽泛很多，现场各种状态的文物包裹均可采用该方法。因此它也是现场保护中经常采用的一种包裹方法。

最简单的容器包裹法是针对干燥环境的盒包裹。其具体做法是使用带有可扣紧盖子的聚乙烯、聚丙烯或其他材质的塑料盒子作为容器，先在盒子的底部铺设一层具有吸湿能力的硅胶，然后使用聚乙烯泡沫或皱褶的脱酸棉纸对盒子内部进行衬垫，当衬垫高度达到盒子中部时，在衬垫材料中心部位人为营造一个和欲包裹文物外形相称的下凹区域，然后将干燥的文物放入到这个下凹区域中，这时文物就处于盒子的中心并且被包裹衬垫材料完全支撑着。同时在盒子侧壁与衬垫材料间插入湿度指示卡，接着向盒子剩余空间中填入同样的衬垫材料，直至容器被填满。但需要注意的是，衬垫材料不可填充过多，否则在盖上盒盖的时候，衬垫材料就会由于挤压而对其内部的文物产生过度的压力。但也不可太少，以防文物在衬垫好的容器内移动。最后盖上并扣紧盖子，如果有必要，可以进一步对盖子和盒体的接缝处用胶带进行密封。

另一个干燥包裹小件文物的安全方法是使用玻璃食品瓶进行包裹。具体的做法是先将装有干燥硅胶的扎满小孔的聚乙烯袋口部密封，并将其填入食品瓶的底部。然后将棉花铺垫成具有一定厚度的与食品瓶底面相同的形状，并用另一个聚乙烯袋将其包裹，从而形成一个聚乙烯袋包裹的棉花质衬垫，并将这个衬垫放在硅胶的上方。同时在瓶子侧壁与衬垫之间的位置插入湿度指示卡。接着将小件文物放在衬垫上，并再制作一个或几个聚乙烯包裹的棉花衬垫将瓶中

棉花衬垫

小件文物

硅胶

图 7 - 20　玻璃食品瓶干燥包裹

的其他空间填满。最后将瓶子的盖子拧紧即可。这种包裹由于在瓶盖内部有橡胶密封圈，同时瓶体一般为厚质玻璃，因此该包裹对湿空气的阻隔能力非常强，即使将其长时间的放置于潮湿环境中，瓶中的干燥程度也能很好的维持（图 7 - 20）。

　　如果把针对干燥环境的盒包裹和袋包裹法结合起来将会取得更好的防潮包裹效果，同时也可以为袋包裹的文物提供物理防护。具体的做法是将文物进行任何一种袋包裹后，采用上述的盒包裹法再次进行包裹，双重的干燥剂及密封可以起到非常有效的防潮效果。这种包裹还有另外一个优势就是节省空间。可以将若干袋包裹装入一个盒子中，并且将装满文物的这些盒子一个一个的叠压起来。如果这种综合包裹的外层盒子内也装有硅胶，那么它们内部文物的干燥环境一般可以维持 2～3 个月的时间。

10.2.2.2　保湿包裹

　　当一件文物发掘出土时处于饱水状态，那么一般情况下，在考古发掘现场都需要对其进行保湿处理，以防止由于毫无控制的干燥导致的不可逆转的物理损害。这种保湿既可以通过将文物浸于水中，也可以通过将其置于密闭的高相对湿度的环境中来实现。对于金属文物而言，由于它们在水和氧气共同存在的条件下会发生快速腐蚀，因此该类文物出土时即便是饱水状态也一般不进行保湿处理，除非它们是复合文物中的一部分。

　　传统现场保护中的保湿包裹往往需要用到防腐防霉剂，但是近年来这类试剂已很少应用于现场保护。因为一方面这些试剂在现场保护中的有效性受到了一定的质疑，另外它们的加入对于一些材质的文物还会产生一些副作用，同时防腐防霉剂的使用还会对环境及人产生一系列严重的安全及健康威胁。那么为了将生物作用产生的危害最小化，现在一般在考古发掘现场都是将饱水储存的文物置于比较凉爽的环境中，最好是在 4℃ 左右的环境温度下进行冷藏储存（家用冰箱的温度）。冷藏的同时应该避光，并经常更换储存用水。但不能使温度低于 0℃，否则将会产生冰冻风化，对文物的危害更大。如果使用家用冰箱来营造冷藏环境，那么在冰箱外应明确标明仅用于储存发掘出土文物，而不能混合储存食物或饮料。在一些情况下，流动的冷水也可以成功应用于大件文物或多小件组装文物的储存防霉。

　　因为光照会促进生物侵蚀，因此在保湿包裹中一般使用的容器均为黑色或不透光材质。在保湿包裹中绝不能使用任何类型的纸质作为包裹材料，因为这些物质极易腐烂，且同时会将微生物引入到它所包裹的文物表面。常用的保湿包裹方法有：

1）浸入技术。浸入技术是最理想的一种保湿包裹技术，非常适用于饱水文物。所谓浸入就是通过将文物浸入液态的水中而保持其饱水状态。

现场最常使用的浸入技术非常简单，首先使用表面扎满孔的聚乙烯袋子包裹文物并密封袋口，然后在一个黑色的聚乙烯盒子中放入多半盒水，将聚乙烯袋包裹的文物浸入水中，最后盖上盖子即可。聚乙烯袋子在这里的作用只是为内部文物提供一个简单的物理防护，当然使用其他材料也是完全可以的，只是要注意文物一定要浸入水中而不能漂浮于水面或部分处于水中部分处于水面以上。其次应尽量将浸入水中的包裹材料和文物间的空气排除干净。另外如果文物过于脆弱，可以在聚乙烯袋中使用聚氨酯泡沫对文物进行支撑、衬垫，具体方法同干燥包裹中的袋包裹法。

对大件饱水文物的浸入和一般文物基本相同，只是要找到和其尺寸相适宜的容器难度较大。另外，大件文物也无法用聚乙烯袋子进行包裹，取而代之的往往是使用塑胶网进行物理防护。使用塑胶网缠绕包裹大件文物时还要注意缠绕的力度不可太大，以防塑胶网线割伤柔软的文物表面。此外，大容器一般很难有和其相配套的盖子，因此在浸入文物后，往往使用聚乙烯薄膜等材料对容器口部进行封盖，以防水分过快蒸发。然后在其顶部再覆盖上铝箔以防光线的射入。

在使用浸入技术对文物进行包裹后，储存期间要时常检查盒子中的水位，以防由于水分蒸发、水面降低而造成文物露出水面。同时对储存用水的更换最少应一个月进行一次或者依据对储存环境的检查来确定，其目的均是抑制微生物的侵蚀。

浸入技术由于将文物全部浸入大量液态水中，因此一般不会由于容器的密闭性出现问题，短时间内就造成文物的干燥脱水，因此比较安全。另外由于文物浸入水中，接触到的氧气量远远小于空气中的，因此一方面可以减缓氧气可能对文物带来的侵蚀，更重要的是可以有效抑制生物侵蚀的发生。但是浸入技术也有其缺点，那就是由于引入了液态水，其包裹重量被大大提高，对其进行操作的难度也相应增大。此外由于有液态水存在，在其后的运输过程中，极易由于颠簸而造成水的溢出。这种溢出会使得运输过程非常麻烦，甚至会危及与其一起运输的其他文物的安全。

对于小件文物常常采用另一种涉及液态水量较少的浸入技术进行包裹。具体的操作如下：让聚乙烯袋子中衬垫和支撑文物的材料饱含水，然后将文物及衬垫材料装入袋子中，小心从袋子底部通过挤压的方式排除掉袋内多余空气，直到文物完全被浸入水中后将袋子口部热封。如果衬垫支撑材料的吸水率较低，可适当向袋子中加入少量液态水，但同样在密封袋子前要尽量排挤掉其内部多余的空气。然后将这个袋子再装入另一个聚乙烯袋子中，同样排除掉外层袋子中的空气后将袋口热封。再重复这个步骤从而制成一个三层袋子对文物的包裹体系。最后将这个袋子放入聚乙烯盒子中，并对其加以衬垫以防在盒子中移动。这种方法使用的液态水量非常少，重量轻，而且水不易溢出，对于运输及操作而言是较为理想的饱水包裹方法。但是该方法一旦遇到封口不牢或者袋子磨损破漏就极易造成袋子中水的流出，因为储存及运输过程中只有袋中有水，因此一旦发生这种意外就会导致其内部包裹文物的脱水干燥。

2）高湿包裹。所谓高湿包裹就是在文物储存空间内部维持高相对湿度的一种包裹方法。该方法在文物长期储存时的湿度维持效果不如浸入技术好。这是因为该方法易于因密闭不严而造成文物干燥脱水，同时由于其内部有大量的氧气，也易于发生生物侵蚀。但是高湿包裹中不存在自由流动的液态水，因此最大限度避免了水的溢出，包裹物的重量也大大降低。具体的高湿包裹方法是先使用潮湿的聚乙烯泡沫板衬垫盒子的四壁，然后将软质聚氨酯海绵裁剪成与该容器内部大小、形状相适宜的尺寸，同时在海绵中心部位掏挖出和欲包裹文物外形相适宜的孔洞，然后将海绵浸入水中吸饱水分后，略微挤压至海绵于正常状态下不再滴落水滴为宜。将海绵装入盒子中同时将文物安放在海绵中心掏挖的孔洞中。然后再用一块同样状态的海绵覆盖文物上表面，接着在海绵上覆盖潮湿的聚乙烯泡沫板。泡沫板覆盖后的高度应略高于容器口沿，最后盖上容器的盖子，并使用胶带对接缝处进行密封。如果条件允许可以进一步将它放入一个更大的密封的容器中以增强密闭效果。每两周检查一次包裹，如发现海绵表面干燥，向其上再喷洒少量的水。如果发现包裹环境内部出现微生物活动的迹象，则应立即更换水及包裹物（图 7-21）。

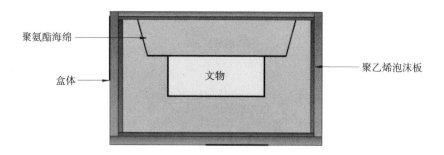

图 7 – 21　使用聚氨酯海绵的高湿包裹法

如果饱水文物由于疏忽大意已经发生了脱水干燥的情况，那么应立即采取其他相应的保护方法而不能再次对其进行润湿处理。

10.2.2.3　中等湿度包裹

在考古发掘现场的包裹方法中最常使用的是中等湿度包裹。这是因为非饱水有机材料、大多数无机材料以及一些金属材料，都应该储存在一个较为稳定的中等相对湿度（大约55%）的环境中。而考古发掘的大多数出土物都属于该类别。但由于相对湿度受温度的影响较大，因此要完全保证包裹中微环境固定在55%几乎是不可能的。中等湿度包裹往往是允许相对湿度有较小波动的（大约±5%），但是大幅波动必须避免。因为当湿度大于65%时，霉菌就易于生长；而当湿度小于45%时，微环境则有些干燥，会导致有机质文物收缩、开裂、翘曲。具体的包裹方法和干燥包裹中的盒包裹几乎相同，唯一不同的是使用的硅胶已不是完全干燥的硅胶，而是事先在55%相对湿度的环境中平衡数周的硅胶。这种硅胶可以事先在实验室中平衡好后密封运至现场备用。硅胶在这里就已经从干燥包裹中的干燥剂角色转变为环境维持的缓冲剂了。同时，盒中还应该包含有能指示55%左右湿度的湿度指示卡，并且每周都要通过湿度指示卡查验相对湿度水平。如果条件允许，在进行中等湿度包裹前，最好使用硬质聚氨酯泡沫板对盒体四壁进行衬垫，这样可以有效缓解外界环境的温度波动对盒体内部湿度的影响。

11　文物运输

考古现场保护中的文物运输包括为运输对文物进行的包装以及文物的实际运输两部分内容。其中对文物进行的以运输为目的的包装是现场保护工作者参与较多的部分。

11.1 文物的运输包装

11.1.1 考古现场保护中常用的运输包装材料

11.1.1.1 天然棉花

天然棉花是一种非常有用的包装和减震材料。同时该材料几乎在任何地方都比较容易获得。但是棉花绝不能和文物直接接触，尤其不能和十分脆弱的或表面存在片状剥落的文物直接接触。棉纤维会黏附或缠结在文物表面，尤其当文物表面十分粗糙时，这种现象会更加明显。如果强行将这些纤维从文物表面去除，纤维的钩挂作用极易导致脆弱文物表面碎片或附着物的剥落。

如果用天然棉花对文物进行包裹，就要在它和文物之间用脱酸棉纸或者用聚乙烯、聚丙烯塑料薄膜进行隔离。但是对于那些表面已粉化或片状脱落的文物，就只能使用脱酸棉纸进行隔离，因为塑料薄膜所产生的静电力会将文物表面的片状脱落或粉化颗粒吸附下来。

在包装文物时，需要各种各样大小及形状的垫子以支撑文物，这时棉花是非常有用的一种材料。这种垫子一般用脱酸棉纸或聚乙烯膜包裹适当量的棉花，并在外面用胶带对其进行固定而制得。

11.1.1.2 脱酸棉纸

脱酸棉纸是一种以精选的天然植物纤维为原料制成的长纤维纸张。它具有表明平整、韧性高、吸水透气性好、富有弹性等特点，该类纸张纸质细韧柔软，添加剂含量少，尤其是进行过脱酸处理，非常适用于作为文物内层包装用纸。在文物包裹方面，脱酸棉纸主要用于内层包裹纸以及人为将其皱褶成团后作为衬垫及缓冲材料。

11.1.1.3 聚苯乙烯（简称 PS）

聚苯乙烯的成型加工性能优良，透明性好，坚硬，耐冲击性、耐水性也很好。其透湿性比聚乙烯高，热变形温度在 $100℃$ 左右，易于着色和涂布。在聚苯乙烯中混入发泡剂，可得到发泡倍数很高的包装用聚苯乙烯发泡体。在包装上，主要用作中空容器和缓冲用泡沫塑料等。

11.1.1.4 报纸

报纸绝不能直接和文物接触。这一方面是由于报纸中含有较多的酸，会对文物产生侵蚀；另一方面报纸上附着有大量的铅及油墨，极易污染文物表面。但是在某些情况下，报纸却非常有用。它可用于在以储存为目的的包裹基础上进行缓冲包装的外层填充，即填充以运输为目的包裹的外层空间。这时报纸和文物间有非常多的隔离物，不可能接触到文物。当然，如果保护经费充足，建议在任何包装中都不要使用报纸。但如果经费较紧张，报纸的性价比就凸显出来，作为外层填充材料，能节约大量的包装费用。

11.1.2　文物运输包装的一般原则

大多数现场保护都会涉及文物的运输，不论使用何种工具、经由何种途径运输，在运输前都需要对文物进行专门的运输包装。一般而言，只有在运输前才能对文物进行该类包装，而当运输结束后要立即拆除该包装。运输包装最好在储存包裹的基础上进行，这样文物在运输期间依然能够保证相对稳定的微环境。

11.1.3　运输包装的相关要求

运输包装的重点在于缓冲。在文物运输的过程中，由于颠簸等原因而产生的撞击和震动是对文物危害最大的因素。施加到包装文物箱子外部的撞击和震动会直接通过箱体传递到箱子内部的文物上。如果这个传递不经过任何缓冲，即传到内部的力未被削弱，这种力量就将会对箱子内部的文物产生威胁，甚至导致文物的破碎。因此在以运输为目的的文物包装中，为了尽量多的消散掉外部传导的震动，文物应尽可能置于箱子的中心部位，同时应使用大量的缓冲材料以吸收震动。从震动传递的角度而言，震动经过越多层的缓冲材料，就会有越多的震动被分散，最终施加到文物上的力也就越少。

在运输包装中，包装文物的箱子应该足够大，既要能够为文物留下足够的放置空间，还要能够放置足够量的缓冲材料。箱子中包装的文物决不能和容器的任何内表面直接接触，也不能和容器中的任何其他文物直接接触。包装时缓冲材料的用量应依据文物自身体量及其将会经历的运输过程而定。通常的经验是，用于运输包装的缓冲材料应该在每一个被包装文物的周围衬垫大概 15～20cm 的厚度，在运输重要文物时缓冲材料的用量甚至要比这个值还高。总之，运输包装中缓冲材料的使用量宁可过多也万万不可不足。

对于一种缓冲材料而言，要起到有效的吸收震动作用，就必须能够发生弹性形变（即压力施加时收缩，当压力消失时又能够回到原位或原状）并具有合适的弹性系数。如果某种材料太软或者太容易被压缩，它就不能有效防止震动传递到其所包装的文物上。而如果某种材料太硬或太难被压缩，它也不能有效吸收震动。海绵橡胶、聚乙烯泡沫及聚苯乙烯膨胀泡沫等都是较为理想的吸震材料。如果使用的是颗粒状缓冲材料，那么即使是再紧密的包装，包装中的文物在自身重力及颠簸的作用下，也有移动和下沉的趋势。如果将这些小颗粒或屑片装入密封的聚乙烯袋子中则可以将这种沉降或移动减到最小。

皱褶棉纸也是一种常见的、非常有用的一种缓冲材料。为了增加其缓冲效果，往往将纸张分别搓揉成团使用。

运输缓冲包装的最外层容器强度和尺寸要依据容器中包装材料的尺寸和重量以及容器将要经受的运输方式来确定。硬纸板箱适合于短期的、相对简单的运输。而对于较长时间的、较为颠簸的运输而言，则必须使用木箱或板条箱。这类箱体由于其自身材质既具有一定刚性又有一定的韧性，本身就可以吸收部分震动。另外使用木箱或板条箱时，其木板与木板的接缝应采用螺丝钉固定而不要采用普通钉子。这是因为螺丝钉在木头中具有较好的固着力，不会由于颠簸而造成固着的松动。普通钉子固定的木板极易由于反复的震动而出现松动。此外在向箱子顶部固着盖板时，普通钉子需要捶打才可钉入，捶打所产生的震动也会传递到其内部包装的文物上。而使用螺丝钉却不存在这个问题。

运输包装的容器大小应该和其内部放置文物或盒子的尺寸相称。容器内部不可太拥挤，其内部在盛放文物或盒子后应仍有很大的空间能够放置大量缓冲材料。缓冲材料包裹文物或盒子的松散程度应适宜，不可过松，否则文物会在缓冲材料内部产生移动；也不可过紧，如果缓冲材料被压过紧，它们就无法起到有效的吸收震动作用。

运输包装中最好将大小尺寸、外形、重量及材质相似的文物或盒子包装在一起。这样既便于包装，也便于在运输过程中依据文物的不同情况将包装摆放在运输工具的特定位置。

11.1.4　运输包装的方法

运输包装的一般程序是：先将一件文物单独的或者将一小组文物包装于一个小的、衬垫良好的盒子中。然后将数个这样的小盒子一起包装于一个较大的、衬垫良好的盒子中，接着将数个这种较大的盒子依次包装于一个更大的容器中。通过这种双层或者三层的盒子系统，为内部提供足够的缓冲以确保包装文物的安全。

11.1.4.1 袋包裹基础上的运输包装

对于采用袋包裹法的储存包裹物，其运输包装具体操作如下。1）用一厚层缓冲材料衬垫容器的底部，然后将同类的、质地及重量相似的文物拣选出来进行包装。在这些文物中，挑选出保存状况较好的、重量略重的文物，均匀放置于底层缓冲材料上，要在每一个袋子之间以及袋子和容器侧壁间留下适当的距离以放置缓冲材料。2）在这层文物的侧面及上部填充缓冲材料，直至其顶部缓冲材料形成有一定厚度的、较为平坦的缓冲层。然后在这层上放置一个和盒体尺寸相称的轻质卡纸板或泡沫板。接着再在卡纸板上铺垫缓冲材料并按照上法继续包装，最后盖上包装容器的盖子即可（图7－22）。之所以要把保存状况较好、质地略重的文物放置在下部，是为了防止底层放置的文物被上层文物的重量压碎。在中间放置卡纸板或泡沫板的目的，是为了帮助分散上面一层袋子对下层所施加的重力。最后在这层包装上再进行第二层缓冲包装，具体方法同容器包裹基础上的运输包装部分。

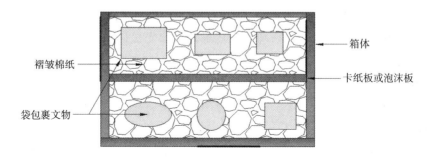

图7－22 对袋包裹的运输包装

11.1.4.2 容器包裹基础上的运输包装

对容器包裹法进行的储存包裹物，运输包装的具体操作如下。在运输包装容器的底层铺上一厚层缓冲材料。这层缓冲材料在装有文物的容器放入并受压后，其厚度应不小于10cm。然后将装有文物的盒子放在这层缓冲材料的上面，并在每一个盒子的四周最少留下5cm的空间。任何一个盒子的四壁都不能接触到承载它们的容器侧壁或其他盒子的四壁。在盒子周围的空间里填入更多的褶皱棉纸，以确保这些盒子处于各自分离且稳定的状态。如果只装一层盒子，应该尽量将装有文物的盒子置于包装容器的中心部位，再用缓冲材料将剩下的空间填满（图 7 – 23a）。要保证缓冲材料的填充量略高于外部包装容器的口沿。这样在盖上容器的盖子时就会感觉到轻微的阻力，这种阻力将有助于缓冲材料内部装有文物的盒子位置的固定。但这个阻力不可过大，否则会造成缓冲材料缓冲效果的降低，对内部包装文物造成威胁。

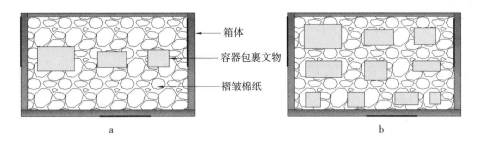

図 7 – 23　用于运输的单层/多层盒子包装
a. 单层盒子　b. 双层或多层盒子

如果一个容器内要放置多层盒子，那么在将盒子周围的空间用皱褶绵纸填满以后还要在盒子的顶部用皱褶绵纸铺填一层。然后再按照前面包装第一层盒子的方法包装填充第二层盒子。最后在最上层盒子的顶部铺垫一层缓冲材料并盖上盖子（图 7 – 23b）。同样缓冲材料的铺垫量应略高于外部包装容器的口沿。

所有的运输包装结束后都必须在包装的最外层箱体上标记易碎品标识并标明顶部朝向。

11.2　文物的运输

文物运输是考古发掘现场文物保护的最后一项工作内容，它是指将经过现场保护处理后的文物运送至文物保管单位或条件较好的实验室进行进一步保护处理的过程。由于每个考古现场的相关条件都不尽相同，因此其运输方式从背包、驮兽（如马、驴）、船运到汽车、卡车和飞机或者是它们之间的任何组合，也都各不相同。每一种运输方式对于易碎文物的处理都有其特定的一套方法，当使用了两种或更多种的运输方式运输文物时，这些问题还会混合在一起，难度会成倍提升。但是不论使用何种运输方式，都有一个共同原则，那就是任何易碎文物必须在缓冲包装（即运输包装）的基础上再进行运输。由于考古现场往往地处偏远，其运输条件一般并不理想，且难以改善。为了将文物可能受到的损害减到最低，就要用大量的具有良好吸震性能的材料对文物进行缓冲包装。

我国考古发掘的一般文物运输均采用汽车进行，故而在此主要讨论汽车运输的问题。1）运输时选用的车辆问题。对文物运输而言，不可选用减震措施不好或无减震措施的车辆。汽车的减震系统可以直接减少汽车行驶过程中，路面对车身产生的垂直向震动。这个方向的震动是文物在汽车运输过程中遭受的最主要震动，如果能在它从轮胎传递到车体时就削减很大一部分，将会对文物的安全运输非常有利。2）路面的问题。这是汽车运输面临的最大震动来源。为了保证文物安全，文物运输时应选择路面尽可能平坦，路况尽可能好的运输路线，即使绕道也应毫不犹豫的选择这种路面行驶。3）行驶速度的问题。汽车运输时行驶速度越快，当遇到坎坷时，产生的震动就越大。因此文物运输过程中，车的行驶速度不宜过快，尤其在通过崎岖路段时，应采用低速匀速行驶。一般路段可采用中速行驶，且行驶过程中应尽量避免紧急转向以及紧急制动。4）文物在运输车辆里的摆放方式问题。在汽车行驶过程中，震动最剧烈的部位是汽车的尾部以及四个轮胎的正上方。因此较脆弱的文物在车厢内摆放时应尽量避开这些部位。汽车行驶过程中，垂直于地面方向的震动是最剧烈的，其次是水平于汽车行驶方向的震动，而和行驶方向垂直的水平面震动则较小。一般而言，在进行文物摆放时应避免将文物最为脆弱的面摆放在震动最剧烈的方向，即与地面垂直的方向上。在向车上放置装有文物的包装箱前，最好在车底铺垫一层摩擦力较大的衬垫材料，如橡胶、毛毯。同时在箱子与箱子之间及箱子与车体侧壁之间也应铺垫该类材料。这样一方面可以防止运输过程中箱体在车内的移动，另一方面可以一定程度的减缓箱体与箱体或侧壁碰撞而产生的震动。

第8章 考古现场遗址本体保护

1 概述

在对考古发掘现场所实施的保护中，除了考古发掘出土物是重要的保护内容外，对于考古遗址的保护也日益受到关注。这些遗址多数由土体构成，其结构形貌的原始保存状况，直接影响着对遗址本体的解读，为长久呈现考古现场的真实情景提供保证。国内目前在考古发掘现场即开展遗址本体整体保护的情况相对较少，本章内容旨在通过对土质遗址病害成因及保护方法的探讨，为考古现场遗址本体保护提供借鉴。

土体作为自然界中分布十分广泛的天然材料，是人类最早接触和容易获得的材料，因此人类在早期生产生活中对土的利用非常普遍。以土体为主要使用材料的土遗址是目前能够保存下来的早期人类文明遗迹，具有历史、艺术和学科研究价值的文化遗产。土体的自身物理力学性质和建造工艺决定了土遗址的脆弱性。在长期自然环境作用及人为等多重因素的影响下，绝大多数土遗址普遍存在着不同程度的若干病害侵蚀，日益严重影响与威胁着部分珍贵文化遗产的外观形态和内部机理，需要采取积极的处置方式加以保护和利用。如何运用现代科学保护方法和技术挽救这些濒临危险的土遗址，避免及减缓土遗址的风化等破坏速度，是目前我国文物保护领域对土遗址保护中的一项迫切任务，同时也是对考古现场保护工作的有力支持。

国际范围内的土遗址科学保护工作开展时间相对较晚，真正意义上的土遗址保护是在20世纪60年代以后才逐步开始实施。目前国际上土遗址保护研究的主要机构是 ICOMOS（International Council on Monuments and Sites）下设的土遗址保护专业委员会。另外设在意大利的 ICCROM 与美国的盖蒂（Getty）保护机构等对土遗址的保护及合理利用也有一定的研究。

　　国内少数几个考古文物部门于 20 世纪 80 年代后期，逐步开始对土遗址进行科学保护试验性研究。文物保护工作者经过不断的探索和总结，至 21 世纪初，土遗址保护工作取得了长足的进展，所涉及项目研究内容越来越广泛，且部分成果也达到了较高水平。目前土遗址的研究工作主要集中在以下方面：土遗址病害及破坏机理研究，如病害成因研究（诸如温度、湿度、雨水、地震、动植物等自然因素对遗址土体产生的破坏作用）；土遗址风化机理研究；发掘与现场保护研究；环境和土遗址的关系研究；现代分析测试手段（近景摄影、航空遥感、地震物探、声波仪等）在土遗址保护中的应用研究；土遗址的建筑形制研究；土遗址的保护加固技术研究等。其中在土遗址表面防风化加固材料研究方面做了大量室内及现场试验研究，取得了明显成效。

1.1　土遗址处理保护的理论工艺研究

　　遗址防风化研究虽然取得了很大的进步，但遗址风化机理的研究还不够深入，将无损检测等技术应用到遗址本体的检测上还有很多工作要做。在现有防风化加固材料的应用上，还没有形成规范性的施工工艺，很大程度上限制了它的推广与应用。由于土遗址及其赋存环境的复杂性，对其加固处置保护技术还有待进一步的发展和完善。

1.2　土遗址的物理支撑加固与保护技术

　　土遗址（也称土质文物）保护是长期困扰我国文物保护、考古界的难点和重点，国内若干个极具学术研究和文物保护的重要遗址，如安阳殷墟宫殿基址、成都金沙遗址、洛阳偃师商城宫殿基址、青海民和喇家房址等的保护状况看，目前遗址的病害是很复杂的，主要的病害有：潮湿土体发掘失水产生的干燥开裂和坍塌、土体在水的作用下的软化和垮塌、土体表面在湿度变化和盐分作用等因素下出现的风化，以及在生物因素的作用出现的各种破坏。潮湿环境中土遗址容易产生软化、风化和植物生长问题，而在干燥状态下又容易出现收缩开裂，严重影响着潮湿环境土遗址的保护。

　　在对上述遗址存在裂隙、塌陷及缺损状况下，根据土体现象和质结构的不同，采取的处置保护方法也各有差异。参考借鉴考古发掘时候的图像资料，对损坏部分进行处置保护过程中使用了金属和木质材料锚固、回填模拟复原等方式予以完成，使其与原有形态保持相对一致，达到了再现原始概况的效果。

物理支撑加固技术也已取得一些进展，河南殷墟宫殿基址、青海喇家房址、宁夏西夏陵、甘肃敦煌玉门关、新疆交河故城等保护过程中已经有所应用。但对锚杆的工作机理和锚固机理的研究程度还缺乏相应的深度，还没有形成成熟的系列规范操作技术。

1.3　保护材料研究的新进展

遗址保护材料的研制一直是遗址保护研究的重点和难点，文物保护工作者曾尝试了多种材料，如对潮湿环境土遗址的保护材料开发，主要有敦煌研究院对 PS 土体加固剂的研究、北京大学对非水分散体的研究、浙江大学对有机硅材料的研究、郑州明宏公司对 MH 系列土体加固剂的研究等。

土遗址处理保护材料的研制一直是土遗址保护研究的重点和难点。文物工作者曾尝试了多种材料，如无机类材料：硅酸钠、硅酸钾、硅酸铝、氢氧化钙、氢氧化钡等；有机高分子材料类：有机硅树脂和有机聚合物材料（全氟聚醚、环氧树脂、聚氨酯树脂、醋酸乙烯酯、丙烯酸等）。无机—有机复合材料：如硅酸钾—甲基三乙氧基硅烷等。这些材料虽然取得了一定的防风化效果，但是对土遗址来讲，都存在不符合土遗址保护原则的一些缺点，影响了它们的应用和推广。

2　土遗址的类别与特性

我国土遗址的种类和数量较多，单位面积有十几个平方米的普通遗址、有数百平方米的普通房址、有数千平方米的宫殿基址、更有数万平方米的超大型城址，贯穿于我国各个不同历史时期，并且以不同形式不同方法被保存了下来。其类别有建筑基址（包括土城址、土城墙），墓葬（陵墓），车马坑，窑址，窖穴，水井，道路等。上述土遗址大体可分作两种形式，一种是在裸露条件保存下来的土遗址，比较常见的是目前保存于地面的土城墙和封土陵墓等。另一种是因考古学科研究需要而发掘出来并完整保存下来的土质遗迹，如建筑基址、墓葬、车马坑、窑址等。

对于土遗址分类有着其特殊的必要性，在对土遗址长期的研究探索过程中，人们习惯于分别表述遗址之间的相互关系，单独看待遗址的特性，或者将遗址的研究看成一种完全以材料质地作为分类的依据。比如"土遗址"这个概念，它是土质文物的一个种类，纯粹是以材料特性为依据的划分类别，问题在于单独依据一个或者几个标准进行衡量时，将无法对遗址实行分门别类的。遗址除了其本体的因素之外，最主要的还有其文化社会因素，我们不主张将遗址任何特性作为硬性划分遗址的标准，而只是希望把遗址的各种指标作为考量遗址本身的一种方式。这种方式比较灵活，因为它完全是以文化及地域作为根本依据，与其说这是一种分类，不如说是一种遗址个体的全方位的衡量。

当遗址发掘完成之后，遗址本体处在一个进一步研究阐释的状态，这个阐释本身就是规划保护遗址的根本依据，甚至是基本方式，所以在考虑设计土遗址处理保护的参数系统时，应该将社会文化因素作为基本衡量的对象。如何在对遗址实施具体处理之前进行详尽的数据系统准备，这个数据系统从考古学研究的角度讲，必须是从考古发掘对象的地表勘探、信息采集、试掘地点、选择发掘位置、实施发掘程序一直持续到规划处理保护阶段。换言之，必须能够拥有足够对遗址进行全面处理保护的准确信息。

2.1 土遗址的类别

1）古代木结构建筑的基址，包括宫殿基址、房址、半地穴房址等。

2）大型聚落、城址、宫室、陵寝等遗址、遗址群。

3）土墓葬，包括地下墓葬、封土墓葬等。

4）土城墙、土关隘、土烽燧等防御性建筑设施。

5）以土体为建筑材料的建筑，包括土坯、土塔等。

2.2 土遗址的特性

土遗址的主要成分是各种不同类型的土体，是地表岩石天然风化堆积的产物，具有成分复杂、结构疏松、吸附能力强、易崩裂的特点，属于极易受外界环境影响、结构稳定性较差的复合体。遗址土体之间的相互连接方式非常脆弱，天然土体的强度也比较低，还有各种不同类型的病害情况，都是受遗址所处的地质状况形态及周边环境等诸多因素影响而产生的，其保存状态与其周围环境有着密不可分的关系。由于处于不同的历史年代，长时期地受到自然地质和环境因素的破坏，土体表面风化严重、开裂、坍塌的病害情况时有发生，危及土遗址的有效保存，甚至能够彻底地损毁遗址。

遗址土体有着不稳定的特点，所处区域范围又是不易控制的自然环境，根据目前实际存在的自然因素，对土遗址稳定性有着直接影响的环境因素包括以下几个方面。

2.2.1　气象环境因素

温度，土遗址内外的年温度变化及最大温差，日温度变化及最大温差，以及不同部位的温度差异。湿度，土遗址内外的年湿度变化及最大湿度差，日湿度变化及最大湿度差，以及不同部位的湿度差异。自然光源照射情况，还有大范围天气变化，如雨雪风沙等天气情况。

2.2.2　地质环境

包括土遗址土体厚度及分布情况，土体底部基岩深度和种类，地下水水位及水的迁移活动情况，地表水径流情况等。

2.2.3　人为环境因素

空气污染，如各种气体污染含量及周期变化，粉尘成分含量及变化，周围建筑、交通运输和工农业生产导致的环境污染，农业生产活动中也会影响土遗址周围的小环境，如农业生产中引水灌溉和施肥等对土遗址造成的破坏。

3　土遗址的保存状态和病害成因

发掘的考古遗址是文化遗产重要组成部分，也是近年来文物保护领域重要的工作对象之一。作为土质文物的遗址和墓葬，具有科学性、历史性和艺术性，是见证人类物质文化发展的重要实物，保护和利用好现有遗址范围有着十分重要的历史意义和现实意义。

3.1　土遗址保存状态

3.1.1　开裂

在考古发掘过程及完成后相当一段时间内，由于遗址裸露及气候干燥等因素，导致土体内部水分蒸发过速，致使土体收缩，这种收缩是土体开裂的主要原因。长期裸露于野外环境，受到夏季雨水冲刷浸泡和冬季低温的影响，遗址表面的原始保存状态被不同程度地剥蚀破坏，这也是土体缺损改变其固有形态的主要原因。遗址另一开裂原因是土体的卸荷应力造成的，卸荷是由于遗址的发掘而形成条块状，使土体内部的应力分布不均而产生的。一般情况下，土体中的任何一个局部，其受力都应该是比较均衡的，来自各个方面的应力相互抵消。而土体内部的向外压力没有平衡点，因此导致土体具有向外向下逐步移动的倾向，使土体产生了开裂现象。

3.1.2 遗址表层酥松脱落

其一，土体是由众多大小不同、形状各异的矿物颗粒所组成，土体中各个颗粒相互之间的连接，主要是依靠土壤黏粒形成胶膜、土壤中盐类在颗粒之间结晶来实现，小部分是通过有机物的作用来实现。在遗址发掘阶段，土体结构是比较紧密的，但随着时间推移，暴露在大气环境中的原有表层，在外界环境的作用下逐步发生变化。其中湿度的变化影响最为明显，湿度变化对土壤中吸附水分能力较强的颗粒产生下列影响：相对湿度较高时段吸水膨胀，相对湿度低时脱水收缩。这些颗粒的收缩膨胀，对周围颗粒产生压力与拉力，导致土体颗粒之间充当连接作用的胶结物破碎，其连接受到破坏，颗粒之间的距离不断增大，最后某些颗粒失去与土壤团聚体的连接而脱落。另一种破坏是由于湿度的周期变化，导致土体内部盐分的循环结晶与溶解，这种结晶和溶解过程在土体颗粒之间的空隙内进行，结晶对土体产生巨大压力，导致土体破坏、颗粒脱落。温度突然降低造成水分在土体表面凝结，低于零度以下时，水分在土体表面结冰也能够产生相同的破坏作用。

3.1.3 灰尘腐物覆盖

遗址发掘之后，多数遗址由于发掘区域较大、又远离城镇、也不具备相应的通车条件，常规情况下是采取回填方式予以暂时保护。部分遗址虽然采取了修筑简易房屋的保护措施，但是也仅仅属于半封闭状态，温湿度也无法得到控制，遗址在一定时期内也完全处于半裸露状态，遗址表面沉落了相当数量的灰迹腐物。另外，还有众多游人无意之间的随意踩踏，在一定程度上改变了遗址清理之后的完整面貌，并且使部分遗址原本的土质颜色变得发暗发黑。人们难以看到整体真实的、发掘完成时客观真实的遗址原貌。

3.2 土遗址的病害成因

我国历史悠久，幅员辽阔，处于潮湿环境的土遗址分布广泛、数量众多。但多年来对于潮湿环境下遗址土体文物的关注度与保护力度是远远不够的。鉴于目前对潮湿环境土遗址的保护研究尚处于起步阶段，需要对潮湿环境土遗址的病害及其成因进行认真的梳理，通过对潮湿环境土遗址的分析，认为应当将潮湿环境土遗址分为半湿润环境下的土遗址和湿润环境下的土遗址两类，分类标准依然是遗址所处地区及气候的不同。通过对半湿润地区和湿润地区多个遗址点进行病害调查及描述，尝试对潮湿环境土遗址的病害原因进行归类，并对影响病害的因素进行综合分析。

潮湿环境土遗址的病害可以初步分为表面劣化和结构变化两大类，表面劣化可以导致结构变化，结构变化则由表面劣化发展而来。表面劣化又可以分为开裂、生物影响、水蚀、积水、盐析、剥落、粉化、降尘等，这些病害又可以按照成因进行分类。

土遗址本身的病害类型主要有：土质风化酥粉、坍塌、土体干裂、表面泛碱、鼠洞蔓延、植物丛生等问题。造成上述病害的原因主要由两方面的因素构成：一方面，古遗址本身质地多为自然地质土体、人工处理的土体（土坯、夯土等），具备多孔性，其特点就是吸水性强。另一方面，自然因素和人为破坏是造成土遗址破坏的外部因素，这些因素主要包括。

3.2.1　温度变化

地表的温度通常都要经历日变化与年变化等周期变化。常规下物体热胀冷缩，这种变化随着温度的周期变化而变化。对于土遗址，这些变化产生的土体的张缩应力，必然导致稳定性的下降，具体表现为开裂、脱落等。另外由于温度传导的梯度，产生内外张力，破坏也很大。这种现象在土遗址暴露于自然环境中时非常强烈，温度低于冰点还会导致水分结冰。

3.2.2　湿度变化

空气中湿度的变化是土壤表面风化的重要影响因素之一。通常情况下，白天湿度低，晚上湿度高，温度低于露点时，水分会在土壤表面冷凝，低于0℃时冷凝水在土表面结晶，由于表面张力和结晶压力，造成土体表面风化破坏；湿度的循环变化可使迁到表面的可溶盐反复溶解结晶，产生破坏作用；高的空气湿度还可以促进霉菌的生长繁殖。

3.2.3　可溶盐

可溶盐在水的作用下，在土体内迁移运动，根据条件不同，可迁移到土体表面结晶，造成土表面结构破坏及外观改变；也可在土体内部富集结晶，造成空鼓、开裂、表层脱落。

3.2.4　水分

水在土壤毛细管内迁移运动，产生毛细压力，对管壁产生破坏；低温下在土壤毛细孔中结晶，造成土体的破坏；地下水的毛细上升造成可溶盐向表面迁移与富集；水可以造成黏土颗粒膨胀并导致其机械强度降低；水分可以溶解对土壤微粒有黏结作用的物质，从而导致土壤崩解；霉菌在含水高的土遗址上容易滋生等。雨水滴蚀、进水冲刷等对土遗址造成直接破坏。潮湿环境土遗址的病害可以初步分为表面劣化和结构问题两大类，表面劣化将导致结构问题，结构问题多由表面劣化发展而来。

3.2.5　霉菌

霉菌的生长改变了遗址面貌，对土体表面产生机械破坏，霉菌在生长过程中产生一些具有破坏作用的酸碱分泌物，破坏土壤的结合物。

3.2.6　动物影响

动物如蝼蛄、白蚁、蚂蚁、老鼠等，在土遗址内部掘穴生存。植物类在土遗址表面的生长同样存在一定的破坏作用。

3.2.7　气体污染物

气体污染物包括二氧化硫、二氧化碳、氮氧化物等，可以被吸附能力强的土微粒所吸附，并与水作用形成酸、碱、盐或者直接在空气中变为酸碱盐溶液的微粒，再吸附到土体表面，破坏矿物及胶结物，并产生膨胀能力较大的结晶，导致土体的风化。

3.2.8　降尘

降尘包括矿物微粒、工业粉尘、孢粉、霉菌等。降尘的破坏在于，掩盖土体表面，改变其外观；带来可溶盐；带来霉菌；增加机械磨损的机会。

3.2.9　震动

来自地震、工程施工、交通等方面的震动对土遗址有危害，表现在使表层颗粒脱落、土体开裂坍塌、结构失稳。

3.2.10　人为

该破坏因素主要来自人类在遗址上进行的生活、生产、建设等活动，有意无意地对遗址造成破坏。

4　多学科的应用及土体样品分析

遗址土体的保护愈来愈多地体现了多学科交叉的特点，地质学、应用化学、材料学和现代分析技术在实施保护中均占有非常重要的地位。而从土遗址本身特点和处理保护的角度出发，也需要将不同门类学科纳入到实施过程当中，才能有效地把土遗址的处理保护工作完成得完整到位。

4.1　地质学在土遗址保护中的应用

土遗址本身就是一种与地质有关的文物遗迹，其材料大多取自于地表或地表浅层含各类矿物成分的黏土。因此认识和掌握土质材料的化学、物理、矿物等性质，可以更好地了解土遗址的特性和变化特点，而地质学所涉及的矿物学、岩石学以及土质学理论，能够为保护程序奠定土遗址研究工作的基础，在实际实施过程中，地质勘探手段及土工实验同样可以提供土遗址最基本的信息。

通过地质勘探技术可以获得土遗址所处位置的区域地质构造、不良地质现象的规模和空间分布、地下水的分布情况等宏观数据，查明土遗址所处区域内是否存在不良地质现象及其对土遗址的影响，还可对相应区域的稳定性和考古现场的稳定性做出合理评估。同时针对不良地质条件提出处理保护土遗址的措施建议和实施方案，并且在保护工作结束之后对周围地质环境和土遗址本体的影响做出准确预测。

4.2　现代分析检测技术

现代分析检测技术能够帮助我们直接地认知了解土体的微观结构，包括不同矿物种类、无机盐成分等，该分析检测技术在土遗址保护中应用较为普遍的是晶像显微镜、X 射线衍射等现代分析检测设备。

4.3　环境气象数据采集与分析

环境数据采集一般包括遗址所处区域大环境和遗址本体的小环境。大环境数据采集可以通过当地的气象台站来获得，与土遗址有关的气象数据主要包括温度、湿度、降雨量、蒸发量、风向风速、大气污染及降尘等。经过一定时期之监测所得到的相关数据，还需对数据进行后期分析和整理，才能对土遗址保护工作起到重要的指导意义。利用长期监测数据可以判断出区域环境的特征和特点，将此特点与土遗址本体的病害情况对应比较，可以得出病害与环境之间的相关联系，从而制定治理土遗址病害所采取的处理保护措施及方法手段。

对于土遗址具体部位环境数据的采集，一般情况下是使用便携式的分析检测仪器。比如对一具体部位的温度湿度变化进行测定、对土质表层及内部的 pH 值进行测定、对土遗址表面的含水量及蒸发量进行测定等。这些便携式的监测仪器携带方便，使用简单，可以对土遗址局部展开针对性的环境数据监测，利用这些数据能够直接了解遗址局部的环境特征，为治理遗址病害提供必要的依据。

4.4　化学保护材料

化学试剂材料是土遗址处理程序中最后采用的保护方法手段，因为试剂材料需要直接作用于土遗址的表层，从某种程度上讲它改变了土体中的部分物理性质，同时也对土遗址有比较明显的视觉影响。目前土遗址保护材料研究与现代材料科学有着非常密切的关系，特别是有机高分子材料在保护实施过程中占有十分重要的地位。

从土遗址保护材料之种类上可以分成无机材料和有机材料两大保护类别。土遗址的无机保护材料主要是改性硅酸钾材料，适合于在干燥环境下使用，其主要优点是有较好的表面效果，具有较强的抗风蚀能力和耐老化性，对局部区域可以重复使用。目前在我国西北地区土遗址保护项目中得到了较大范围的应用，尤其可贵的是在近二十年的土遗址保护环节中，逐渐摸索出一套成熟的加工工艺，于实际应用中同样取得了良好的保护效果。

适用于土遗址保护的有机材料近年来研发的种类比较多，经常使用的是丙烯酸类和有机硅类材料。以丙烯酸类为代表的主要有31J（丙烯酸树脂之非水分散体）及 Paraloid B72 等。以有机硅类材料为代表的主要有正硅酸乙酯、MH－1（氟硅化合物）、WD（长链烷基有机硅）等。这些有机类保护材料均在不同区域不同环境下做过部分试验性研究和使用，取得了相对较好的保护效果。

5　土遗址的物理保护方法

针对部分土遗址在发掘之后出现的裂缝及坍塌现象，须按照发掘清理时的实测图表和影像资料，进行适当的物理加固和填补复原。加固和复原的方法手段是根据遗址残缺和损坏情况，采取了三种不同的操作措施：

1）对于遗址局部存在着宽度较窄、形体较小的裂缝问题，为了保证遗址的原始状态，保障其完整程度，使用直径 15～20cm、长度 50～70cm 的螺纹钢钎，前部锻打呈尖状体，后端部焊接呈丁字十字交叉之形态。根据墙体裂缝的状态，于土体侧面最具有拉拽效能的部位，上下协调左右兼顾分作数点，将钢钎呈横向角度打入墙体之内，并且使十字形后端深入于距表层 2cm 左右（图 8－1）。使缝隙两侧的土体吻合地衔接为一个整体。缝隙外侧的土体由内侧稳定的区域为承重依托，其牢固程度是能够得到保证的。随后，在钢钎插入土体的外表固定一些原址泥土，经过工具的表面修饰，使其与邻近的土体表层发掘效果保持一致。

2）对于遗址外侧有一定厚度的、形体有相当规模的土体裂缝现象，采用方式是在缝隙两侧挖出呈工字形的沟槽（图 8 - 2），其深度要根据土体内侧相应高度和拉拽最具备的强度能力。具体的办法是：沟槽的深度 40 ~ 70cm（依据土体高度而定），工字形沟槽长度 80 ~ 100cm，两端长度 50cm 左右。在沟槽底部放置一个加工成型的工字形的木架或金属架（为增加木架的牢固程度和持久能力，需要在木架两侧缠绕数圈粗细适度的铁丝），于上方放置适量的潮湿泥土，经过反复不断地夯筑，使其与周边的土体于强度及硬度水平互为一致。在距地表 30cm 之深度再放置一个同等的木架，再次实施夯筑，直至于土体上部表面保持同等水平。

图 8 - 1　物理支撑加固（1）　　　　　　图 8 - 2　物理支撑加固（2）

3）对于部分土体已经出现的局部坍塌情况，土体坍塌厚度在 20 ~ 40cm 之间。采取的复原办法是：将墙体坍塌范围内的土体沿坡度呈垂直状态向下进行掏挖，直至下部没有坍塌的土体界限为止，三个垂直衔接面需要形成不规则状态，有利于与再造复原土体的连接。在其底部根据土体宽度向外侧掏挖平行的数个孔洞，深度 20 ~ 30cm，直径为 10cm 左右。在距离底层空洞向上约 20cm 处，掏挖第二排空洞，依此类推，根据土体坍塌的高度来确定空洞的排列数量（图 8 - 3）。在此基础上，将适合于每一空洞的木棒（或金属棒）全部加工准备到位。首先，把木棒插入到底部设定的空洞之中，土体坍塌的内侧则用木板实施合理挡栏，并设法将木板牢固地固定于适当位置上。此后，在其底部木棒周围进行填土夯筑。鉴于三个侧面的土体均是生土结构，具有一定的密度和硬度，夯筑时需要准确把握周边土体的一致性，才能与原有的生土结构相互匹配。当夯筑填土量向上进行约20cm时，把第二层木棒插入设定好的孔洞，再实施进一步的填土夯筑，进行第二阶段操作。按照上述方法依次进行第三、第四阶段的操作，直至进行到与土体上部平面相互一致为止。最后把拦挡木板拆除，将夯筑土体面参照左右两侧的土体形状修饰出来（图8-4）。

图8-3 物理支撑加固（3）　　　　　　　图8-4 夯筑补配修饰

实施对土质文物的处理保护，前期阶段需要进行认真的调查分析和合理规划。包括：遗址的土质结构、地理环境因素、温湿度变化等自然条件，以及遗址和遗物的展出陈列等人文因素。这均需依据文物本身的特点、遵循文物保护的要求，规划出切实可行的解决实际问题的方案措施，拟定出符合不同区域特点的实施办法。另外，还要对已经处理保护完成的土质文物的保存状态实行跟踪检测，随时了解土质结构的变化情况以及能否适应环境的具体指标数据。因为对遗址实施保护所使用的是丙烯酸非水分散体加固液，其为一种化工试剂产品。所谓的化工产品保护剂均有其时效性，在一定时期内可以起到凝固固化的作用。超过这一期限，固化效能逐渐减弱，直至最后分解消亡。所以，遗址在保证了相当时期的固化稳定之后，还需要再一次地对遗址进行处理和保护。

6 土遗址的化学保护方法案例

6.1 殷墟宫殿基址保护

殷墟是中国商代晚期的都城，目前在宫殿宗庙区已发现大型夯土建筑基址 80 余座。随着考古发掘的日益深入，殷墟的范围和内涵仍在不断地扩大。尤其是近年来，殷墟考古仍不断有惊世发现，一系列重要的考古发现，震惊中外学术界，从而更加证明殷墟的学术价值与学术地位。殷墟的范围还会随着进一步的考古发掘和科学研究而得到扩展，而殷墟这一人类共同的文化遗产必将会得到进一步的保护。

殷墟宫殿基址断断续续经过了八十余年的钻探与发掘，收获了众多考古资料，取得了部分举世瞩目的科研成果。但对土质文物保护来讲，仅仅只是对某一宫殿基址之局部采取了一定范围的操作保护措施，是对该重要遗址带有相对程度地试验目的而进行的探索活动。在对遗址进行处置保护环节中，发现一些建筑遗址内保留着纵向和横向的探沟，有些探沟形成了交叉的格式（20 世纪 30 年代前后之考古行为）。依照遗址保护方案的实施程序，横向的部分解剖探沟需要完整地保留，纵向的解剖探沟则作回填处理。就是说纵横探沟的交汇处纵向一端需要完整地再现出夯土层位剖面，并且与横向的探沟剖面保持相应的一致性。经过现场反复的推敲与试验，基本达到了所要求的效果。采取的具体步骤是：在纵向探沟的一端树立起互为连接形成一体的数块木板，在其后侧加工制作稳固的支撑，随后向探沟内填充经过筛选过滤适度潮湿的泥土。每当填充的土层厚度接近 20cm 左右，将此梳理平整，进行反反复复地夯筑。待填充土层达到约 50cm 的时候，需要在土层上方置放数根长短不一的具有相应承载能力的金属棒或方木条（图 8 - 5）。回填土方中夹带一些固定物体，目的是让填土端部的牢固程度得到加强，使其于相当时期内不会出现裂缝和局部坍塌。然后，在方木条上再实施土量回填，进行第二阶段的夯筑。依此类推，按照此种方法直至将解剖探沟填充到遗址保护的应有高度。操作程序结束之后，拆除护围挡板，对其回填夯筑的纵向剖面实施合理的修饰，使其能够与两侧相邻的夯位层次和土质形式结构保持相对一致。

将所有需要回填的解剖探沟全部填充处理完毕之后，要对遗址的总体平面及剖面进行全方位的整修处理。原因是遗址发掘完成后的一段时期内，包括自然条件和人为因素均对遗址的原有状态造成了一定程度的损坏，部分遗址呈现出破败现象，与发掘之后的完整格局之间存在着较大差距。为再现其原始的发掘现场，需要对遗址进行合理的复原和修饰，使之能够完全按照田

图 8 - 5　加设支撑物体

野发掘程序以及应该显示的遗迹内容，在相当程度上达到考古现场的清理要求。

　　按照物理方法对遗址进行加固和修饰处理，基本上恢复了遗址原有面貌，经过与考古专家学者协商并取得一致意见后，就可以在试验的基础上对遗址采取全面的化学加固保护。按照土质样品的分析测试结果，对不同区域之土质状况实施有针对性的喷洒加固处理。

　　1）调配出适合于夯土遗址准确比例的土质加固试剂，使用带有喷雾装置的器具对夯筑土体进行喷洒加固。操作时注意事项：需要把探沟内所有属于夯土的部分全部纳入喷洒加固之列，喷洒时间以土质的吸纳渗透能力为标准，前提是不能让加固液体出现流痕。如果存在这种情况，就可能使夯土的表层效果发生变化，改变了夯土固有的原始表现状态。所以，准确把握液体喷洒量的多寡，在该过程的环节中显得十分的重要。第一遍加固剂的喷洒完成之后，对夯土的剖面之液体吸收情况进行仔细地观察，当液体全部地渗透于夯土内部之时，还需要进行第二遍的加固剂喷洒。依照此种方法，每一区域的夯土遗址都需要实施三遍以上的操作程序，其目的使探沟剖面之夯土部分能够充分吸纳尽可能多的加固试剂，增加试剂的渗透厚度。有相应的试剂加固厚度作保证，凝固之后的夯土强度才能得到进一步的加强，同样遗址部分也才能长时期地保存下去。

　　2）调制出适合于探沟内灰土的加固试剂，用相似的方法手段和程序对灰土部分进行喷洒加固。灰土的土质结构比较疏散，相对来讲其表层较为容易产生疏解和塌陷，但吸纳试剂的能力非常强。为了避免上述情况的发生，试剂加固的次数可以得到适当的增加，使之能够凝结形成相应的厚度，确保灰土长时期的安全效能。

3）在所有的探沟剖面试剂加固完成之后，可以对遗址的平面展开全方位的加固处理程序。从宫殿遗址的一端作为平面喷洒加固的起始点，有规律性的逐次对遗址部分进行试剂喷洒。于试剂量的使用上要保持大体的均衡，但遇到较为特殊的情况也需要区别对待。如遗址平面与探沟剖面的连接角度以及被灰坑打破的边角部位，都需要视为关键区域之一重点地加以保护，可以在该范围内多喷洒两遍加固剂，让加固之后的土质凝结程度得到进一步的加强。

通过上述不同环节不同程序的系统操作，宫殿建筑遗址的处理和加固保护工作就可告一段落。从土质文物保护的角度出发，所采取的这种方法和手段均是不可缺少的，但这也只是对土质文物本身所能够执行的保护措施，是事物的内因关系，有一定局限性的。还需要在遗址周边范围修造适合于土质文物保护的永久性建筑，创造一个对文物能够起到保护作用的良好外部环境，为遗址长期保存提供必要的前提条件。

遗址保护后的室内环境要求：

1）控制温湿度剧烈变化：采取适当的有效措施使小范围内的温湿度得到控制，使遗址土体在较为稳定的环境中缓慢的、小幅度的变化，能够逐步适应及趋于平衡。

2）控制光源：光线（自然光和灯光）直射能够导致遗址表面的温度提高，对现场展示的土体文物具有一定的破坏作用。调整和控制准确光源，避免或者减少对土质文物造成的损害，于保护后续程序中需要认真考虑的一个重要因素。

3）控制降尘和污染物的影响：降尘和污染物很容易侵入到遗址表层，改变和破坏遗址表面的固有状态，所以，需要对土体遗址进行保护之后的综合护理。此后再进行吸尘清除，土体结构就不会改变。

6.2 喇家遗址之房址保护

黄河上游是中华文明的重要源头之一。齐家文化时期又处于特殊的时空范围，它在中国史前社会向文明时代过渡阶段中，在东西文化的交流过程中，都有不可忽视的地位。在此能够看到西部文化的变数和华夏文化的因子与文明因素。喇家遗址发掘揭示和提示了多方面的问题。比如，窑洞式建筑及聚落形态的认识，对于黄土阶地的史前聚落类型研究很有意义。一般认为这是不可能建筑窑洞的地方，但客观事实予以了证实。喇家遗址聚落结构的变化和扩大，暗示了社会结构的变化。高规格遗存的发现，反映社会和文明发展的遗存，显示了齐家文化与中原和东部地区可能同步的进程以及颇为类似的社会生活面貌。一系列新发现，无不是齐家文化的最新资料，显著推进了齐家文化和黄河上游史前文化的研究。喇家遗址发掘已经成为黄河上游史前考古的新亮点，成为探索文明起源与发展的一个考古前沿课题。

　　属于齐家文化的喇家遗址，从 20 世纪末开始对此遗址进行发掘，经过若干年艰辛努力工作，初步揭示了遗址的原始概貌，发现了史前灾难遗迹，填补了西北地区这一时期考古学的诸多空白，在考古学界及相关领域有着极其广泛的影响和重要学术地位。这样一处珍贵的文化遗产，有着显著的科学研究价值和特殊的文物保护价值。目前已经在遗址上修筑了永久性的保护陈列展室，就遗址本身而言，逐步改善和具备了适宜的外部环境，为土质遗迹保护提供了较为有利的良好条件，同时也为遗迹的长期保存奠定了坚实基础。在此基础上，对部分需要进行展示的房址遗迹，按照土质文物保护的方法及技术路线，实施了针对性的处理复原保护工作。

6.2.1　保存现状

　　本次加固处理保护的共有四座房址，几座房址均是在 2000 年和 2001 年发掘的，其基本形状都属于上部小底部大，即下方均不同程度地向外凹扩。经过数年来野外自然气候的温差变化所带来的环境影响、小型动物的扰动破坏，以及周边农田灌溉向房址内流入大量进水，使房址地面和墙体遭到了相当程度的损坏，四周墙体表层出现粉化脱落，局部甚至出现严重坍塌现象，在一定程度上改变了发掘清理时的原有形貌，影响了房址的完整程度和视觉效果。

6.2.2　房址保护

　　物理支撑加固程序完成之后（如前所述），具备了考古现场发掘的效果后，对其实施全方位的加固剂喷洒或滴渗加固。经过对其不同标本样品进行的反复加固试验及数据对比，就其相对面积使用数量、配比浓度以及不同土质文物加固试剂固化稳定之后的强化硬度、色别效果、持续时间等，认为31J型丙烯酸非水分散体土质文物加固试剂对喇家遗址（房址）而言，是一种比较适宜的土遗址保护加固剂。

通过对原土体样品按不同配比比例进行的分析检测和试验，2%的原液稀释浓度适合于房址土体的加固效能。使用普通的农用喷雾器，将配比完成的加固试剂喷洒至房址土体上。在墙体顶部的喷洒范围要向外延伸至50cm处，以保证加固土体的相对距离。而在喷洒墙体的立面部分时，需要把握和控制加固剂的喷洒量，让土体立面处于液态饱满状态而得到充分的吸纳，但又不能使液态向下流动，形成一道道的流水印迹。如果出现此种情况，就改变或破坏了墙体的原本形制状态，也违背了处理与保护土质文物的原则和宗旨。所以，当喷洒的加固液达到一定剂量时，需要间隔数分钟时间，待液态全部渗透于土体之中，再对墙体实施第二遍的喷洒。

土体能够得到充分的加固，需要喷洒若干次的试剂，所使用的31J型丙烯酸非水分散体加固剂具有良好可逆性，可以在相对面积的土体范围内反复使用，使之渗透深度达到所要求的程度。加固剂于土体的渗透只有达到相应的深度，在土体表面形成一有相当厚度的凝固层，其保护功能才可得到有效保障。

遗址土体的处理保护，是目前文物保护领域中的一个重大课题研究项目。因为于不同地区、不同时期、不同环境、不同土质现象等诸多千差万别的关系，到目前为止，还没有形成固定现成的及一成不变的处理保护模式。因此，在处理和保护喇家遗址（房址）的过程当中，采用了几种其他土质文物保护中没有使用过的物理加固的形式和措施，根据不同土质文物的具体情况以及损坏成因和状态，采取切实可行的解决实际问题的方法手段，使遗迹遗物能够在较长时期内得到妥善和有效的保护。

7 车马坑遗迹处置保护与异地迁移方法

商周时期车马坑是我国非常具有代表性的土质遗迹，如何处置和保护这些珍贵的文化遗产，是摆在我们面前一项十分艰巨而又必须认真对待的项目课题。因此，需要从不同考古工地现场实际情况出发，严格按照田野考古以及现场处置操作规程，把出土遗迹遗物的清理方式、起取程序、保护手段等一系列工作过程处置正确，最大限度地保留保存遗迹原始概貌和遗物的完整形制。

1）剔剥清理：从外观形制和结构特征上来看，车马坑是土质文物中保护难度较为复杂的遗迹现象之一。工地现场遗迹现象的清理任务及程序主要应该由考古发掘专业技术人员来具体实施完成。

2）样品试验：我国地域广阔，不同地区的土质在硬度、色别、成分含量等方面均有很大差别。在实施具体的加固之前，要求对其样品进行必要的分析检测。比如在色度变化、抗压强度、耐（拒）水能力、耐冻融和高温等方面进行的试验，根据不同的数据结果，采用与之相适应的试剂浓度实施加固处理。

3）预加固：常规状态下，遗迹土体均需要进行预加固处理，其使用的试剂量每平方米1000ml左右，目的使遗迹表层能够得到相应程度的固定作用，防止和避免此后的操作程序可能对遗迹表层造成摩擦或损坏影响。

4）起取操作程序：车马坑的结构型制大体相同，但不同时期之车马饰具均有着不同的制式及固有特点。根据土质遗迹异地迁移保护的原则和要求，依据不同车具的外形特征、内部结构与地层土质现象，需要进行充分的反复推敲与论证梳理，针对性地采取不同的操作方式和运作方法，与此同时，需要借鉴和参考其他墓葬和遗址考古现场整体套箱包装起取的成功经验来具体地实施操作。

7.1　整体起取

如果遗迹发掘现场周围有相应的展开区域，场地较大，能够使用吊装和运输设备，那么可以采取整体套箱起取的方式进行操作，这样对于车马坑土体文物的完整保护是十分有利的。其操作程序与下方的切割起取方式基本一致，不同的是其体积是切割起取的若干倍，按照一般常规车马坑计算，其体积应为 $15 \sim 20 m^3$。

7.2　切割起取

考古发掘遗迹的现场大多位于较为狭小的区域，或河边、或沟旁、或山腰、或山脚等，道路行驶条件十分有限，大吨位的吊运车辆往来受到一定制约。为了使具有重要学术价值的土质文物得到妥善保存以及进行良好展示，需要采取分块切割异地迁移的方式，对土质遗迹的不同部位实施切割，按照先外后内的程序依次进行。根据车马坑各个组成部分的具体内容要求，分别进行切割套箱起取。

1）将车马坑的整体部分依次编号造册，拍摄影像和绘制必要的图表资料，对显露在外的车马饰件进行编号，明确掌握饰件的详细位置与角度。

2）尽可能地减少对车马的切割损失，合理地划分每一切割组块的规模和范围，使各组块之间的比例和重量基本趋于均衡。切割口按设计要求严格控制于 10cm 左右。同时，在遗迹四周以车马坑底部下方约 20cm 处设定一条标准基线，该基线是起取每一切割组块的唯一标准。仔细观察车轮和箱体部分是否存在倾斜角度等不稳定状况，以下方设定的基线为标准，测量具体的长宽高度，并根据获得的数据，设计并制作与之相适应的木质套箱。

3）首先切割的是车箱两侧的轮体部分，因轮体具有相应的高度，如果有角度倾斜问题，则需要在轮体两侧设立支撑点，防止轮体于切割过程中因角度倾斜出现坍塌损坏。按照设定的宽度，在车箱和轮体中间的车轴部分自上而下加以切割，切割下来比较完整的轴体需编号妥善保存，以待后用。操作中需始终注意观察主体是否有松动变化，保证整个轮体的绝对安全。

套箱在制作时，可以将套箱制作成一个完整的整体，也可以把四个侧面分别制作成独立的板块，需要按照实际要求区别对待。准备环节完成之后，使用柔软的纸张把车轮整体覆盖起来，防止其他物品的摩擦造成轮体表层损伤。将车轮底部四周土体修置平整，使之形成与基线呈同一水平，开始进行组装套箱。这样所形成的边框可以把整个轮体全部完整予以包装。轮体和套箱之间的一些缝隙，一是使用聚氨酯发泡材料（将两种液态材料按同等比例，置放于容器内进行快速搅拌后，依据缝隙的长度与厚度及使用量的多少，迅速将液体倒入缝隙内，使其自然发泡膨胀）予以填充固定。二是使用石膏浆液实施填充。三是也可以就地取材，利用周围潮湿土体充填其间，填土到一定程度时，要用适当的工具拍打夯实，不能出现任何局部的空虚，保证轮体在操作过程中的绝对安全。

4）对箱体底部泥土进行掏挖。按照箱体实际长度，沿箱体下部外侧四周，挖掘出宽约 100cm、深 80cm 的长形沟槽，以便利掏挖过程的操作。底板长度与箱体的宽度互为一致，其宽度一般设计为 20cm 左右（但需要根据土体之牢固程度而定）。首先从箱体一端开始，根据底块宽度由外向内进行掏挖，操作过程注意箱底之土体上方要与周围的边框呈同一水平，不能使箱体内的土体量出现亏缺。

第一块底板的固定面积掏挖完毕后，需要及时地将底板穿置过去，码放正确位置和角度，使用相对一致的支撑物体迅速地将底板支垫起来，两端的支撑力量要分布均匀，并且须十分稳妥。使用加工完成的金属条将底板与边框连接在一起，让其牢牢地固定于箱体上。因底板的下方已被物体支垫，整个箱体底部的支撑面积没有因此而缩小，它的稳固程度是有把握的。

接着进行第二块底板所属面积的掏挖，操作形式、方法手段与上同。以此类推，直到整个箱体下部的底板全部穿设就位。箱体底板两端被稳妥的物体支垫着，中间部位则形成了相应的距离空间，利用该空间把裁切完成的槽钢放置进去，槽钢的平面朝上，增大与底板的接触面积，槽形口向下，使用焊接工具将其焊接并固定于箱体底端外侧，使两者也成为一个整体。槽钢之凹槽向下为起吊时穿设绳索提供了便利条件。然后根据箱体的具体位置，与周围相关联的物体作为参照物，如车箱前后两侧等，标定两者之间的准确距离和角度，在箱体相应的位置上予以标明。划定彼此之间的连接关系，为组合就位程序做好准备。

5）车箱两侧的轮体部分起取之后，按照设计要求进行下一步（马匹骨架）的切割起取。车箱部分的起取应该是此项工作的最后一道操作程序。方法和程序与上述内容基本相同。只是要根据起取内容的不同，都以设定的基线为起取标准。

7.3　遗迹复原

车马坑的切割起取与组合复原，两者比较而言，后者的操作程序要复杂得多，难度也大得多，每一细小步骤都要考虑得十分精确与到位。陈列展出的场所一定要进行隔水防潮处理，防止地下水向上蒸发侵蚀。另外，其场馆必须具备恒温恒湿的温湿度控制条件，使车马坑（土质文物）于良好环境中才能得到长期有效保存。

按照设定车马坑的安放位置，便可按编号的倒顺序将箱体就位，首先是最后起取的箱体（车箱部分）。目前，存放场所地面就是该土质遗迹的水平基点，称为零点基线，核实准确与周围各边的距离，用醒目的墨线划定范围，因为此后诸个箱体都以该位置为衡量标准，箱体就位和拆解后一旦出现偏差，就可能没有可供调整的机会了。待箱体就位后，遗物底部木板和槽钢作为承担该部分的框架基础，被稳妥地固定在基线水平上，槽钢范围之外的所有空余部分，需要支垫与其厚度相适应的砖块及其他替代物，使之底板与地面的接触区域增大，增加承载之遗迹部分的稳定性。随后撤除顶部盖板及四周部分填充物，揭开覆盖于遗物之上的隔离纸层，观察遗迹表层是否有改变情况。确定无误后把周围固定箱体的金属连接体拆下，再将四侧挡板依次取出，将裹贴在遗迹之上的填充物小心慎重地取除。在整个拆除过程当中，尽可能避免产生过分的振动，防止土质文物出现裂缝与坍塌。

车箱部分就位以后，随之进行马匹骨架的吊装就位程序，再此后就是车箱两侧轮体部分的组合复原。随着组合复原过程的步步展开，每完成一组块的工作之后，对其切割缝线应及时地把记录有编号的切割部分填补处理，没有形成填补块的缝隙部分，需参照原始图表和照片进行补配复原，增加整个车马遗迹的综合牢固程度。复原部分要根据缝线两侧固有的形态，予以合理的补填，使缝线区域与周边的形态互为一致，过渡合理。

7.4　效果处理

待全部车马遗迹组合复原连接定位和切割部分补配完成之后，下一步就是处理切割复原部分的外观色别效果，直至达到理想程度。

补配部分所使用的材料，最为理想的是从工地现场准备一些与起取遗迹相互一致的泥土，这样补配部分的外观、硬度和色别等更为接近。如果局部的色别效果还存在有差别，则使用自然矿物颜料进行调整。经过全面加固之后，遗迹和补配部分就可达到相对的一致。

7.5　土体试剂加固

7.5.1　加固材料

丙烯酸树脂非水分散体加固剂 31J 型号：是高分子量的丙烯酸树脂微粒在有机溶剂中的胶态分散体，当有机载体挥发后可形成丙烯酸树脂的膜状物。由于丙烯酸树脂具有良好的耐候性，基本可以满足土质文物的保护要求。

MH-1（氟硅化合物）土质文物加固剂：由氟树脂、氟硅化合物、有机硅为主材料，又有多元材料组合的应用技术，具有以下特性：

1）渗透性：具有较好的渗透性能，广泛适用于文化遗产中的土、砖、瓦、陶、石、骨骼、化石类基质和现代材料，对各类基质物体虽然存在不同的渗透速率，但却具有均衡的渗透度，且渗透程度可根据被保护物体情况而设定，并在控制范围内顺利渗入被保护物体。

2）多功能性：为无色透明液体，使用后不改变被保护物体的内在性质、结构形式、外观状态及相关信息，而是提高其对所处环境的适应性，主要是显现出抗潮湿、抗霉变、抗油污、抗灰尘、抗风化、抗冻融、抗酸碱盐腐蚀等性能。

3）增强加固性能：对保护土体具有可控的增强性和结构加固作用，整体增强加固程度与渗透层厚度成正相关，而达到增强加固的时间与物体的含水量也成正相关。

4）通透性：渗入被保护土体后，在相应厚度形成的保护结构，不改变物体的微毛孔隙和应力结构，保持了与所处环境的相对湿度和相对温度的动静态平衡。

5）重复再现性：对所保护土体除连续操作外，也可分多次间断操作，具有重复性能，从而达到提高土体强度的保护要求。

7.5.2 加固方式

使用金属体喷雾器对土质文物进行加固，每平方米大约需要 4000ml。因土质硬度的差异，试剂吸纳速度会有所区别，渗透深度也存在不同。所以，需要不间断反复对土体进行喷洒加固，尽可能满足其渗透需求，但不能使土体表面滞留过多的加固剂，尤其是土质文物的立（剖）面，可能形成若干不同形式的流痕，这样会改变或破坏土体表层的固有形貌，违背了文物加固保护初衷。

每年发掘的遗址和墓葬等数以百计，其中不乏大量填补史料空白、具有重要学术研究价值和保存价值的土质文物，如何处理和有效保护这部分珍贵的文化遗产，是目前需要进行研究和探索的一项重要课题。

按照田野考古的常规，经过发掘整理之后的遗址和墓葬，一般都要进行回填，使土地重新恢复利用。一旦遇到重大考古发现，如石器时期的半坡遗址，商时期的偃师商城宫殿基址、安阳殷墟宫殿基址和广汉三星堆遗址，秦时期的兵马俑坑，汉时期的南越王墓等，针对如此规模的有重大考古学术价值的大型遗址和墓葬，文物部门便会根据具体保护措施和设计要求投入大量的人力、物力、财力，依据出土古迹的时代特征和地貌概况，实行就地保护。对此就车马坑等遗迹遗物，如何进行搬迁，怎样组合复原，根据车马遗迹的现存状况及具体要求，拟定合理而又切实可行的迁移复原设计方案。对于任何时期的古物古迹实施就地保护，尤其是针对土质文物，能够保证其整体的组织结构形态特点不发生变化，并可以在适宜的环境中得到长期保存。而异地迁移，则会涉及切块分割，任何土质文物的切割，在一定程度上可能会造成部分结构的变化和破坏，如果采用的加固保护方法手段比较合理得当，把不安全因素和损失降到最低限度，使文物恢复到原有状况，并且能够保证文物不因异地迁移而受到某种不利之影响，才是工作成功的保障。

前面讲过，搬迁的车马遗迹有一定立方面积，一座普通的车马坑整体搬迁体积为 $15 \sim 20 \mathrm{m}^3$，每立方米的重量约为 1.6 吨，就是说每座车马坑的实际重量应为 $25 \sim 30$ 吨。如果在条件具备的前提下尽可能地采取整体迁移的方式进行，这样对遗迹的保护较为有利，否则就只能采取分块切割的方式来加以解决。那么一座车马坑要进行切割起取，最终需要分割成多少块，于什么部位进行切割最为合理，切割线的宽度又应该是多少。这些都要根据遗迹的形状特征、倾斜角度、现场位置具备的条件和起运设备的吊装能力以及是否便于操作等因素综合考虑，结合上述情况来制定遗迹的切割数量和切割规模。切割数量愈少愈好，既能够保证遗迹相对的完整性，又可以在操作顺利的条件下安全地吊运分割套箱。

切割缝线的宽度设置。缝线过窄仅仅只能容纳箱体挡板是不够的，虽然在一定程度上减少了切割面积，尽可能多的保护了原有的形状特征，但是给后续工作设置了种种不利的因素，无法在这狭小的空间施展各项操作功能，并在吊装时难以避免的微小晃动都有可能造成连接部位的破裂或倒塌。缝线太宽则过多地损坏了文物本体，违背了我们处理文物、保护文物的原则和宗旨。所以将切割缝线的宽度控制在 10cm 左右，既能够在确保安全的前提下顺利地开展起取的各项工作，又可以保护遗迹最大面积的完整性。

车马坑的异地迁移与组合复原的过程及实施方案，大多是引用以往起取遗址和墓葬的经验，只是于操作过程上进行了个别调整和补充，应该是目前起取车马坑遗迹较为成功有效的一种方式。更佳的形式和方法需要展开进一步的多层面多角度的探讨和研究。

8　土遗址保护的发展趋向

　　坚持"保护为主、抢救第一、合理利用、加强管理"的方针，以抢救加固保护和消除土体存在的病害为主，而非要使其焕然一新，避免对遗址造成新的破坏。随着多学科的介入和在土遗址中的应用，土遗址的保护也朝着日益规范化发展。首先，保护理念的现代化，随着《中国文物古迹保护准则》的制定和推广，保护理念和思路都有了一个较为统一的认识，对土遗址保护工作有直接的指导意义。其次，工作程序的标准化，土遗址的保护程序经过多年探索，基本上由敦煌研究院制定出一套标准的工作程序，目前正在推广应用中。标准的工作程序可以避免在土遗址保护工作中出现不必要之损失。此外，有关土遗址保护规范也正在制定当中。由于长期以来对土遗址保护的分析检测工作一直在使用土工力学方面的检测标准，但是由于遗址保护的出发点与之不同，因此在检测中关注的指标和判断标准是有区别的。土遗址的保护更关心遗址本身的性质、病害变化的原因和遗址长期变化趋势，因此土体文物保护规范制定也为土遗址保护提供了更科学统一的判断标准，使不同的保护工作之间能做到相互对比和参考。

　　土遗址保护由于往往涉及大面积的保护范围，因此遗址的整体保护规划和综合保护措施也日益受到重视。遗址的保护规划是通过对遗址病害轻重缓急的分析、周边环境、人为因素的综合考虑，提出了对遗址整体保护所达到的目的、保护效果及保护实施的顺序。不仅有利于积累总结保护经验，也使有限的人力物力产生最大的效益。由于土遗址的复杂性和外界环境的多样性，对遗址的综合保护措施也是今后的发展方向，这些措施包括对土遗址外界环境的监测和控制、病害原因的治理、保护材料的科学使用等，只有在这些综合保护措施的共同实施下，土遗址保护工作才能实现长期稳定保存的最终目标。

　　开展考古现场遗址本体的处理技术和保护方法研究，其宗旨和目的是采取灵活、简便、快捷、有效的措施手段，使难于保存的诸多遗迹遗物恢复与再现原始形貌，为文物和考古学科研究提供丰富、翔实、准确的信息及实物资料。

参考文献

1. 蒋宏耀，张立敏．考古地球物理学．北京：科学出版社，2000.

2. 管志宁．地磁场与磁力勘探．北京：地质出版社，2005.

3. 李大心．探地雷达方法与应用．北京：地质出版社，1994.

4. 刘士毅，等．秦始皇陵地宫地球物理探测成果与技术．北京：地质出版社，2005.

5. 李德仁等．摄影测量与遥感概论．北京：测绘出版社，2004.

6. 陈慧琳，等．人文地理学．北京：科学出版社，2001.

7. 宁津生，等．测绘学概论．武汉：武汉大学出版社，2004.

8. 郭宏．文物保存环境概论．北京：科学出版社，2001.

9. 加瑞·汤姆森，国家文物局博物馆司，甘肃省文物局．博物馆环境．北京：科学出版社，2007.

10. 王蕙贞．文物保护学．北京：文物出版社，2009.

11. 科林·伦福儒，保罗·巴恩．中国社会科学院考古研究所．考古学理论、方法与实践．北京：文物出版社，2004.

12. 中国社会科学院考古研究所．考古工作手册．北京：文物出版社，1982.

13. 马淑琴．文物霉害的防治．北京：科学出版社，1997.

14. 马里奥·米凯利，詹长法编．文物保护与修复的问题．北京：科学出版社，2005.

15. 张光辉．土遗址加固保护研究．西安建筑科技大学，2006.

16. 熊兵．土遗址加固与保护．西安建筑科技大学，2008.

17. 张承志．文物保藏学原理．北京：科学技术出版社，2003.

18. 中国社会科学院考古研究所．科技考古的方法与应用．北京：文物出版社，2012.

19. 梁成浩. 金属腐蚀学导论. 北京：机械工业出版社，1999.

20. 宋迪生. 文物与化学. 成都：四川教育出版社，1992.

21. 冯乐耕，李鸿健. 档案保护技术学. 北京：中国人民大学出版社，1991.

22. 贾文熙. 文物养护复制适用技术. 西安：陕西旅游出版社，1997.

23. 王武钰，何海平. 铁质文物脱盐清洗及封护研究. 北京：北京燕山出版社，2008.

24. 马清林，苏伯民，胡之德，等. 中国文物分析鉴别与科学保护. 北京：科学出版社，2001.

25. 杨军昌，张静，姜捷. 法门寺地宫出土唐代捻金线的制作工艺. 考古，2013（2）.

26. 杨军昌，韩汝玢. X 光照相技术在文物及考古学研究中的应用. 文物保护与考古科学，2001，13（1）.

27. 杨璐，王丽琴，黄建华，等. 文物胶料鱼鳔胶的红外光谱、拉曼光谱及氨基酸分析. 西北大学学报，2011，41（1）.

28. 苏伯民，李最雄，等. PS 与土遗址作用机理的初步探讨. 敦煌研究，2000（1）.

29. 周双林，杨宪伟，郭宝发，夏寅. 丙烯酸非水分散体等几种土遗址防风化加固剂的效果比较. 文物保护与考古科学，2003（2）.

30. 孙满利，王旭东，李最雄，谌文武，等. 木质锚杆加固生土遗址研究. 岩土工程学报，2006（12）.

31. 杜久明，李存信，岳洪彬，等. 殷墟小屯宫殿宗庙区甲组夯土基址的处理与加固保护. 华夏考古，2008（1）.

后　记

　　考古工作通过对古代遗存的深刻分析研究，在揭示更多信息的同时，可以更加接近历史的真实，因此考古发掘过程中的现场遗存实物材料的保护和遗物的原址保护，具有十分重要的意义。考古发掘现场的保护是要在最恰当的时刻，采用最恰当的技术及材料，完成文物进入实验室或者遗址展示前所必须的、谨慎的、稳妥的、可继续再处理的重要环节，因此对考古现场保护问题的综合性研究至关重要且迫在眉睫。

　　随着我国经济迅猛发展，配合基本建设开展的考古与文物保护工作越来越繁重，专业人才日趋紧张，相关技能亟待提高。在此背景下，受国家文物局的资助，中国文化遗产研究院组织文博系统科研院所、博物馆及相关高校的专家学者共同编写了这本《考古现场保护概论》，旨在归纳总结以往的专业经验，较为全面地涵盖考古现场保护中所涉及的相关学科知识及近几年的科研成果，并以此指导工作实践，进一步提高我国考古现场保护的整体水平。

　　全书由张晓彤统稿，编写人员具体分工如下：

　　第 1 章　考古现场保护的考古学基础：乔梁；

　　第 2 章　考古现场地球物理地球化学勘探技术：陈达；

　　第 3 章　考古现场文物分析检测技术：邵安定、杨军昌；

　　第 4 章　考古现场测绘及地理信息系统：刘建国；

　　第 5 章　考古现场三维信息留取与利用技术：刁常宇；

　　第 6 章　考古现场文物保存环境：郭宏；

　　第 7 章　考古现场文物保护技术：杨璐；

　　第 8 章　考古现场遗址本体保护：李存信。

　　在此特别感谢杨泓、周宝中、周双林等专家的指导；感谢所有作者的辛勤付出。本书虽经长期磨合，但仍存诸多偏颇缺漏，敬请各位读者提出宝贵意见并不吝赐教。

2019 年 10 月